SDNCS
荷兰新加尔文主义丛书
Studies in Dutch Neo-Calvinism Series
陈佐人 曾劭恺 徐西面 ◎主编
蒋亨利 李鹏翔 朱隽皞 ◎编委

赫尔曼·巴文克的教牧神学

Herman Bavinck's Pastoral Theology

作者 赫尔曼·巴文克（Herman Bavinck）
英译 魏峰，牛泓，罗珍
编辑 徐西面

贤理·璀雅
LATREIA PRESS

© Latreia Press, 2021

作者 / 赫尔曼·巴文克（Herman Bavinck）
编辑 / 徐西面
英译 / 魏峰，牛泓，罗珍
中文校对 / 甘雨，赵柳，真顺

中文书名 / 赫尔曼·巴文克的教牧神学
英文书名 / Herman Bavinck's Pastoral Theology
所属丛书 / 荷兰新加尔文主义丛书
丛书主编 / 陈佐人，曾劭恺，徐西面
丛书编委 / 蒋亨利，李鹏翔，朱隽皞

All rights reserved.
Herman Bavinck on Preaching and Preacher © **Hendrickson Publishers Marketing, LLC, 2017.** Originally published by Hendrickson Publishers, Peabody, Massachusetts, 01961-3473, U.S.A.
The Sacrifice of Praise © Louis Kregel, 1922. Originally published as *De offerande des lofs*, 10th ed. © Kampen: J. H. Kok, 1920.
The Christian Family © Nelson D. Kloosterman, 2012. Originally published as *Het Christelijk Huisgezin*. 2nd revised ed. © Kampen: J.H. Kok, 1912. First published in 1908. The English translation was published by Christian's Library Press, 161 Ottawa Ave. NW, Suite 301 Grand Rapids, Michigan 49503.

This translation is published by arrangement with Hendrickson Publishers and Christian's Library Press. No Part of this book may be reproduced or transmitted in any form or by any means, electronic or mechanical, including photocopying, recording, or by any information storage or retrieval system, without permission in writing from the publishers. For information, address **Latreia Press, Hudson House, 8 Albany Street, Edinburgh, Scotland, EH1 3QB.**

本书部分经文引自《和合本》和《和合本修订版》，版权属香港圣经公会所有，蒙允准使用。其余经文直接译自英文原文。

策划 / 李咏祈，徐西面
内页设计 / 冬青
封面设计 / 冬青
出版 / 贤理·璀雅出版社
地址 / 英国苏格兰爱丁堡
网址 / https://latreiapress.org
电邮 / contact@latreiapress.org
中文初版 / 2021年7月

ISBN：978-1-913282-19-6

谨以此书
献给赵丰和陈美伊伉俪

荷兰新加尔文主义丛书序言 1
引言：牧者巴文克 5

第一部分 讲道与讲道者

英译本致谢 11
导言 13
1. 口才 31
2. 讲道的服侍 76
3. 信心得以胜过世界的能力 85
4. 论美国的讲道 101
5. 论语言 105

第二部分 以颂赞为祭献上：获准领受圣餐前后的静思默想

英译本引言 113
作者序 116
1. 认信的根基 118
2. 教养以致认信 126
3. 认信的准则 131
4. 认信的本质 138
5. 认信的内容 146
6. 认信的多样性 151

7. 认信的普世性 156
8. 认信的义务 162
9. 对认信的敌对 168
10. 认信的能力 173
11. 认信的奖赏 177
12. 认信的得胜 182

第三部分 基督徒的家庭

导言：21 世纪基督徒的家庭 189
第二版前言 198
1. 家庭的起源 199
2. 家庭的破裂 206
3. 万国万民中的家庭 211
4. 以色列的家庭 221
5. 新约中的家庭 227
6. 家庭面临的危险 238
7. 婚姻与家庭 246
8. 家庭与教养 265
9. 家庭与社会 282
10. 家庭的未来 302

索引 323

荷兰新加尔文主义丛书序言

　　荷兰新加尔文主义是在现代荷兰王国的历史中发展出来的重要基督教神学传统，在普世基督教神学中独树一帜。若要认识欧洲低地国历史与现代西方神学的发展，荷兰新加尔文主义是极之重要的文化源流与神学思想传统。

　　16世纪的欧洲出现了风起云涌的宗教改革运动，当时在鹿特丹的伊拉斯谟提倡温和改革的路线，与德国马丁路德的改教运动分庭抗礼。17世纪被称为宗教战争的时代，当时的低地地区与西班牙爆发80年的战争，史称低地荷兰大反抗（1568-1648）。低地国联合起来成立了荷兰共和国，长期的经济繁荣促成了重商主义的兴起。1648年的明斯特和约结束了对西班牙的战争，成为了低地迈向国家化的重要里程碑。这时期产生了著名的多特会议（1618-1619）。内忧外患的时局成为这场神学论争的背景，好像在英国内战时召开的西敏大会（1643-1649）。历史家统称荷兰共和国为荷兰的黄金时代，一百五十万人口的低地国竟然创了东印度与西印度公司，成功地建立了庞大殖民版图的帝国。这时期是笛卡尔、斯宾诺莎、伦勃朗的黄金时代。

　　1789年的法国大革命将荷兰再次卷进战火，1795年拿破仑挥兵席卷低地，结束了二百多年的荷兰盛世。1813年尼德兰（即低地）联合王国成立，包括荷兰、比利时与卢森堡，但这个短暂寿命的王国随着比利时与卢森堡的独立而瓦解。1839年《伦敦条约》承认比利时独立，现代的荷兰王国正式成立。本系列的思想家之一亚伯拉罕·凯波尔出生于1837年，即《伦敦条约》之前两年。

本系列的两位神学思想家都出生于现代的荷兰，逝世于二战爆发之前：亚伯拉罕·凯波尔（1837-1920），赫尔曼·巴文克（1854-1921），他们两位的人生旅途与思想轨迹都满布着荷兰历史的足印。另一位较年轻的是霍志恒（1862-1949），因从小就移民美国，他成为荷兰新加尔文主义在美国的主要代表人物之一。

为什么我们需要认识与了解荷兰新加尔文主义？首先荷兰新加尔文主义者均是著作等身的思想家，他们的著作被后世公认为神学的经典。单从神学思想史来看，阅读这些荷兰神学家的原典文本，可以丰富中国学界神学视野。今天许多英美神学的重要问题都可以追源至荷兰的改革宗神学，如果英美改革宗神学像1620年的五月花号客船，那整个荷兰加尔文主义的大传统就像是那艘先从鹿特丹出发的史佩德威尔号。

第二，荷兰新加尔文主义与荷兰历史之间错综复杂的关系提供了许多重要的参考，使我们可以反思宗教与文化及社会的关系。荷兰没有产生自己的路德或加尔文，他们在漫长国家化的历史中接受了加尔文主义的神学思想，并且进行了全面荷兰化的改造，这在世界历史中是独特的。因着历史与地理的差异，荷兰与其他主要的基督新教国家不同。他们的目的似乎不是单纯地将阿姆斯特丹变成日内瓦，而是自觉地要建立一个低地的王国或共和国。这个国家化过程的对手不是君主制，所以他们不需要像英国清教徒一般地去处死查尔斯一世。这些荷兰神学家的著作为我们提供了饶富启发性的历史蓝本，使我们可以进一步透视宗教与现世处境的关系。

神学与世局有千丝万缕的关系，自古已然。从奥古斯丁的《上帝之城》到路德与加尔文的著作，无不具有独特的历史与政治背景，同时他们的文本也成为神学的经典。同样地,笛卡尔、康德与黑格尔的哲学名著也具有特定的历史处境,但他们的作品却是自成一个意义的世界,作为纯粹思想探寻的文本。荷兰新加尔文主义者的著作是神学思想史上的杰作,但同时是与他们的荷兰世界密不可分。这种可区分但不可分离的关系正是我们阅读文化经典的原因:从思想来反思处境,从处境来透视思想。

第三,荷兰新加尔文主义为我们提供了对基督教教会本质的反省。这是耐人寻味的问题。作为大陆中小岛的荷兰每时每刻都在与大洋搏斗,这种存在的危机根本不容许荷兰有内战,荷兰国家化过程的敌人全是周围虎视眈眈的帝国:西班牙、拿破仑与纳粹德国。但这种同仇敌忾的国族危机并没有产生教会的合一;相反地,荷兰教会的分裂是著名的。许多教会历史课本常调侃荷兰特色的基督教:一个荷兰人是神学家,两个荷兰人组成教会,三个荷兰人便会教会分裂。从 17 世纪的多特会议到亚伯拉罕·凯波尔在 1880 年代的教会出走运动,荷兰教会一直在极度激化的纷争中。正如霍志恒在普林斯顿神学院的同僚沃菲尔德定义改教运动说:"从内部而言,改教运动是奥古斯丁的恩典论至终胜过了他自己的教会论。"从表面来看,荷兰新加尔文主义者似乎也秉承了此种宁为玉碎、不为瓦全的分离主义。但新加尔文主义的健将凯波尔却定义加尔文主义为整体的世界观与生活体系,并且提倡普遍恩典的概念来整合一套具兼容性的神学与治国理念。研究荷兰新加尔文主义可以帮助我们去思想基督教的教会理论中的两大张力:大公精神与分离主义,就是大一统世界观的传统教会与倾向完美主义观的小教派。如何两者兼并而非各走极端,这是阅读新加尔文主义对我们的启迪。

第四,荷兰文化与中国文化都曾经拥有黄金时代的光辉历史,并且二国至今仍然是世界舞台上欣欣向荣的文化国家。荷兰人缅怀他们的黄金时代,就是法国的笛卡尔、犹太教的斯宾诺莎、加尔文主义艺术家伦勃朗、基督公教画家弗美尔、阿民念主义的法学家格劳秀斯,还有一群毅然投奔怒海的史佩德威尔号的漂游客,这群人组成了一幅五彩缤纷的马赛克。中国的黄金时代亦是如一幅连绵不断数千年的光辉灿烂的精致帛画,是如此美不胜收,教人目不暇接。阅读荷兰新加尔文主义的著作可以为广大的中国学者与读者提供一个具有文化亲近性的西方蓝本,借此来激发我们在中国文化的处境中去寻求创新与隽永的信仰与传承。

  本系列的出版可以为广大读者提供高水平而流畅的翻译,使大家可以更深入地了解荷兰文化与神学思想的精妙。这是一套承先启后,继往开来的出版企划,希望广大的读者从中获益。

陈佐人

美国西雅图大学神学与宗教研究副教授

2019 年 10 月 29 日

引言：牧者巴文克

徐西面

在过去 20 年，英语和荷语学界越发关注荷兰新加尔文主义神学家赫尔曼·巴文克的神学思想，与其相关的学术著作也如雨后春笋般涌现。这些著作基本上都聚焦于巴文克的两个身份：教理学家和伦理学家。诚然，巴文克这两个身份是最耀眼的，他在教理学和伦理学领域的著作和贡献也被众人所知，在改革宗群体内尤然。然而，巴文克曾为牧者的经历常常被人忽略。在近期众多巴文克研究成果中，对牧者巴文克的关注仅限于少数几位学者。[1]

1881 年 3 月 13 日，在上午的主日崇拜中，巴文克由他父亲杨·巴文克任命为荷兰弗拉纳克（Franeker）镇基督教归正教会（Christelijke Gereformeerde Kerk）的牧师。在博士毕业时隔一年后，巴文克开始了忙碌的牧会工作。巴文克牧会的时间短暂，只有一年半左右。1882 年 9 月 8 日，基督教归正教会全国总会议决定任命巴文克

---

[1] James Eglinton, *Bavinck: A Critical Biography* (Grand Rapids: Baker Academic, 2020); J. Mark Beach, "Can't We All Just Get Along? Herman Bavinck as a Pastoral Polemicist," *Mid-America Journal of Theology* 24 (2013): 73-79; Ron Gleason, *Herman Bavinck: Pastor, Churchman, Statesman, and Theologian* (Phillipsburg: P&R, 2010).

为坎彭神学院的教授，主授教理学、伦理学、神学百科、哲学和三年级学生的拉丁文。于是，巴文克在 10 月 8 日的上下午两场主日崇拜中，分别就《提摩太后书》三 14-15 和《约翰福音》十七 17 做了告别讲道；这两场已是他第 232 和 233 次讲道（未包含教会教理问答等课程）。[2]

巴文克在弗拉纳克短暂的牧养经历确实难以匹敌他耀眼的神学研究生涯。笔者认为这是造成学界忽视牧者巴文克的一个重大原因。但读者需注意的是，巴文克一直都存着牧者的心肠来进行学术研究。举例来说，他在 1899 年出版的《神学院与自由大学》（*Theologische School en Vrije Universiteit*）中讨论了科学性神学（wetenschappelijke theologie）与教会牧养之间的关系，力求促成坎彭神学院与阿姆斯特丹自由大学神学系之间的和平共处，以防导致于 1892 年形成的荷兰归正众教会（Gereformeerde Kerken in Nederland）的分裂。[3] 即便在 1902 年前往阿姆斯特丹自由大学任教后，巴文克仍积极参与教会的牧养工作，频繁参加讲道事工。直至 1920 年 8 月 21 日，他在参加完教会总会议后心脏病突发，最后于 1921 年 7 月 9 日凌晨 4 点 30 分与世长辞。巴文克对教会的委身贯穿了他一生，牧者巴文克从始至终都与教理学家和伦理学家巴文克并行而立。由此可知，牧者巴文克是我们全面了解巴文克不可或缺的元素。

本书收集了巴文克所撰写的三份小册子，从三个角度来看牧者巴文克。第一部分是巴文克几篇论讲道和讲道者的短文，先前由恩雅各博士从荷文译为英文出版。[4] 此部分包括巴文克唯一出版的讲章〈信心得以胜过世界的能力〉，并讨论了传道人的口才、讲道的服侍、巴文克对 19 世纪晚期美国教会中讲道的印象。另外，巴文克论语言的节选内容也置入第一部分。透过这些不同的视角，巴文

---

[2] 相关详细信息，见 Eglinton, *Bavinck*, 107-130。
[3] Herman Bavinck, *Theologische School en Vrije Universiteit. Een Voorstel tot Vereeniging*, (Kampen: J. H. Bos, 1899).
[4] Herman Bavinck, *Herman Bavinck on Preaching and Preacher*, trans. and ed., James Eglinton (Peabody: Hendrickson, 2017).

克向我们呈现了他的基本立场：传道人的存有（being）决定了他的宣讲。

第二部分是巴文克对领受圣餐前后的默想，原先以小册子《以颂赞为祭献上》（*De Offerande des Lofs*）的形式于 1901 年出版。在严格意义上，这本小册子并非巴文克的学术专著，而更像他个人对认信（confession of faith）的反思。在巴文克看来，认信不只是对于信条的签署和宣告。确切而言，认信体现了基督教的大公性和公共性。一方面，基督徒的认信关乎基督徒的每日生活。另一方面，这种认信也表明，一个信徒虽在一个地方教会中领受圣餐，却有份于普世的圣徒相通。故此，笔者认为这本小册子对理解巴文克的整体思想极为重要，对了解他的教会论尤是如此。

第三部分原先以《基督徒的家庭》（*Het Christelijk Huisgezin*）于 1908 年出版。巴文克在书中就 19 世纪晚期和 20 世纪初期的基督徒的家庭进行了论述。毋庸置疑，这部分内容带有浓厚的时代和地域色彩，主要聚焦于那个时期的荷兰社会现状，以及当时所面临的挑战。巴文克梳理了这些问题，并逐一回应。显然，在一些问题上，读者不可将巴文克的结论直接应用于自身当下处境。然而，这并不意味着此书对 21 世纪的华人基督徒已经过时。巴文克的著作始终遵循一条路线：从《圣经》获取信息，考察教会历史中对这些《圣经》信息的解释，然后将研究成果综合应用于当下的处境。由此可见，巴文克在前两个步骤的工作对我们而言大有裨益。即便时代变迁、文化相异，巴文克第三个步骤的工作仍能给我们诸多启发。

这三份小册子虽非巴文克的学术专著，但读者在阅读之时可清楚感知，巴文克在写作过程中秉持严谨的学术风格和理念来处理这些教牧难题。笔者认为，本书会给汉语神学家和牧者带来些许启发。耶鲁大学亚洲基督教与神学教授司马懿（Chloë Starr）指出了现今汉语神学中存在学术和教牧之间的张力。她认为，一方面，今日的华人教会缺少训练有素的教会牧者和新生代神学学者；另一方面，汉语基督教研究在大学中作为一门学科，主要强调基督教神学的人文主义特性和学科学术特性，排斥以信仰为先决条件。[5] 显然，这产生了学术和教牧的割裂，甚至彼此冲突。尽管司马懿教授在十几年前有此评论，但笔者认为她的判断如今仍证成。学术和教牧的张力依旧是华人教会和学者正在奋力处理的问题。事实上，这也是教会在历史中频繁遇到的难题。

巴文克在自己的神学生涯中也尤为关注此问题，并花极大的精力来探究其解决之道。这三份小册子所呈现的牧者巴文克，或许能让我们窥见这位教理学家和伦理学家如何投身于教牧，并带着牧者的心肠从事神学研究。

---

[5] Cloë Starr, "Introduction," in *Reading Christian Scriptures in China*, ed. Cloë Starr (London: T&T Clark, 2008), 6, 8.

第一部分 讲道与讲道者

魏峰 译

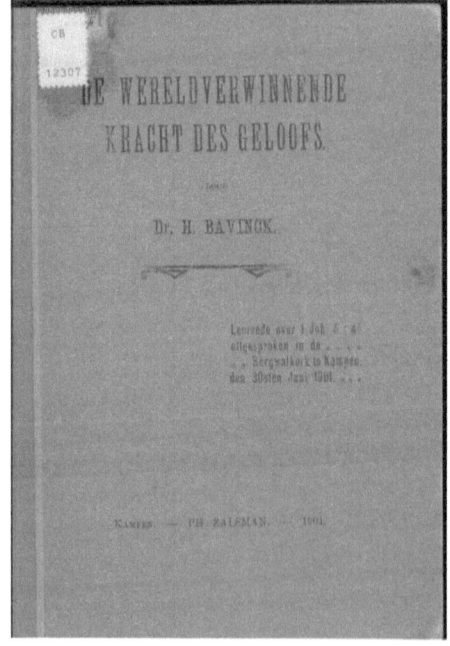

英译本致谢

我感谢许多朋友、同事和学生帮助我完成本书。桑德尔·卡拉瑟（Sander Klaasse；爱丁堡大学博士生）慷慨地抽出许多时间帮我校对《口才》（*Eloquence*）的译稿。马里纳斯·德容（Marinus de Jong；坎彭神学大学博士生）也在澄清几个古老措辞的含义上提供了帮助。迈克尔·布罗蒂格姆博士（Dr. Michael Bräutigam；墨尔本神学学院）以及布鲁斯·帕斯（Bruce Pass；爱丁堡大学博士生）在翻译巴文克的德文引文方面均提出了宝贵意见。科里·布洛克（Cory Brock；爱丁堡大学博士生）友好地为本书的导言部分提供了反馈意见。

本书的部分翻译工作是我在普林斯顿神学院游学期间完成的，这离不开"亚伯拉罕·凯波尔访问学者研究"（Abraham Kuyper Visiting Scholarship）的资助。因此，我对该神学院的"亚伯拉罕·凯波尔公共神学中心"（Abraham Kuyper Center for Public Theology）表示感谢。本研究项目也受益于阿姆斯特丹自由大学（Vrije Universiteit Amsterdam）历史档案馆（Historisch Documentatiecentrum）的优质服务，使我有机会阅读巴文克尚未出版的材料。在这段研究历程中，我还要感谢马里纳斯和维毕娜·德容（Wibbina de

Jong）的款待。我感激亨德里克森出版社（Hendrickson Publishers）的格雷格·帕克（Greg Parker），他对该项目的善意和热心大大促成了本书的出版。

本书献给我的良师益友乔治·哈林克（George Harinck）。

本书的错误和不足乃本人一人之责。

恩雅各博士（Dr. James Eglinton）

爱丁堡

2016 年 9 月

导　言

恩雅各

在过去十年间，赫尔曼·巴文克的《改革宗教理学》[1]已成为英语国家改革宗和福音派传道人标配的神学著作。巴文克本人因其严格地依据《圣经》、坚定地诉诸上帝的三一性，以及在每次教理发展上都有意地以基督为中心，从而成为新兴一代传道人看待神学志业的表率。巴文克愈发成为他们寻求教理建设可资借鉴的一位神学家。然而，这些传道人每周精心预备和讲道，而非宣读教义专文。他们的工作大体上是讲述教导性的（homiletical）。尽管巴文克的教理学著作可以丰富他们在释经学、历史神学以及对现代神学批判性吸收等方面的理解，但问题是：究竟如何确切地把这些知识转化为预备讲章和讲道的方法？

当前，在神学家巴文克与阅读巴文克的传道人之间有一个奇怪的鸿沟，本书出版正是为此。我称这个鸿沟是"奇怪的"，是因为巴文克本身就是一位传道人。他于1878年（24岁时）第一次讲道，

---

[1] Herman Bavinck, *Reformed Dogmatics*, ed. John Bolt, trans. John Vriend, 4 vols. (Grand Rapids: Baker, 2003-08).

从此坚持定期讲道，直至 42 年后去世为止。然而，当今阅读《改革宗教理学》的传道人，大都不了解巴文克是如何讲道的，以及他如何看待讲道活动与传道人的品格。之所以如此，有语言方面的因素，因为他关于讲道方面的著作之前未有翻译；这也与 20 世纪有很长一段时间比较难接触这些资料有关。

像巴文克这样的传道人，竟然可以对大多不熟悉巴文克讲道能力的新生代传道人产生如此大的影响，这确实非同寻常。对这一点的觉察马上引出几个有趣的问题：巴文克是个怎样的传道人？他如何塑造自己的学生成为传道人？新加尔文主义常与某种特定形式的讲道内容相联。以霍志恒（Geerhardus Vos）为代表的"救赎的 - 历史的"释经学（redemptive-historical hermeneutics），为新加尔文主义讲道提供了一种将《圣经》文本和基督福音相联的独特方式，且与"新加尔文主义讲道"概念紧密联系。然而，问题依旧：是否存在一种自成一格的**新加尔文主义**讲道法或风格？抑或一种关于传道人品格的新加尔文主义观点？如果《改革宗教理学》所呈现的更开阔的神学视野（而非只是一种特定形式的释经学）在研究中落实下来，这会给教会讲坛带来怎样的变化呢？

本书主要为了研究和回答这些问题。这首先是受比利时道明会神学家爱德华·施雷贝克（Edward Schillebeeckx）的启发。他的著作《为福音的缘故》（*For the Sake of the Gospel*）以这么一句话开篇："对于神学家而言，信仰、神学和讲道必定密不可分。但一个人可以从一个神学家的讲道中发现他（她）的真正想法。"[2] 尽管在基督教传道人的品格中，对于信心、神学和讲道之间交织的性质确实有待更多思考，但是施雷贝克的提醒传达了一个突出的重点：从某位神学家的**讲道**中可以更深入了解他的**神学**——而如果仅在这位神学家的教义著作中寻找，那么就会错失这种深入的了解。在施雷贝克看来，原因在于：好的讲道**是**教义、道德神学、讲道人自身信

---

[2] Edward Schillebeeckx, *For the Sake of the Gospel* (New York: Crossroad, 1990), v.

心生活以及福音听众生活的交集。这些因素在传讲福音的行动中汇集，而此行动又将传道人和会众联合在一起。施雷贝克在其他地方提到："纯正的讲道不仅需要在祷告和经历中不断与那位永活的上帝相交，也需要持续不断地回到其神学根源。"[3] 故此，神学家的讲道自然会在很大程度上显明他自己的神学。

这一洞见并非适用于所有神学家，因为并不是每位神学家都是传道人。然而，若某人既是神学家又是传道人（巴文克就是如此），施雷贝克的观点就大有益处：一旦了解了作为传道人的巴文克，你将有可能对他的神学有更丰富、立体的把握。这一主张也许会让许多英语世界的巴文克读者大感惊讶，特别是那些只把巴文克当作神学家的传道人。而如果他们重新认识巴文克，把他当作一位传道人，那将会如何呢？这会让他们根据自己的讲道，更深入地思考自己在神学上的委身吗？抑或帮助他们根据这些神学上的委身更深入地思考自己的讲道呢？

本书尝试通过翻译巴文克论讲道和讲道者的关键文本，以及他唯一出版的讲章，来促进对这些问题的探讨。本书不仅可以增补不断增加的巴文克英译文集，而且旨在激发那些在自己的反思性实践中阅读《改革宗教理学》的传道人。在《改革宗教义学》中，巴文克着手"随上帝的思想而思"[4]。在本书中，他尝试通过上帝圣言的传讲并与其相关层面，来明晰这些思想。

赫尔曼·巴文克：一位传道人的小传

赫尔曼·巴文克（1854-1921）出生于 1854 年 12 月 13 日。他是荷兰小镇霍赫芬（Hoogeveen）的一位牧师之子。他的父亲扬·巴文克（Jan Bavinck, 1826-1909）原是下萨克森地区（Lower Sax-

---

[3] Edward Schillebeeckx, *The Collected Works of Edward Schillebeeckx Volume 4: World and Church* (London: T&T Clark, 2014), 31.

[4] Bavinck, *Reformed Dogmatics: Prolegomena*, 44.

ony）本特海姆县（Bentheim）的一位改革宗牧师。赫尔曼在七个孩子中排行老二。他出身于神学保守、在教会层面为分离主义的基督教归正教会。完成高中教育后，赫尔曼考取了坎彭的神学学院（Theological School in Kampen）。他的父亲当时正在坎彭小镇做牧师。扬·巴文克在坎彭的年日主要致力于讲道侍奉："在主日会有三次例行的讲道，在冬季每周还有一次额外的讲道。"[5] 尽管其中一场讲道由神学院的一位教员来讲，但扬·巴文克需要承担其余的讲道。显然，他从侍奉中获得了很大的个人满足：

> 哦，那些场景仍然历历在目，特别是夜晚的煤气灯旁，会众如何安静专注地倾听讲道，似乎是在吞咽传道人的话！他们对上帝的圣言如此渴慕，这生命之道对饥渴的灵魂来说就是饮食。我可以说，我在那段时间的侍奉并非徒然不结果子的。[6]

赫尔曼父亲的讲道为坎彭的学生和教员留下了一种温馨、个人化、经历性敬虔的印象。身处这样的氛围中，赫尔曼在坎彭学习了一年。之后，他做了一个大胆的决定，即前往莱顿大学（University of Leiden）的激进性现代主义神学系继续深造。曾几何时，莱顿所教导的神学与坎彭的基督教改革宗神学院相差无几。但现在，莱顿学派视基督教为人类文明进化中的一个落后阶段，视教会为可被世俗国家所取代的事物，视《圣经》为一种按人文主义路线研究的文本。

为何少年巴文克会如此选择？尽管在莱顿（在这里他最终声名

---

[5] Jan Bavinck, *Een korte schets van mijn leven* (typoscript), 1906, H. Bavinck Archive, no. 346, folder 444 (Amsterdam: Historische Documentatiecentrum), 68. 荷文原文："Er waren drie predikbeurten op den Rustdag des Heeren te vervullen en des winters kwam er nog eene beurt in de week bij."

[6] Jan Bavinck, *Een korte schets van mijn leven*, 68. 荷文原文："O ik herinner mij nog levendig enkele beurten, vooral des avonds bij het gaslicht, hoe stil en aandachtig eene groote schare naar de prediking kon luisteren en de woorden van de prediker scheen opte-eten! Er was honger en dorst naar het Woord Gods en de woorden des levens waren spijze en drank voor die hongerige en dorstige zielen. Ik mag gelooven dat mijn arbeid in dit dagen niet zonder vrucht en zegen is geweest."

鹊起）经历了一场信仰危机，但是他去莱顿深造的决定，并非意味着放弃了自己出身的正统改革宗神学。不如说，促使他做此决定的原因，在某种程度上是他寻求一种更加严格的、坎彭彼时望尘莫及的神学学术训练。与此同时，巴文克也受到当时莱顿的基督教归正教会牧师约翰内斯·唐纳（Johannes Hendricus Donner, 1824-1903）的吸引。唐纳也许是当时巴文克的宗派中最杰出的传道人。巴文克在他学生时期的日记中提到，他曾在坎彭听到唐纳要谈论宣教事工[7]，于是就决定前往莱顿。

在莱顿的 1874 至 1880 年间，巴文克受教于约翰·斯霍尔滕（Johannes Scholten）与亚伯拉罕·古宁（Abraham Kuenen）等当时荷兰学术神学巨擘门下。他钦佩教授们的科学进路，纵然他时常与他们的前设和教义结论存在严重分歧。在这段时间，他深受唐纳的讲道的影响。确实，巴文克在莱顿时期日记的最初部分更专注于唐纳，而非那些大学教授。[8] 关于巴文克对这些讲道的思考，可以通过他的听道笔记加以重构，这些讲道之所以吸引他，是因为它们是释经导向的，并且明确处理的主题与巴文克当时的处境相关——现代主义及其成果，信心与不信的区别，罪与恩典的对比。唐纳于 1883 年出版的论基督受难的讲道集《圣言明灯照耀之光》（*Lichtstralen van den kandelaar des woords*），给我们提供了巴文克在他求学生涯中所喜爱的那类讲道的一个清晰印象。[9] 这个讲道集中的讲章聚焦

---

[7] Herman Bavinck, *Dagboek*, 1874. H. Bavinck Archive, no. 346, folder 16 (Amsterdam: Historische Documentatiecentrum), 5 June.

[8] Herman Bavinck, *Ex animo et corpore*. H. Bavinck, Teol. Stud., 1874. H. Bavinck Archive, no. 346, folder 16 (Amsterdam: Historische Documentatiecentrum).

[9] J. H. Donner, *Lichtstralen van den kandelaar des woords* (Leiden: D. Donner, 1883). 唐纳去世后出版的一本讲道选集，见 H. W. Laman, ed., *Wandelen door geloof: overdenkingen van de gereformeerde predikanten* (Netherlands: Gereformeerd Tractaatgenootschap "Filippus," 1930)。贝伦茨（Godefridus Johannes Lambertus Berends）是从基督公教改信的一位分离派（Seceder）宣教士，参看唐纳在贝伦茨去世后的一场讲道，见 J. H. Donner, *Afgewezen, maar niet teleurgesteld: Toespraak naar 1 Koningen* 8:17–19a (Kampen: G. Ph. Zalsman, 1873)。

于阐明《圣经》文本，其特征完全是福音性的。就修辞学而言，它们通过提出问题引起听众注意，要求听众发挥想象力。在这一点上，唐纳出版的讲章与扬·巴文克明显不同；后者更加一致地具有虔诚性和描述性，并不使用问答修辞法。[10]

巴文克对唐纳的讲道并非毫无批判。例如，他在 1874 年 10 月 18 日星期天的日记中对唐纳的讲道的评注表明，虽然唐纳的思想"如此美妙"，其讲道却被言语风格拖累，未能匹及他的内容。[11] 这一批评与对唐纳讲道的其他记述一致。这些记述描写了唐纳讲道的长处在于结合了引人注意的释经和相当多的心理学知识，但缺少雄辩的口才和磁性的嗓音。[12] 尽管如此，显而易见的是，唐纳的讲道和榜样激励了年轻的巴文克，引起了他内心的悸动。

在此期间，他也开始受亚伯拉罕·凯波尔（Abraham Kuyper）的影响，后者是荷兰新加尔文主义的新潮流中冉冉升起的新星。巴文克受唐纳的引介，参加了凯波尔的"抗革命党"（Anti-Revolutionary Party）；该党是一场旨在遏制法国大革命对荷兰社会带来的敌基督教倾向的基督教政治运动。唐纳最终成为一名"抗革命党"的议员。巴文克在莱顿完成的博士论文是研究瑞士改教家慈运理的伦理学，之后他寻求在基督教归正教会接受按立。

莱顿影响了巴文克，既在做传道人这一面，也在他对讲道和传道人成长之思想的一面。除了巴文克关于唐纳讲道的笔记，这段时期内与传道人巴文克有关的最具启发性的材料，就是他与克里斯蒂

---

[10] 例如，见 Jan Bavinck, *De zaligheid alleen in den naam van Jezus. Rede ter herdenking van veertigjarige evangelie bediening, uitgesproken 30 September 1888* (Kampen: J. H. Bos, 1888); *Davids bede in den ouderdom. Eene overdenking bij gelegenheid van zijne vijfigjarige bediening van het Woord Gods* (Kampen: G. Ph. Zalsman, 1898); *Feeststoffen* (voor het Kerstfeest en voor het Oud- en Nieuwjaar) (Kampen: G. Ph. Zalsman, 1900); *Feeststoffen* (voor het Paaschfeest) (Kampen: G. Ph. Zalsman, 1901); *De algeheele heiliging van de geloovigen, de wensch van de dienaar des Evangelies. Afscheidswoord uitgesproken den 25 Januari 1903* (Kampen: J. H. Kok, 1903)。

[11] Bavinck, *Ex animo et corpore*. H. Bavinck, Teol. Stud., 18 October 1874.

[12] 例如，见 J. H. Landwehr, *Prof. Dr. H. Bavinck* (Kampen: J. H. Kok, 1921), 11。

安·史努克·赫洛涅（Christiaan Snouck Hurgronje，1857-1936）的通信。赫洛涅是巴文克的同学，信奉自由派神学，后来成为一名声名鹊起的伊斯兰教专家。巴文克与他的亲密友谊持续一生之久。[13] 在1878年8月3日一封写给赫洛涅的信，展现了24岁的巴文克对自己第一次预备讲章和讲道相关经历的反思：

> 八天前的主日，我在恩斯赫德（Enschede）第一次讲道。我自己宁愿稍加延迟这次讲道，但我的父母却满怀期待，住在恩斯赫德的姑妈和姑父也特别受到邀请。我在很久之前曾许诺他们，会在那里进行我人生第一次讲道。此外，鉴于我姑妈的健康状况允许，以及她时日无多，另有好些理由让我无法推辞。这显然很有难度，而且在考试之前会占用许多时间。对我来说，写讲章并非易事，但最终还是完成了。我讲解的经文是《约翰壹书》五4，"使我们胜了世界的，就是我们的信心。"我非常喜爱讲解这节经文，讲的时候非常沉着冷静。正因如此，只要讲完我就十分高兴了，我已经克服了讲道最大的困难。然而，我仍有些不满意，因为那次讲道并没有像我所期待的那样启发我。我并未带着那种"向着自己宣讲"的感觉去讲道，而这是我所期望的，也是我应该这么做的；与此同时，我心里总觉得它很不理想。不过总体来看，讲道进展顺利，我足以铭感五内。[14]

---

[13] Jan de Bruijn and George Harinck, eds., *Een Leidse vriendschap* (Baarn: Ten Have, 1999).

[14] Bavinck to Snouck Hurgronje, August 3, 1878, *Een Leidse vriendschap*, 45. 荷文原文："Zondag voor acht dagen heb te Enschede mijn eerste preek gedaan. Ik voor mij had het liever nog was uitgesteld, maar mijn ouders hadden het gaarne en een oom en tante van me, die in Enschede wonen, waren er bijzonder op gesteld. Reeds langen tijd geleden had ik het hun beloofd, daar mijn eerste preek te houden en nu de gezondheidstoestand mijner tante wel van dien aard kon zijn dat ze niet lang meer leefde, was dit redden te meer om mijn belofe te volbrengen. Maar daar was natuurlijk veel bezwaar en met 't oog op ons examen groot tijdverlies aan verbonden. Een preek maken was voor mij geen kleinigheid.

从这一时期的其他记录显明：作为一个神学生，巴文克在自己日常的学业以外，难以胜任预备（和发表）讲道的工作。"我已经注意到，讲道会占用大量的时间。我在这里讲过一次，在兹沃勒（Zwolle）也讲过一次。但我知道，除了在莱顿还要讲一次（我曾许诺过），我不会考虑在我的博士学习结束之前再讲道了。"[15] 巴文克的确在莱顿的学习生涯快结束之时，才开始例常讲道。至1879年末，他已经讲了三十场，并且似乎通过不依赖讲章笔记来磨炼自己的讲道技巧，大多数情况下是在讲《约翰壹书》五4和《加拉太书》二20这两处经文。[16]

鉴于巴文克从小成长的注重经历的改革宗讲道文化，我们所观察到的青年巴文克在讲道时自感经验缺乏这一现象尤为惊人。1881年，巴文克反思自己在莱顿求学时个人所遭遇的挑战，并向赫洛涅讲述，莱顿深深地影响了他在那个时期的讲道经历：

> 除了对《圣经》的思考之外，古宁和斯霍尔滕对我没有多大影响——如果"影响"的意思是指失去我的信仰并接受他们的信仰。但他们确实对我产生了（特有的）影响——就是在接受这些真理的力量和方式上。你看，这种质朴的、孩子般的信心，以及它对所灌输之真理的无

Toch lukte het eindelijk. Mijn tekst was 1 Johannes 5:4b, dit is de overwinning die de wereld overwint, namelijk ons geloof. En 't uitspreken viel me zeer mee. Ik was zeer kalm en bedaard. Zoodat ik blij ben dat ik het maar gedaan heb, en de grootste zwarigheid ook hierin weer overwonnen is. Toch was ik in zooverre onvoldaan, dat het mij minder inspireerde dan ik gedacht had. Ik sprak niet met dat gevoel voor mijzelf, als ik gehoopt had dat ik doen zou; terwijl de gedachte, altijd zoo ver beneden 't ideaal te blijven staan, me onophoudelijk bijbleef. Maar overigens ging het goed en heb ik tot dankertekenis overvloedige stof."

[15] Bavinck to Snouck Hurgronje, January 6, 1879, in *Een Leidse vriendschap*, 48. 荷文原文："Nu reeds merk ik dat preeken ontzettend veel tijd wegneemt. Eens heb ik hier en eens in Zwolle gesproken. Maar ik weet wel dat, behavle nog één keer in Leiden wat ik beloofd heb, voor mijn doctoraal niet meer aan preeken zal denken." 1880年2月29日在莱顿的讲道，讲解《加拉太书》二20。

[16] Herman Bavinck, *Dagboek, 1879-1886*, H. Bavinck Archive, no. 346, folder 16 (Amsterdam: Historische Documentatiecentrum), 25 December 1879.

限信靠,已经丧失了。这意义重大。在此方式上,他们的影响大而有力。现在,我知道我永远无法恢复那种信心了。尽管如此,我发现这是好的,我也为失去这种信心而心怀感恩。在那种天真无邪中掺杂着许多不真实、有待被炼净的方面。但是,仍有一种天真质朴(我没有更好的词)的层面,它是好的,是一种安慰;如果真理对我们来说仍是甜蜜且珍贵的,就必须保留这个层面。(在我们这个世代,哪里还能找到往昔那种坚如磐石的信心?)有时候,但是在极少的情况下,我在我的会众中遇到有这种天真质朴的人。他们生活美好,也非常幸福。现在,我不禁希望自己能像他们那样相信,如此幸福喜乐。然后我觉得,如果我是这样,我就可以传道,生动、温暖,总是确信自己所讲的。我会对他人有益。我会生气蓬勃,为别人而活。但我完全清楚,这种状况已经过去了,现在已经不可能了。[17]

---

[17] Bavinck to Snouck Hurgronje, January 13, 1881, in *Een Leidse vriendschap*, 81. 荷文原文:"Kuenen en Scholten hebben op mij (behalve in de Schrifbeschouwing) niet veel invloed gehad, als ge daaronder verstaat het verliezen van geloofswaarheden en het aannemen van andere, van de hunne. Maar zij hebben wel (hoe kon het anders) invloed gehad op de kracht en de wijze, waarmee ik die waarheden omhels. Het naive van het kinderlijk geloof, van het onbegrensd vertrouwen op de mij ingeprente waarheid, zie, dat ben ik kwijt een dat is veel, heel veel; zoo is die invloed groot en sterk geweest. En nu weet ik wel, dat ik dat nooit terugkrijg. Zelfs vind ik het goed en ben ik er waarlijk en oprecht dankbaar voor, dat ik heb verloren heb. Er was ook in dat naive veel, wat onwaar was en gereinigd moest worden. Maar toch, er is in dat naive (ik week geen beter woord) iets, dat goed is, dat wel doet; iets dat blijven moet, zal de waarheid ons ooit zoet en dierbaar wezen. En als ik dan soms—heel enkel, want och, waar is het rotsensterke geloof van vroeger tijd nog in onse eeuw?—in de gemeente nog enkele menschen ontmoet, die dat hebben en er zoo wel bij zijn en zoo gelukkig, nu, ik kan niet helpen, maar dan wenschte ik weer te gelooven als zij, zoo blij en zoo vrolijk; en dan voel ik, als ik dat had, en ik kon dan zoo preeken, bezield, warm, altijd ten volle overtuigd van wat ik zei, dan kon ik nuttig zijn; zelf levend, zou ik leven voor anderen. Maar ik weet wel, dat is voorbij; dat is thans niet meer mogelijk."

巴文克在同时期写给赫洛涅的另一封信中承认，他尤为意识到在莱顿准备讲章期间，自己在个人、经历方面的损失：

> 莱顿在很多方面让我受益；我希望自己常常为此心怀感恩。但它不仅耗尽、剥夺了我很多的累赘（我为此感到高兴），也耗尽了很多我近期（特别是在我不得不写讲章时）认为对我自己属灵生命至关重要的事物。[18]

在博尔特版《改革宗教理学》[19]每卷的〈编者导言〉中，这段话的另一种翻译占据了重要地位。那里所引用的英译文是依据瓦伦坦泰因·赫普（Valentijn Hepp）于1921年所著的《赫尔曼·巴文克博士》[20]。书中引用了巴文克致赫洛涅书信（1881年1月13日）中的一句话："Maar het heef me ook dikwerf zeer arm gemaakt … vooral als ik preeken maken moest."[21] 在〈编者导言〉中，这句话被译为："但它使我尤为贫乏……在我讲道时尤甚。" 然而，把"als ik preeken maken moest" 翻译为"在我讲道时"（用现在时表达的一般陈述）有待推敲，更准确的翻译应是："当我不得不写讲章时"。（正如下文将要阐释的，这里是指巴文克年轻时在特定时期所写的讲章。）在巴文克《改革宗教理学》的〈编者导言〉中，给读者这样的印象：这位神学家为自己（作为一个正统的学生）在自由派神学院的经历感到不快。紧随"在我讲道时尤甚"之后，博尔特写道：

---

[18] Bavinck to Snouck Hurgronje, August 19, 1879, in *Een Leidse vriendschap*, 56-57. 荷文原文："Leiden is me van veelzijdig nut geweest; ik hoop het altijd dankend te erkennen. Maar het hef me ook dikwerf zeer arm gemaakt, me ontnomen, niet alleen veel ballast (daar ben ik blij om) maar ook veel dat ik thans in den lateren tijd, vooral als ik preeken maken moest, als onmisbaar voor eigen geestelijk leven leerd beschouwen."

[19] 例如，见 John Bolt, Editor's Introduction, in Herman Bavinck, *Reformed Dogmatics: Prolegomena* (Grand Rapids: Baker Academic, 2003), 13。同样的翻译见 John Bolt, *Bavinck on the Christian Life: Following Jesus in Faithful Service* (Wheaton: Crossway, 2015), 33。

[20] Valentijn Hepp, *Dr. Herman Bavinck* (Amsterdam: W. Ten Have, 1921).

[21] Bolt, Editor's Introduction, 12-14; cf. Hepp, *Dr. Herman Bavinck*, 84.

"这样，将巴文克刻画为站在两个世界之间的人，这并无不妥。"[22] 读者不禁会问，讲道活动是否揭示了巴文克试图要横跨的两个世界之间的断裂线。

我已在其他地方详细讨论了上述规范性的"双重巴文克"诠释。按此种诠释，巴文克的作品是被正统和现代的两极对立所拉扯（并因此变得不可调和）的双重人格所著的作品。[23] 这种方法使"现代巴文克"和"正统巴文克"的言论程式化，对于巴文克研究来说毫无裨益。它导致了人在后续巴文克的读者群体中产生了"正统"和"现代"两派，其中每一派都固守巴文克著作的某些部分，而拒绝其他部分（理由是那些部分是由"另一个巴文克"所写）。它建立在以下假设之上：巴文克的思想不包含任何可以整合（即便充满张力的）形形色色现代与正统思想的基本概念。我在《三位一体和有机体》中提出了一种新的进路，借此巴文克的上帝论恰恰促成了这种整合。对于巴文克而言，创造主是原型的多样性中的合一性（archetypal unity-in-diversity），它使被造界中遍存的复型的多样性中的诸多合一性（ectypal unities-in-diversity）成为可能，并借此显明出来。从这个角度来看，巴文克与正统和现代的关系得以重铸。他不再是一位双重人格神学家，亦非"站在两个世界**之间**的人"。相反，他属于那种自己的神学委身使得他并要求他努力成为既正统又现代的人。

"一个"或"双重"巴文克的辩论与他的讲道有何关系？巴文克《改革宗教理学》的读者会对他有这样的印象：这样一个"站在两个世界之间的人"，在一般的意义上都会觉得难以讲道，就好像讲道活动暴露了巴文克处于不可调和的两极撕扯中。然而，这一印象必须要有某种修正。在这段早期岁月之后，巴文克对讲道的反思使他成为一个更成熟的人。他不仅发觉自己的职责既沉重又严肃，

---

[22] Bolt, Editor's Introduction, 13.
[23] James Eglinton, *Trinity and Organism: Towards a New Reading of Herman Bavinck's Organic Motif* (London: T&T Clark / Bloomsbury, 2012), 27-50. 中注：中译本见：恩雅各，《三位一体与有机体：赫尔曼·巴文克有机主旨新释》，徐西面译（爱丁堡：贤理·璀雅出版社，2020年）。

还发现它让人深深满足，亦是很多喜乐的源泉。

在上述我们讨论的书信中，巴文克提及准备讲道的一个具体实例，而非任何一般意义上的讲道。"vooral als ik preeken maken moest"这句话最准确的翻译是："在我不得不准备讲道时尤甚。"哈林克（Harinck）有益地指出，这些所讨论的讲道是巴文克在基督教归正教会接受按立必须要写的。[24] 在这个过程中，他必须按预先指定的经文进行一场试讲，经文是："任凭他们吧！他们是瞎眼领路的！"（太十五14）经文由布雷斯（F. J. Bulens）鉴于莱顿的教授们而选取，并期待巴文克通过公开与他们保持距离、批评他们是属灵上眼瞎的，以此表明自己信仰的正统性。[25] 巴文克的讲道没有遵照这种期待（他发现这是一个艰难的任务），但他的按立资格仍受到肯定。从那时起，他开始定期讲道。他在这一时期所选的讲道经文带有强烈的福音性。[26] 自此以后，巴文克在讲道中变得愈发喜乐。诚然，在离开莱顿之后，讲道（和牧养事工）在他的属灵成长中发挥了核心作用。在那段时期的经历中，讲道也使他的思想和目标越来越趋于统一。

在写完这封信不久之后，他成为荷兰弗里斯兰省（Friesland）北部小镇弗拉纳克（Franeker）的牧师。从悠闲的学生变成忙碌的牧师，这让巴文克一时不知所措：

> 如果你想一下，我必须每个主日讲道两次，一周要四次教导教理问答，还必须投入很多时间进行家庭探访和看望病人，有时候还要主持弗里斯兰地区的葬礼，你就无需问我是否还有学习的时间或机会。[27]

---

[24] George Harinck, "'Something That Must Remain, If the Truth Is to Be Sweet and Precious to Us': The Reformed Spirituality of Herman Bavinck," *Calvin Theological Journal* 38 (2003): 252. 更精准的翻译，另见 Willem J. de Wit, "'Will I remain standing?': A Cathartic Reading of Herman Bavinck," *The Bavinck Review* 2 (2011): 25.

[25] R. Bremmer, *Herman Bavinck en zijn tijdgenoten* (Kampen: Kok, 1966), 35.

[26] Bremmer, *Herman Bavinck en zijn tijdgenoten*, 35.

[27] Bavinck to Snouck Hurgronje, June 16, 1881, in *Een Leidse vriendschap*, 86-

巴文克的日记显明了他对在弗拉纳克讲道的早期印象。他在宣布任职（当天由他父亲讲道）后的第一个主日 3 月 20 日的日记中写道："在弗拉纳克讲解《以赛亚书》五十三 4-6，教理问答第一问（初次完全是即兴的——进展顺利）。"[28] 没有或少有笔记的讲道实践成了巴文克的惯例，这就解释了尽管他讲道数十载，却只有一篇讲章付梓出版的原因。

尽管巴文克乐意在弗拉纳克服侍，但他致赫洛涅的信中显明了他蒙召做传道人所面对的一系列挑战。他发觉自己在对其他人的属灵生命大有助益时，难以培养自身的基督徒敬虔，并哀叹自己在面对这一点时的孤立无助。

> 我工作中最困难的部分总是：我的信心和认信必须达到并保持理想的水平。哦，必须经常处理神圣之事，总是被呼召去祷告、感恩、劝勉或安慰，于是常常能让自己很少投射于那些不断变化的环境中：这很难，它会产生一种不满足感，常常带来麻木。我现在比以前更能理解，在属灵的伪装之下，如何能藏着一颗非常污秽、无情和虚伪的心。传道人职分中除了这种危险繁重的困难，还附有一个阴暗面，我对此深有体会。这个阴暗面就是，那个人总是"牧师"，而且永远不能以一种恰当的亲切方式说话。无论如何，对我来说就是如此。到目前为止，我在这里没有找到任何一位我可以（或敢于）享受那种亲切之人。我觉得这很困难。在家里，在房间中，我独自一人；而在外面，我总是"牧师"。如果我

---

87. 荷文原文："Als ge eens bedenkt, dat ik elken zondag twee keer preeken moet, vier catechisantiën 's weeks heb te houden, verden aan huis- en ziekenbezoek veel tijd moet wijden en dan soms nog een Friesche begrafenis heb te leiden, dan behoef ge niet meer te vragen, of er voor eigen studie veel tijd en gelegenheid overblijf."

28 Herman Bavinck, *Dagboek*, March 20, 1881. 荷文原文："In Franeker gepreekt over Jesaia 53:4–6 en Catech. Vraag 1 (voor 't eerst geheel geimproviseerd, ging goed)."

曾渴望有一位能理解我、可以吐露心声的妻子，那么就是在这些日子里。[29]

这种孤立感可能会因他自己的生活境况而加剧：因为他是一位年轻的未婚牧师，一位年长的已婚夫妇和他一起居住，照顾他的日常起居。即使在家里，他也总是其他人的"牧师"，很少有放松的私人空间。尽管有这些艰难，巴文克在弗拉纳克的短暂服侍仍受到了会众的称赞。在他到达的几个月内，他的语气已经变得更加积极了："但我不应忘记感恩。到目前为止，一切进展顺利，远超我所想和所期待的。我的讲道并非徒劳无功。我受到会众的厚爱。"[30]他在第二年写给赫洛涅的一封信中，意识到他现在的学习时间很少。然而，作为对此回应，他写道：

> 我这样自我安慰：我作为传道人的工作并非徒然无益。每当有敬虔的老者来见我，告诉我他们如何因我的话被坚固或得安慰，或另一些现在得以明白并过上完全不同

---

[29] Bavinck to Snouck Hurgronje, June 16, 1881, in *Een Leidse vriendschap*, 87. 荷文原文 "Wat mij 't moeilijkst in mijn werk valt, is om mij altijd op te heffen tot en te blijven op de ideale hoogte van mijn geloof en belijdenis. O, altijd met het heliege te moeten omgaan, steeds tot gebed of tot dankzegging, tot vermaning of vertroosting geroepen te worden, en dan dikwerf zoo weinig zelf in die telkens wisselende toestanden te kunnen inleven, dat valt hard, kweekt een gevoel van onvoldaanheid en dikwerf van onverschilligheid. Ik begrijp het thans nog beter als vroeger, hoe onder het gewaad van den geestelijke een diep-onheilig, gevoelloos en huichelachtig hart wonen kan. Behalve dit erniste en drukkende bezwaar van het predikantambt, is er nog een schaduwzijde aan verbonden, die ik ook diep gevoel, en dat is, dat men altijd 'dominé' is een nooit eens recht vertrouwelijk meer spreken kan. Althans zoo gaat het mij. Tot dusver heb ik hier nog niemand gevonden, wien ik dat vertrouwen mag en durf schenken. En dat valt me hard. Tuis ben ik alleen, op mijn kamer, en buiten ben ik altijd de 'dominé'. Zoo ooit, dan heb ik in den laatsten tijd verlangd naar eene vrouw, die mij begrijpen en aan wie ik mij gansch en al toevertrouwen kan."

[30] Bavinck to Snouck Hurgronje, September 23, 1881, in *Een Leidse vriendschap*, 92. 荷文原文："Maar ondankbaar mag ik toch niet wezen. 't Gaat mij tot dusverre goed, beter dan ik durfde denken en verwachten. Mijne prediking blijf niet zonder vrucht. De liefde der gemeente valt mij ruimschoots ten deel."

（于从前）的生活的人来见我，这会激励我，并让我感
到：我并非（也不会继续）毫无意义地活在世上。这些
时刻是无价之宝，任何事都不可相比。[31]

1882 年，他接到（并拒绝）阿姆斯特丹一个大型基督教归正教
会的邀请。[32] 同年晚些时候，巴文克接受了去坎彭教导神学的邀请；
他从 1883 至 1901 年，一直都在坎彭。在他离开弗拉纳克后，一位
教会长老评价，"整个会众，以及许多其他人"，都失去了"这位
宝贵的教师"以及他"极佳的讲道"。[33]

巴文克在坎彭任职，可以与他父亲作一番精彩比较。他的父亲
早先曾接到去那里任教的邀请，但最终拒绝了这个职位。两人都是
在 28 岁时面对这个决定。这种情况的重要性对两人依旧。巴文克
的日记（1882 年 8 月 24 日）对他的任职有如此评论："对我和父
亲来说，这是一个惊人的时刻。"[34]

扬·巴文克的自传包括了坎彭的西门·范费尔岑（Simon van
Velzen）教授的一段评语，就是在坎彭教员和学生中间，扬·巴文
克身为传道人要比成为教授拥有更大的影响力。扬·巴文克的回应
与此评述一致：

范费尔岑教授曾对我说："你对学生们的影响超过教
授们对他们的影响。"我认为这要由教授们来定夺。但

---

[31] Bavinck to Snouck Hurgronje, March 7, 1882, in *Een Leidse vriendschap*, 95. 荷文原文："Ik troost me hiermee, dat ik in mijn predikantsbetrekking niet ongezegend arbeid. Als er van die oude vromen tot mij komen, die me zeggen, hoe ze door door mijn woord gesterkt en vertroost zijn, of anderen, die nu een gansch ander leven kennen en leiden—dan is me dat tot bemoediging en ik ontvang dan den indruk, dat ik toch niet gansch nutteloos op aarde geleef heb en leef. En zulke ogenblikken zijn dan onbetaalbaar en kunnen door niets anders verged worden."

[32] Bremmer, *Herman Bavinck en zijn tijdgenoten*, 39.

[33] Bremmer, *Herman Bavinck en zijn tijdgenoten*, 43.

[34] Bavinck, *Dagboek*, August 24, 1882. 荷文原文："Treffend ogenblik voor mij en mijn vader."

是，我想我可以说，无论是教授们还是学生们，他们都不止一次地向我宣称，他们是透过我的讲道得以建立。[35]

虽然赫尔曼在坎彭的岁月与他撰写著名的《改革宗教理学》更为密切相关，但是我们不应忽视他在多大程度上运用自己在那里的职位，来影响并塑造他的学生成为传道人。这在坎彭时期出版的小册子《口才》（*De Welsprekendheid*）[36] 中得以清楚显明。这个文本旨在对传道人和讲道活动本身进行一次详尽的神学反思，并且就巴文克在神学上对"如何**讲道**"和"如何**成为**传道人"的丰富涉猎，提供了很好的洞见。

1891 年，他与比自己年轻十岁的约翰娜·阿德里安娜·希佩尔斯（Johanna Adrianna Schippers）结婚。他们仅育一女，1894 年出生，名叫约翰娜·格琴娜（Johanna Geziena）。巴文克出版的唯一一篇讲章原是 1901 年在坎彭的布尔格拉教堂（Burgwalkerk）宣讲的。正如已有提及，巴文克不喜欢在预备讲章时做笔记（即便有也很少），这在一定程度上解释了为什么他少有讲章存世。那么，为什么这篇讲章如此特别，以至于最终付梓出版？巴文克本人在出版导言中道出它的来龙去脉，及其重大的历史意义：

> 1901 年 6 月 30 日礼拜天，克鲁格总统在访问坎彭期间出席了教会聚会，我宣讲了这篇讲道。会众中许多人都表示想要出版这篇讲道的文字版。虽然我无法重现那场讲道，但我愿意满足这个友好的请求。现在，整场讲道被简要地整理出来，与那天的现场讲道内容一致。[37]

---

[35] Jan Bavinck, *Een korte schets van mijn leven*, 69.
[36] Herman Bavinck, *De Welsprekendheid: Eene Lezing* (Kampen: G. Ph. Zalsman, 1901).
[37] Herman Bavinck, *De Wereldverwinnende Kracht des Geloofs: Leerrede over 1 Joh. 5:4b, uitgesproken in de Burgwalkerk te Kampen den 30sten Juni 1901* (Kampen: G. Ph. Zalsman, 1901). 荷文原文："Deze leerrede word uitgesproken bij gelegenheid, dat President Kruger met zijn gevolg, tijdens zijn bezoek aan Kampen, op Zondag 30 Juni 1901 in de vergadering der gemeente tegenwoordig

巴文克这次讲道的题目是《信心得以胜过世界的能力》（The World-Conquering Power of Faith）。斯特凡努斯•约翰内斯•保卢斯•克鲁格（Stephanus Johannes Paulus Kruger, 1825-1904）出席了聚会。他就是大名鼎鼎的南非共和国（德兰士瓦）总统保罗•克鲁格（Paul Kruger），也是第二次布尔战争（Second Boer War，1899-1902）中抵抗英国人的阿非利堪人（Afrikaner）的代表。巴文克讲解的经文是《约翰壹书》五4："使我们胜了世界的，就是我们的信心。"这也是他人生第一场讲道时所讲的经文。这节经文是巴文克的新加尔文主义中不断出现的主旋律。

将《口才》与《信心得以胜过世界的能力》组合阅读会非常有趣。在《口才》中，我们看到巴文克在对一群教授和神学生听众讲课。他的语法复杂精致，使用大量外文和古代语言（假定他的听众无需翻译），并且他利用古代世界的资料和高雅的文学作品——始终告诫他的学生不要将讲道作为自身语言和文化才艺的展示。而《信心得以胜过世界的能力》则成为《口才》所设想的那类讲道的教科书式范例：它注重解经，语法并不深奥复杂，亦无炫耀讲道者的学识，并且它的结构清楚，开宗明义。这篇讲章就像一个受感之灵魂的宣教，为要打动他人。如果把这两部作品放在一起读，对理解彼此都有益处。

在坎彭期间，巴文克与凯波尔一道成为1892年归正众教会联会（Union of the Reformed Churches）的关键人物。该联会见证了基督教归正教会与凯波尔领导的"哀恸者"（Doleantie）团体合并。该团体之前在凯波尔带领下，从荷兰改革宗教会分离出来。在这次联合十年后，巴文克接受了阿姆斯特丹自由大学（Vrije Universiteit Amsterdam）的神学教授职位。

他人生这个时期的特征是广泛而深入地涉足政治（通过抗革命

---

was. Velen, die ze hoorden, gaven het verlangen te kennen, dat ze in druk verschijnen mocht. Hoewel ik ze niet letterlijk weergeven kon, maakte ik toch geen bezwaar, om aan dat vriendelijk verzoek te voldoen. Zakelijk komt ze geheel met het toen gesproken woord overeen."

党)、哲学和教育领域。在 1908 年,他在美国普林斯顿神学院主讲久负盛名的斯通讲座(Stone Lectures)。这些演讲后来集结出版,书名是《启示的哲学》[38]。(他的同事凯波尔也曾于 1898 年主讲斯通讲座,后以《加尔文主义讲座》出版[39])。

虽然巴文克在那些年继续讲道,但他的注意力可能更多被其他形式的公开演讲所占据。在那个人生阶段,巴文克定期就各种公共事件发表演讲:政治集会、青年会众、课程委员会、宣教组织会议、大学事件、学生聚会等。然而,他仍然持续作为一位积极的讲道者。例如,当他 1908 年跨越大西洋前往北美的途中,巴文克与两位同行旅伴(分别为德国人和英国人)共同承担为全船人主持敬拜的职责。[40] 在这次旅美期间,他讲了 18 堂道。[41] 从以下译文中可以看出,他努力理解并介绍自己对美国文化的观察评述,还包括他在那里发现的独特的讲道文化。他特别关注当时北美一些最杰出的传道人:长老会的乔尔·帕克(Joel Parker),查尔斯·亨利·潘克斯特(Charles Henry Pankhurst),以及托马斯·德·维特·塔尔马(Tomas De Witt Talmage)。在巴文克向自己的荷兰听众解释美式讲道时,都明确地(和批判性地)提到了这些人。

1920 年,在参加完吕伐登(Leeuwarden)的教会全国总会议后,巴文克心脏病发作。自那时起,他的健康开始衰退。1921 年 7 月 29 日,在凯波尔去世几个月后,巴文克在阿姆斯特丹去世。他一生 67 载,持续讲道 42 年。

---

[38] Herman Bavinck, *Philosophy of Revelation* (New York: Longmans, Green, and Co., 1909). 中注:本书中译本:赫尔曼·巴文克,《启示的哲学》,赵刚译(成都:四川人民出版社,2014)。

[39] Abraham Kuyper, *Lectures on Calvinism* (Grand Rapids: Eerdmans, 1931). 中注:本书中译本:茜亚·凡赫尔斯玛,《加尔文传(增订版)》,王兆丰译(北京:华夏出版社,2014),见该书的附录2《亚伯拉罕·凯波尔:加尔文主义讲座》。此外还有繁体中文译本:亚伯拉罕·凯波尔,《金石之言:从加尔文主义论宗教、政治、学术和艺术》,郭熙安译(台北:改革宗翻译社,2018年)。

[40] Hepp, *Dr. Herman Bavinck*, 303.

[41] Hepp, *Dr. Herman Bavinck*, 304.

1. 口才[1]

作者序

  1889年11月28日,我在坎彭发表这篇论口才的演讲,听众主要是神学院的学生。此事距今已有两年。之后出版了讲稿,但仅限于一个很短的时期,数量也有限,并且从未公开售卖。然而,不断有人请求重印这篇讲稿,并建议向一般公众开放销售。现在这一请求得以实现。尽管第二版有一些细微改动,但在总体上与第一版无异。

  人们期待印行新版,因为这里讨论的"神圣口才"(holy eloquence)在我们基督教事业中多半还是个未知领域。荷兰的讲坛当前缺乏优秀、有能力的讲员,更别提传道人了。更让人遗憾的是,因为目前在教会以外开展的丰富生活,迫使基督福音的执事们竭尽全力地培养圣言的恩赐。确实,由于(当前)生活的公共性质,话

---

[1] Herman Bavinck, *De Welsprekendheid: Eene Lezing* (Kampen: Zalsman, 1901). 这本小册子原是巴文克1889年11月28日给坎彭神学院学生所做的一场讲座。中注:中译本将word在不同的语境中译作"圣言"(指向上帝的话语和《圣经》的话语)、"话语"(一般性意义)和"道"(指向三位一体的第二位格)。本文以下脚注皆为英译者所加。

语的意义和影响力急剧增加。虽然先前讲坛几乎是公众唯一可以接触的地方，但是现在各式各样的场合和讲台具备同样的功能，人群蜂拥而至。首先是报纸，其印刷文字可以抵达社会最遥远的角落，由此对人的精神产生影响，并主导舆论。然后是议会、政党、会议、研讨会，以及为了众多目的而有的集会，其中话语是一种有力的武器，从未被忽略。在当代，教会外的传道人比教会内的多。各个阶层和不同出身的演说家成竹在胸、才华横溢，在各种聚会和运动中都有他们的身影。他们吸引大众离开教堂，前去会场。

社会生活中的这种发展在很多方面带来了欢喜和感恩，这点无需证明。但是这同样产生了负面影响，即这会是教会兴旺和会众聚会的严重威胁。当司布真在1857年为自己著作的出版忙得焦头烂额时，他在一场讲道中如此说：

> 近年来，人们对教会讲坛的敌意愈发强烈。多年来，教会讲坛前曾座无虚席，但部分由于效率低下，正在失去其崇高的地位。因着对讲坛羞怯式的滥用，而非刚强执意使用它，世人开始蔑视讲坛。现在基本可以肯定的是，神职对我们的支配力甚至不如出版业对我们支配力的一半。[2]

然而，认为唯独出版业对教会及其所宣讲圣言的危害，超过了所有集会所带来的危害，这全然是错的。很多人把参加各种会议看作与定期参加公共宗教活动一样重要，甚至认为前者更加重要。不少人怀着这样的想法，即他可以比坐在教堂里两个小时听一场讲道更有效地使用这些时间。（这些讲道只是反复讲他已经知道的，或者至少是他自认为知道的。）因此，世俗化得到广泛发展；有关真理的扎实知识正在开始成为个例（而非标准）；《圣经》和教理问答变成报纸和杂志，变成宣传册和小说。

---

[2] C. H. Spurgeon, "Preaching for the Poor," sermon delivered on Sunday, January 25, 1857.

这些新情况将一项重大责任置于教会之上，要求教会的牧师们更加忠心地爱护所交托给他们的职分，在圣言侍奉中尤然。在内容和形式上，教会的聚会可能并不逊于那些夜以继日地招聚人们的（世俗）聚会。凭借其神圣的设立，教会聚会是且必须仍是宗教生活的中心点、属灵能力的源头，也是对所有蒙召之人周间每日辛苦工作的激励。无论其他方面的书籍或演讲给我们带来怎样的影响，都无法同在会众聚会中藉着所宣讲的圣言，对我们的心灵和生命、家庭和社会所带来的祝福相提并论。我们唯独在这里看到上帝圣言的侍奉和祂圣约的印记。在这里，基督亲自住在我们中间，藉着圣灵做工。在这里，我们品尝到圣徒相通，罪得赦免，以及永恒生命的原则。安息日是最好的日子；没哪一天可比。而且教会是上帝与祂子民的聚会；没有其他聚集可以取而代之，或弥补其损失。

因此，在我们这个前所未有的时代，对从事圣言侍奉之人的圣召是不要忽略那托付给他们的恩赐，就是为了宣扬福音而赐给他们的恩赐。如果他们想继续做人们良知的师傅，就必须确保自己是圣言的师傅。如果他们因着上帝的旨意而没有被动地看着生命的溪流从自己和教会旁流淌而过，那么就必须首先通过自己的服侍，把上帝圣言的全然纯全、真实，带着能力地引荐给各人的良知。

当然，基督的福音无需我们的妆饰，亦不用世人智慧委婉的言语；福音自身就是真实、美好和丰富的。但为了按着整全的福音荣美而展现福音，为了以圣灵和大能的明证来传讲，就需要不断操练，不懈努力，以及爱的奉献。施莱尔马赫曾正确地说过：

> 诚然，这是在将诸般人类论述的完全丰富与华丽，应用于语言所能触及的最高深的主题。这不是说似乎有某种宗教不可或缺的装饰。这乃是因为，若诸般人类论述不将最丰富的资源与它们的能力结合，并将它们都献于宗教，从而诸般人类论述可以按宗教适恰的崇高和尊严来展示宗教，那么宗教会以一种预示的方式表现出某种轻

佻和不神圣的气质。[3]

在写给哥林多教会的书信中，保罗以一种更美妙的方式论道："我为你们起的愤恨，原是上帝那样的愤恨，因为我曾把你们许配一个丈夫，要把你们如同贞洁的童女，献给基督。"[4]

如果下面这篇演讲多少能唤起这种"圣洁的愤恨"，笔者就心满意足了。

赫尔曼·巴文克
1901 年五月
于坎彭

---

[3] 这里，巴文克引用施莱尔马赫的《宗教的社会要素》（On the Social Element of Religion；1799）。英译文引自 Frederic Henry Hedge, *Prose Writers of Germany* (New York: C. S. Francis and Company, 1855), 443. 中注：中译文可参考：施莱尔马赫，《论宗教》，邓安庆译（北京：人民出版社，2011），第109页。此处乃直译自英译文。

[4] 《哥林多后书》十一—2。

引言

请容许我在规定的时间内要诸位听这场关于口才的讲座。选择这个话题似乎不需要任何理由。首先，我很荣幸能在朋友们和弟兄们面前演讲；你们将来主要和唯一的权柄只在话语上。诸君，话语应该是你的刀剑和盾牌，一种攻守一体的器具。只要你们更灵巧地使用这件武器，就会更有力量，更具影响力。你们其他属灵恩赐也将会更加荣美，以致借着更有力、更热情的表达而被人接受。你们的尊名会是"圣言的仆人"，即"上帝圣言的仆人"。由此，那比君王和世上领袖更大的能力将交付与你，因为你们既是话语的师傅，亦是良知的师傅。治服己心的，强如取城。

虽然用圣言牧养的崇高职分并不适合在座许多听众，但我仍希望这场讲座的主题不会显得无关紧要。说话合宜对每个人来说都是锦上添花；对基督徒而言，无论男女，它都是一种高雅的美德。出乎我们意料的是，《圣经》十分强调尽责、圣洁地使用舌头和言语的重要性。保罗说："你们的言语要常常带着和气，好像用盐调和，就可知道该怎样回答各人。"[5] 当他这么说时，实乃无差别地让每个人，而非针对一个特殊群体，都去面对所有口才的基本原则。说

---

[5]《歌罗西书》四6。

话合宜并非只是讲坛或法庭的要求，在日常生活和社交行为中亦然。这种一般意义上的口才（deze algemeene welsprekendheid）与长篇大论（welbespraaktheid）不同。我将要讨论的口才的特定例子，只是口才的部分和狭义应用。接下来我试图勾画出这种口才的原则、本质和形式，相信你们会感兴趣。

口才的原则

你们都记得歌德的《浮士德》其中一个情节。当歌德翻译《约翰福音》第一章时，总觉得第一节经文很别扭："太初有道。"[6] 他一点也不喜欢这个表述。他无法对"道"有太高的评价，他如此轻看话语（the word），是因为话语毕竟如此不实在，不过是空洞的声响和音调。话语不可能是万物的根源和原则。因此，他试图再往后追溯，更深入一些；他想度量万物的根基——存有。所以他写道："太初有心思（mind）。""心思"就是思想（thought）、判断、理解。但这种写法太狭隘了，因此疑问浮现：难道真是"心思"行动并创造了万物吗？难道思想真的如此大有能力，可以生出存有吗？他再次改进了自己的看法，说："太初有能力（power）。"他还是不满意。这也是一个他无法接受的看法，能力就其自身还是无法创造和生成，在某种意义上无法让宇宙存在。他必须再往后追溯。接着，他想到了一个满意的表达："太初有**为**（deed）。" 藉着这新的解读，歌德以自己的泛神论世界观取代了《圣经》的一神论。对他来说，万物的开始并不取决于那位永活、自我觉知、位格性的道（Word）；此道以言说创造万物。他乃是在不止息的活动（Tätigkeit）中寻找万物的原则和存有，正如他在别的地方所论。有一种永活全能的意志渗透万物，一种"不懈的介入"（indefatigable interference），一种永恒的欲求，也是理性和爱。歌德在其他诗歌

---

[6]《约翰福音》一1。

中为此做证：

> 在无尽之中，自我重复
> 终要万川归一，无数拱顶
> 辐射交会，终为扶持
> 那巍峨的构型
> 万物之川流，只眷恋生命
> 巨星和泥土
> 任由一切孜孜不止
> 终要在上帝那里寻得永恒的安息。[7]

《圣经》直接否定这种自然主义（naturalism），将有自我意识的、位格性的、独立的话语，而非盲目冲动的无意识力量，置于首位，并作为事物的原则。上帝透过作为祂道路开端的智慧，透过作为在一切被造以先首生（πρωτοτοχος της χτισεως）的道，呼召不存在的事物进入存有，好像它们之前就已存有。祂借着言说创造和再造万物。我们理应惊叹，荷马在《伊利亚特》（*Iliad*）中以生花妙笔描绘众神之王的威势："克罗诺斯的儿子一边说，一边垂下他的浓黑的眉毛，一片美好的头发从大王的永生的头上飘下，震动奥林匹斯山。"[8] 但这与《圣经》中的崇高圣言的威严相比会怎样呢？"祂说有，就有；命立，就立。"请注意上帝之道的绝对、神圣和原初的力量。

---

[7] 英译文引自Gary Bachlund, "Zest for Life" (1989). 德文原文：
Wenn im Unendlichen Dasselbe
Sich wiederholend ewig fliesst,
Das tausendfältige Gewölbe
Sich kräfig in einander schliesst;
Strömt Lebenslust aus allen Dingen,
Dem kleinsten wie dem grössten Stern,
Und alles Drängen, alles Ringen
Ist ew'ge Ruh in Gott dem Herrn.
中注：中译文引自斯宾格勒《西方的没落（全译本）：第一卷·形式与现实》，吴琼译，（上海：上海三联出版社，2006年），第134页。

[8] Homer, *Iliad*, Book 1. 中注：中译文引自《荷马史诗·伊利亚特》，罗念生、王焕生译，（北京：人民文学出版社，2003年），22-23页。

其他一切话语所出的全部能力都源于此道，它们的根源和形像也在于此道。

但是，正如道是在一切被造以先为首生的，一种特定的言说贯穿了上帝的创造。在万物中都有人类可以理解的思想、语言、声音、声响和语调。创造不只是上帝的指头所写的一本书，更非一本沉默的书。不仅如此，它更是上帝对人的言说。我很清楚，我们经常无法破解那本书中的象形文字，而且我们经常无法明白这篇言说。然而，诗人（他们在良知上是天真淳朴的孩童）明白这些，曾转述保罗的话："世上的声音或者甚多，却没有一样是无意思的。"[9]《诗篇》十九篇的作者明白这些，他唱道："诸天述说上帝的荣耀⋯⋯这日到那日发出言语。" 整个受造界没有什么言说或话语，它们的声音没有被全人类听闻。受造物的言说会持续下去，直到世界的末了。万物都在说话。每个事物都有自己的语言和声音。受造物就其整体而言是有口才的；罪不过是它歌声中唯一不和谐之音。

既然人是万物之首（head），受造物的言说在人这里达到了最高形式。万物向我们显明上帝的踪迹，人是上帝的形像，在他的语言中也是如此。正是此事乃一奇迹。其根源无从知晓，其本质无可找寻，其作为难以名状。比尔德戴克（Bilderdijk）[10] 在一首你们耳熟能详的诗作中为此高歌：

> 哦，流水声响，气流喷涌，
> 灵魂（一束敬虔之光，直冲天际）
> 它奉献自身！远超光线和旋律；
> 在最亲密的和谐中，感觉的创造，
> 赋予物质以灵魂，合为一体，
> 抚慰喘气而得荣耀的心灵。[11]

---

[9] 《哥林多前书》十四10。
[10] 比尔德戴克（Willem Bilderdijk, 1756–1831）是荷兰加尔文主义诗人。另见Herman Bavinck, *Bilderdijk als denker en dichter* (Kampen: J. H. Kok, 1906).
[11] Willem Bilderdijk, *De Dieren: Dichtstuk* (Amsterdam: P. den Hengst en Zoon, 1817), 19–20.

话语看似闲散（idle），如空气的震动，在风中逐渐消失的声响，比闲散本身更闲散。然而，（它）是一种比刀剑或武力更强大的力量，因为上帝自己的话语既是生命也是光。话语不是死的，非任意的符号或寻常的声响，也不是闲散的艺术品，需要"以艰难而勤勉的方式"去寻找。相反，话语是热切和活泼、洁净的，会成长、衰退、生病，并像其他生命体一样会死亡。话语"借着感觉被造"，并从我们的真实存有而生，而不只是人类意志的产物或人类大脑的发现。逻各斯（Logos）作为上帝的道，是从祂的存有生出，而不像亚流主义（Arianism）所说的，由祂的意志所造，所以人的话语也是如此。话语就是人自身，语言是民族的灵魂。因此，语言增添了更多的灵魂（more soul），更多智慧，

> 超过柏拉图学派，超过所有雅典人；
> 确实把握真理，真实渴慕天堂，
> 包括赐给我们的众多财富，
> 哦，终有一死的人哪，要知道，要知道你的灵魂完全在她里面！
> 她使你成为人；你的灵魂在她里面安息。
> 在言语中觉察你的自我；
> 如此行，得以认识你自己，教导你自己在那儿看见上帝！[12]

O, vloeibre klanken, waar, met d'adem uitgegoten,
De ziel (als Godlijk licht, in stralen afgeschoten)
Zichzelve in meedeelt ! meer dan licht of melody;
Maar schepsel van 't gevoel in de engste harmony,
Die 't stofloos met het stof verenigt en vermengelt!
Door wie zich 't hart ontlast, verademt en verengelt!

[12] 这里巴文克引用比尔德戴克的诗歌《言说》；"De Taal," *Krekelzangen*, Eerste Deel (Rotterdam: J. Immerzeel Junior, 1822), 97。在以下引文部分的第二行，巴文克用的是小写的"真理"（waarheid）。比尔德戴克的原文是大写的"真理"（Waarheid），很可能指耶稣基督是那唯一的"真理"（the Truth）（参约十四6）。

Dan Platoos school, dan heel Atheen bevatten;
Houdt waarheid ja, en echten hemelzin
En 't begrip der ons verleende schatten.

在语言中，你拥有位格，在最深刻和最亲密之处拥有他的存有；在话语中，他步入光明，从他的隐秘和沉默中显现。这是从他存有的深处涌现。在那里，影响我们的情感形成了，拥有灵魂的儿女经过产道的黑暗诞生；接着，人类荣耀的影子和他内在独立性的明确形像就产生了。尽管我们无法就这种产生方式提出任何建议，但语言无疑以同样的方式开始。毕竟，第一个人是按照上帝的形像被造，其中不仅有公义和圣洁，还有知识和真理。他必须用话语来表达自己所知的上帝及祂的作为。因此，语言从他思考的灵魂中诞生，而那种语言就是诗歌。然而，

> 神圣的恩赐，随着生命的气息
> 降临到被造物上，遍及灵魂盘旋之境，
> 因着它跌落，变得堕落和败坏。[13]

在这一背景下，败坏存在其中。无论在哪里，人总是乐于用话语创造、赋形，脱离思想的真理。他从内容堕落至形式，从存有堕落至表象，从生堕落至死，从光明堕落至黑暗，从丰富堕落至虚无。[14] 因此，我们的话语变得空洞且虚无，没有生命和光。正是反对这些虚空、空洞、贫乏的话语，反对这些 χενοι λογοι（空话），《圣经》如此有力地警告我们，我们所说每一句闲话都要向上帝交账。确实，鉴于表达方式、空洞的声音、无意义的话语和常用术语，一个相当大的权柄施加于我们身上。例如，考虑一下"自由"、"平等"

Ken starveling, ken geheel uw ziel in haar!
Zij maakt u mensch; in haar berust uw wezen.
Neem in uw sprak uw eigen zelfeid waar;
Leer daar uzelf, leer daar uw God in lezen!

[13] 这里，巴文克继续引用比尔德戴克的诗作《言语》（*De Dieren*）。
Maar goodelijke gif, met d'ademtocht van 't leven
Aan 't schepsel ingestort, zoover er geesten zweven,
(Is ze tevens) met zijn val, vervallen en ontaard.

[14] "Hinc discidium illud exstitit quasi linguae atque cordis absurdum sane et inutile et reprehendendum." Cicero, *de Oratore* III 16, 61："这是一个源头，从中涌出确凿无疑的荒谬、无用、应受谴责的内心语言。"

和"博爱"等掌控人心的空洞声音。任何认为自己有能力的人，都可以从这口号的不朽、美德、宽容、中立、人人享有平等权利等诸多方面，追溯过去两个世纪的发展。这些都是在耳边沙沙作响的声音，如同塞壬（Sirens）的歌声一样麻痹心智，迷惑人心，但这并不能给人的思想以实质。在深入思考后，它们渐渐显得更加空洞无意义。但这种对于话语空洞形式的乐趣并不仅限于这些虚假的口号；我们所有的谈话和几乎所有礼貌形式都有力证明了这一点。歌德的一句评语很有道理，即"人一旦变得有礼貌就会撒谎"。莎士比亚剧院上方有一句醒目的标语："世界就是大舞台（totus mundus agit histrionem）。" 在《哈姆雷特》中，莎士比亚勾勒出一个人，他思考世上的虚假和虚伪，因而不相信任何人；他有邪恶的欲望，要揭开每个人的面具。当我们也关注人性的黑暗面时，会发现塔列朗（Talleyrand）[15]的良言："语言是为了隐藏我们的思想而发明的（La parole a été donné à l'homme pour déguiser sa pensée）。" 然而，我们不应该忘记这句话是由一位法国人所写，旨在刻画他那个时代的法国文化。在那时，法国人无疑是谈话大师，也就是说，谈话是以**最精美**的形式对**最无聊**的主题进行**最勇敢而华丽之**对话的艺术（正如其名）。没有什么语言比法语更适合。没有谁比杰出的文献学家比尔德戴克对这门语言的肤浅特性更恼火，他以过激的方式喊出了这样的话：

> 消失吧！你这混账舌头。多么卑鄙，多么败坏，
> 衣冠禽兽借由你说话；
> 你是为异教族类预备的，用以
> 嘲笑真理，卖弄怀疑；
> 这结巴沙哑的声音，不敢
> 穿过鼻孔触碰耳朵，
> 却配上猿猴的苦瓜脸——魔鬼

---

[15] 塔列朗（Charles Maurice de Talleyrand-Périgord, 1754–1838）是法国外交家。

在世上作王，为罪恶在世上作王！[16]

对形式和语气的偏好很快就会变成说谎，而说谎是对存有的对立面、对闲散之虚无的喜爱。因此，如果犯错是属人性的，那么说谎就是属撒旦的。当撒旦说话时，牠发自内心地说话，也就是说，牠是真实正直的。谎言的最高启示就是虚假的预言，即最高实在的虚无主义的对立面。

通过关注其反面和怪诞的形式，真正口才的真实原则就得到承认！闲话的根源在于对表面的偏好，在于人转而投向形式和虚无。因此，如果人的话语再次成为敬虔内容的承载者，如果它（在受造物的意义上）成为神圣存有中的**逻各斯**之所是——既是光又是生命——那么他就会有口才。为了说得**好**，人必须活得**好**。于是，我们的话语就成了它必须之所是，作为我们自己的形像和样式，而且我们再次成为上帝的形像和样式。那它就不是空虚、闲散或虚空，而是人位格的最亲密部分（人的魂中之魂，灵中之灵）的显明。与语言一样，真正口才的来源并不在于推理性的心思（reasoning mind）。事实上，它更不在于意志的行动与决定。确切而言，真正的口才乃落在心思和意志之余的心或灵之中，生命从此发出，口才的生命亦从此而发。如果你强迫内心说话，按内心说话，你就会有好口才。"正是人心激发口才（Pectus est quod disertos facit）。""伟大的思想来自内心（Les grandes pensées viennent du coeur）。"所有那些在语言中向我们倾吐内心的人，都是有口才的，他们在话语

---

[16] 英译文摘自John Bowring, *Sketch of the Language and Literature of Holland* (Amsterdam: Diederichs Brothers, 1829), 11–12.
    Maar weg met u, o spraak van basterklanken
    Waarin hyeen en valsche schakels janken;
    Verlooch'nares van afomst en geslacht,
    Gevormd voor spot, die met de waarheid lacht;
    Wier staamlarij, bij eeuwig woordverbreken,
    In 't neusgehuil, zichzelf niet uit durf spreken.
    Verfoeilijk fransch, alleen den duivel waard,
    Die met uw aapgegrijns zich meester maakt van de aard!

中把他们所拥有的最好事物——他们自己——展现出来。

因此，不要在那类"昏睡的约翰"（Sleepy John）[17]中，从那些鼓吹宽容和中立的人，就是那些不冷不热的人那里寻求口才。他们没有激情，没有热心，没有火热或激励；他们不易被司口才的缪斯（Muses）光顾。[18]口才的秘密在于灵魂。让心里的激情化为言语，口才就会诞生。还有什么不能触动我们的心？我们（连同所有受造物）不会感觉吗？我们不是与万物联系在一起吗？我们不是同时既属天又属地吗？我们的心是一个汇聚万物的大熔炉，是映射万物的镜子。印象、感知和情感从四面八方向我们袭来。天使所奏悦耳的曲调，鬼魔的嚎叫，受造界的歌声，受造之物的叹息，都能打动我们。没有人心不能理解的言说，没有我们灵魂无法共鸣的声音。如果我们的心变得如此敏感、受触动，或者当那美妙的意乱情迷浮现，我们的心被其俘获，因而在激情中被唤醒，不管是哪种激情（爱，恨，忧伤，怜悯，愤怒，惊骇，惧怕，焦虑，恐惧）；如果我们的良知被触动，灵魂生命的波浪渐渐高涨；如果我们的灵被驱使，并且开始活动和喜悦；那么真正口才的源泉在我们里面就会释放。深沉、内敛的感受是演说（oratory）的原则；这是灵魂的敏感性被震撼和激动。因此，诗人和演说家都是性情温柔细腻的人，他们的天性都是协调一致的，借此最细微的触动亦可察觉，每一次的冷淡都会使他们情感生活的表面泛起涟漪。我们也经常读到耶稣"动了慈心"，这不无道理。当保罗在亚略巴古发表他强有力的演讲时，看见满城都是偶像，就心里着急。早期和后世的所有演说者也是如此。

---

[17] "Zoek daarom de welsprekendheid niet bij de Jansalie-naturen, bij de handelaars in verdraagzaamheid en neutraliteit." Bavinck, *De Welsprekendheid*, 24. 这里提到扬·萨利（Jan Salie，英文John Sage）指波特希特（Everhardus Potgieter）小说中的一个虚构人物，代表19世纪荷兰懒惰迟钝的精神面貌。萨利（salie）是鼠尾草，是一种催眠药草。见 E. J. Potgieter, *Proza 1835–1847*, in E. J. Potgieter, *De werken*, Deel I, ed. J. C. Zimmerman (Haarlem: H. D. Tjeenk Willink, 1908)。

[18] 巴文克这里指古典希腊文学中的文艺女神缪斯，见Jean-Luc Nancy, *Les Muses* (Paris: Editions Galilée, 1994)。

阿基里斯（Achilles）的愤怒，安德洛玛刻（Andromache）的忠诚，德摩斯梯尼（Demosthenes）的爱国之心，西塞罗对罗马城的热爱；这一切都是有口才的。改教家们是有口才的，是为了上帝的荣耀而火热，不能自禁。这在加尔文的这句义正辞严的话中得以表达："当主人遇袭，狗会吠叫；当我的主人遭攻击时，我不应该说话吗？"[19] 当伯克（Burke）在英国议会中大声疾呼反对革命时，口若金钟。穆尔塔图里（Multatuli）[20] 在他的《马格斯·哈弗拉尔》（*Max Havelaar*）[21] 中雄辩滔滔，因为德劳格斯托佩尔（Droogstoppels）和施莱梅林根（Slijmeringen）[22] 对穷苦爪哇人的邪恶行径引起了他的愤慨。如同母亲发现孩子落水时会惊恐地尖叫，穆尔塔图里在他自己的见证中雄辩滔滔。[23] 历史提供了充分的证据，证明口才和语言是一种感觉（feeling）的创造。

其次，要想产生真正的口才，需具备以下条件：强大的情感状态、受感的灵、被触动的心，以及对表达这些情感不可遏制的冲动。这两者是一体的。我因信，所以如此说话。[24] 坚信不疑之人，无法

---

[19] John Calvin, *Lettres françaises*, ed. J. Bonnet, 2 vols. (Paris: Mayrueis, 1854), 1:114, April 28, 1545.
[20] 穆尔塔图里（源自拉丁文multa tuli，意为"我已承受太多"）是荷兰无神论讽刺文学作家戴克尔（Eduard Douwes Dekker, 1820–1887）的笔名。亚伯拉罕·凯波尔称尼采为"德国的穆尔塔图里"，见Abraham Kuyper, "The Blurring of the Boundaries," in *Abraham Kuyper: A Centennial Reader*, ed. James Bratt (Grand Rapids: Eerdmans, 1998), 364："现在，我们东边的邻居有了他们自己的穆尔塔图里，就是弗里德里希·尼采。"
[21] 穆尔塔图里最著名的小说是《马格斯·哈弗拉尔，或荷兰贸易公司的咖啡拍卖》（*Max Havelaar: Or the Coffee Auctions of the Dutch Trading Company*）见 Multatuli, *Max Havelaar, of de kofeveilingen der Nederlandsche Handel-Maatschappy*. Amsterdam: De Ruyter, 1860。该书主人公马格斯·哈弗拉尔致力于揭露荷属东印度政府的腐败。中注：该书中译本见：穆尔塔图里，《马格斯·哈弗拉尔》，施辉业、潘鑫亮译（北京：人民文学出版社，1987年）。
[22] 在《马格斯·哈弗拉尔》中，巴塔弗斯·德劳格斯托佩尔（Batavius Droogstoppels）是咖啡商人，施莱梅林根则是他的合作伙伴。德劳格斯托佩尔具有那个时代典型的荷兰商人嘴脸。
[23] Multatuli, *Max Havelaar*, ch. 11.
[24] 《哥林多后书》四13。

保持沉默。若是他们闭口不说，这些石头必要呼叫起来。[25] 在先知和使徒身上，这种感动、呼召、内在的冲动、属灵的强制力（无论对此如何命名），获得了最高意义上的表达。耶利米说，他心里觉得似乎有烧着的火闭塞在他骨中。[26] 阿摩司是一位淳朴的农夫，但是他被圣灵强有力地抓住并驱策，以至于无法继续田间的劳作，只能撇下羊群。他无法忽视这感动，不得不去撒玛利亚[27]说预言。之后，他表达自己内心燃烧的激情："狮子吼叫，谁不惧怕呢？主耶和华发命，谁能不说预言呢？"[28] 保罗也接受了这不得已的呼召，在痛苦中论到自己："若不传福音，我便有祸了。" 连耶稣自己（圣灵在祂里面是没有限量的）也做见证："因为我没有凭着自己讲，惟有差我来的父已经给我命令，叫我说什么，讲什么。"[29] 确实如此："我们内心有一位上帝，当祂挑动时，就会让我们荣光焕发"（est Deus in nobis, agitante calescimus illio）。[30] 这是所有高层次生活的源泉，也是科学和艺术的源泉，真正口才的原则也是如此。

无需练习和准备，口才立即就能从中而出。在修辞学出现之前，每个群体都有演说家。生活先于艺术。荷马站在希腊文化的开端，在一场运动中达到了诗歌和口才的最高境界。使徒和先知有口

---

[25] 《路加福音》十九40。
[26] 《耶利米书》二十9。
[27] 中注：此处原文是"不得不去耶路撒冷"。按照《阿摩司书》三6-16的语境，此处应为"不得不去撒玛利亚"。
[28] 《阿摩司书》三8。
[29] 《约翰福音》十二49。
[30] 这句话摘自奥维德的 *Fasti* 6.5–8:
  est Deus in nobis; agitante calescimus illio:
  impetus hic sacrae semina mentis habet.
  fas mihi praecipue voltus vidisse deorum
  vel quia sum vates, vel quia sacra cano.
巴文克在一篇文章中也引用了这句话，参见"Of Beauty and Aesthetics," in *Essays on Religion, Science, and Society*, ed. John Bolt, trans. Harry Boonstra and Gerrit Sheeres (Grand Rapids: Baker, 2008), 252。1890年，亚伯拉罕•凯波尔在阿姆斯特丹自由大学的一次讲座中也引用了这句话。见Abraham Kuyper, *Scholarship: Two Convocational Addresses on University Life* (Grand Rapids: Christian's Library Press, 2014), 28。

才，但也不是修辞学家。他们既没有读过柏拉图的《高尔吉亚篇》（*Gorgias*），也没有读过西塞罗的《论演说》（*Oratory*）；他们没有接受希腊修辞学的教育，不知道西塞罗和昆体良（Quintilian）的著作，并且对像施兰特（Schrant）[31]那样的谈话规则完全陌生。他们对主题和分类、分析和综合方法、语气的停顿、谈话一无所知，都是自行揣摩而学。他们对这些全然不知。他们没有智慧委婉的言语，却雄辩滔滔，并且比古代演说家的水平更高。他们在圣灵大能的明证中讲话，与有权柄者一样，不像文士。他们是有口才的，不是靠他们自己的技巧，而是靠上帝的恩赐；不是借着思考，而是借着灵感；不是靠人的感召，而是靠神授权柄（droit divin）的大能。对他们来说，口才不是人为设计，而是自然；是恩赐，而非艺术。尽管如此，还是不时地（有时是突然、出乎意料地）打破这些规则，从人群的沉渣中兴起了一些人，他们的话语点燃了人们的情感，像电流一样冲击着他们。亚眠的彼得（Peter of Amiens）一声令下，成千上万的十字军战士向耶路撒冷进发。马丁路德强有力的话语改变了整个欧洲基督教的形态。17 世纪，乔治·福克斯（George Fox）的先知性的言说和激动人心的声音，使整个英国为之震颤。粗犷雄辩的米拉博（Mirabeau）成为法国大革命最伟大的先驱和最有力的发言人。穆尔塔图里的第一部作品彻底震撼了我们整个祖国。

但是，口才并不只是一种恩赐，也是一门艺术。在古希腊，就是所有艺术和科学的摇篮，口才就成了一门艺术。在古希腊，口才的起源归功于政治自由。在公民集会上，话语是获得胜利和权力的唯一途径。在修辞学出现之前就有了演说家，但当人们注意到口才的大能时，就自发地从其本质出发去解释它；由此，它的要求和准则得以制定。于是，口才的艺术就产生了，但永远无法弥补或取代才华（talent）。修辞学不能使人有口才。帕斯卡尔说："真正的口才嘲笑口才（La vraie eloquence se moque de l'éloquence）。" 没有

---

[31] 施兰特（Johannes Matthias Schrant, 1783–1866），荷兰神学家、修辞学家和文学家。

才华的艺术不过是奇技淫巧，不过是冰冷的烟火；可与没有灵魂的肖像相比，但绝非生动的图画。但是，正如流行演说家所展示的，没有艺术的才华往往会退化为粗俗的陈腐和恼人的繁琐。艺术所轻视的才华也不是真正的才华。哪种从上头来的、并意识到其依赖性的才华，能蔑视同样是上头赐予、并继续发展的管道呢？那种认为"天才无需工作和勤奋而必须耐心等待灵感出现"的观点是完全错误的。沃尔夫（F. A. Wolf）所说的"天才就是勤奋"（Genie ist Fleiss）则言过其实了；而说神圣恩赐让所有人的努力和练习都显得多余，这同样是片面的。吕克特（Rückert）[32]所说的更接近事实：

> 真实的说法是：艺术家是天生的，
> 但在蠢人的口中，一切真理都成了谬误。
> （艺术家）天生有艺术的冲动，但不是艺术本身
> 他所作的就是形构，才华（缘于）上天的眷顾。[33]

因此，如果没有最仔细的实践和最坚持不懈的努力，艺术和科学领域的伟人就永远不会达到人们欢呼的最高境界。德摩斯梯尼（Demosthenes）、西塞罗等名垂千古的演说家，不遗余力地发掘和完善自己潜在的才华。因此来说，艺术由恩赐所决定，恩赐是首要的，也是最重要的；然而，同样与《圣经》的圣言有关，任何领域都不能忽视恩赐。恩赐需要艺术，也呼唤艺术。[34] 才华也许不能产生和滋养口才之流，却能把口才引进乐河。但是，不管真正的口才是什

---

[32] 吕克特（Friedrich Rückert, 1788–1866），德国诗人。
[33] Friedrich Rückert, *Die Weisheit des Brahmannen: ein Lehrgedicht in Bruchstücken*, vol. 4 (Leipzig: Weidmann, 1841), 254.
> Est is ein wahres Wort, der Künstler wird geboren,
> Doch jede Wahrheit wirt Irrthum im Munde der Toren.
> Geboren wird mit ihm der Kunsttrieb, nicht die Kunst,
> Die Bildung ist sein Werk, die Anlag' Himmelsgunst.

[34] Semper statui, neminem sapientiae laudem et eloquentiae sine summon studio et labore et doctrina consequi posse." Cicero, *de Orat*. II, 89. "Multo labore, assiduo studio, varia exercitatione, plurimis experimentis, altissima prudential, praesentissimo consilio constat ars dicendi." Quintilian, *Orat. Instit*. II, 13.

么，才华也好，艺术也罢，抑或两者兼而有之[35]，它的源泉只在人心。人心就是它的起源。"心里充满的，口里就说出来。"[36] 口才被正确地称为"热情的理性"（la raison passionnée）。

口才的本质

故此，口才的原则众所周知。然而，口才本身是什么？它的本质在于什么？如果我把它描述成一种由艺术、说服人心思的语言的力量发展而成的恩赐，能触动人的良知、令人信服地影响人的意志，恐怕无人会反对。在日常生活中，无论是在讲坛上还是在议会厅中，只要适当，所有的口才实际上都有三重层面：辩论、描述和说服。有口才的人必须知道他要说什么，有相应的扎实知识，并令人信服地说服他听众的悟性；这将我们指向了口才与哲学或科学之间的联系。此外，他不仅必须提出论点；他还必须提供描述，并以此触动人们的良知。这显示了口才与诗歌之间的一致性。最后，他必须说服和打动听众的意志。这向我们展示了口才与美德之间的联系。这三者缺一不可。为了有口才而必须说出的话语，必须来自于整个人，必须带有他的形像和样式，也必须指向全人，指向悟性、心灵和意志。只有以这种方式，话语才能达到其目的；就我们而言，虽然是按一种受造物的方式，但这目的与主我们的上帝的目的并无不同；祂借着圣言，按祂自己的形像，创造并再造万物。

1. 因此，口才首先要求对说话的对象有健全的知识。智者学派（Sophists），启蒙时期（Auflärung）的人们，以及苏格拉底时代的措辞，把口才变成了某种诡计的形式和机敏，运用于演讲的话语、浮夸的句子、极美的图景、巧妙的双关语、引人注目的对照，因而

---

[35] "Scio quaeri etiam, natura plus ad eloquentiam conferat an doctrina. Consummatus orator nisi ex utraque feri potest. Si parti utrilibet omnino alteram detrahes, natura etiam sine doctrina multum valebit, docrina nulla esse sine natura poterit." Quintilian, t.a.p. II, 19.

[36] 《路加福音》六45。

使人们的良知惊奇。在柏拉图的《高尔吉亚篇》中，高尔吉亚毫不掩饰这一点。修辞学家不经过学习，仅凭华丽的辞藻就能比任何特定领域的真正专家说得更漂亮动听：跟政治家谈政治，跟医生谈医学，跟战士谈战术；他在公众集会上以其令人惊羡的演说家才华，超越并征服了每一个人。他们的最高艺术是：说话非黑即白（τον ηττω λογον χρειττω ποιειν）。取得成效、取得成功才是他们奋斗的目标。苏格拉底和柏拉图与之争战，宣称这样的口才不过是某种恭维谄媚（χολαχευτιχη）的技艺，并把它与烹饪技巧（οφοποιιχη）相提并论；后者的目标不高于满足欲望和刺激味觉。与此相反，他们要求演讲者具备坚实的哲学知识。苏格拉底认为，演讲者不应该用词藻华丽征服听众，而应用证据说服听众，也不应追求一时的成功。他必须献上自己，服侍神；他必须为道德和公义挺身而出。柏拉图将真正的口才描述为灵魂借着话语而得引领（ψυχαγωγια τις διαλογων），并认为只有当演说家拥有有关最高观念（ideas）哲学的知识时，这才得以可能。只有借因其神圣起源，这种知识才能吸引和激发人的灵魂。

尽管面对如此强有力的反对，智者学派一代并没有随着演说家的出现而消失。他们活在我们中间，直到今日。按菲尼隆（Fénélon）[37]的说法，还有许多人说话不是因为他们有话要说，而是为了找话说，因为他们必须说话。叔本华（Schopenhauer）[38]把作家分为三类：第一类是那些不思考就写作的人，他说这一类作家人数最多。第二类是那些边写边思考的人，这类人也很多。最后是那些有了想法再写作的人，这类人非常稀少。这种划分同样完全适用于公共演讲者。那些在讲台上发表公开演讲的人无一例外。也许措辞尤其在这里占据更有力、更重要的地位。浮夸的声音、刺耳的言说、拉长的语调、空洞的句子和奉承的言辞，需要用来弥补健全内容和真实学识方面

---

[37] 弗朗索瓦·菲尼隆（François Fénélon, 1651–1715），法国基督公教神学家。
[38] 亚瑟·叔本华（Arthur Schopenhauer, 1788–1860），德国哲学家。

的缺欠。这在讲道上更值得注意，因为牧师要宣讲上帝的圣言，这个信念必会阻止他给《圣经》本身添油加醋。然而，经文往往只是一个钩子，上面稀稀拉拉地挂着自己或人们所喜爱的含义。有寓言、灵意化、神秘性的含义，深层的含义，真理背后的真理，因而讲道就是人自己的思想与《圣经》调和的过程。对此，学习不是必要的，而一个人只需创造性的灵巧，不受束缚的幻想，相当程度的傲慢，以及不遏制这些事情的良知。

这些传道人确实比智者学派更容易成功。有人问他们："为什么摩西抓蛇是抓尾巴，而不是抓蛇头？"他们敢于深刻地回答说："因为它的头在伊甸园里被击碎了。"他们以神秘的眼光在撒玛利亚妇人的五个丈夫身上察觉到摩西五经。在以撒和利百加的婚礼上，他们看到了所预示的基督迎娶新娘（即教会）的方式。当有人敢于把这一切，以及更多的事情，都当作上帝的圣言来宣告时，就不乏成功。但是，福音的仆人使穆尔塔图里（Multatuli）所描写的可敬的齐尔克尼伯牧师（the Honorable Rev. Zielknyper）[39]，在他动人的讲道中所呈现的愤世嫉俗却属灵性的诙谐仿诗，变成了现实。

无论是在会议室和法庭上，还是在教会讲坛上，反驳这一说法和类似的措辞方式，同样只有**一种**有效药物：刻苦学习、扎实的知识和真正的科学。真实的敬虔并不意味着人在这一点上足够警惕。这样的讲道者并不总是缺乏发自内心的敬虔。但是，这样的学习教导我们，我们可以奉上帝的名宣告何为祂的思想。福音的讲道者必须跟随耶稣，以祂的方式说："因为我没有凭着自己讲，惟有差我来的父已经给我命令，叫我说什么，讲什么。"[40] 仅仅这一点就使人们对无误的内容和讲坛上的口才加以尊重，并有渴求。没有这种

---

[39] 巴文克在这里指齐尔克尼伯牧师，即"精神病专家牧师"（Rev. Psychiatrist），此人是穆尔塔图里《理念》（*Ideeën*）中的一个人物。他沿袭一种明显诙谐地模仿荷兰改革宗教会的礼拜仪式。这种礼拜仪式是面向"the NANNY"（保姆；de BAKER），而非"the LORD"（主耶和华；de HEER）。Multatuli, *Ideeën I* (Amsterdam: Funke, 1879), 297–305.

[40] 《约翰福音》十二49。

尊重，这种口才就不会产生，也不会存在。如果我们失去了对所传讲圣言之神性的确信，我们的讲道就此而言失去了影响力和能力。难道我们不该带来神圣信息吗？谁给了我们权柄，让我们站在和我们有着相同背景且有可能胜于我们的人面前呢？那么，是谁给了我们自由，使我们能在讲坛上高人一等，忙碌于灵魂和生命的最重要之事，甚至向他们宣告永恒的祸福呢？除了那些觉得自己蒙主所召之人，谁敢这样，谁又能这样做呢？这只能是有口才的。这是不可错失的，但也是传讲圣言无与伦比的力量。但我们藉此也该知道，人所讲的不是来自我们自己的，乃是上帝的圣言。因此，用上帝的圣言来发表取悦人的观点，这也是不负责任的，根本就是不信。然而，这种口才不管听上去多么正统，乃属于奉承（χολαχευτιχη）；柏拉图将此与烹饪法归为一类。

然而，如果美德的知识是真正口才的第一要素，那么我们不应落入另一个极端，使讲道成为一个学识的军械库。讲坛不是讲台[41]，教堂也不是学校。然而，这方面也经常遭到反对。我们的改革宗先贤经常抢夺希腊和拉丁文明的财富，并把它们呈现在会众面前。希伯来文、希腊文、拉丁文，有时甚至叙利亚文和阿拉伯文，地理、历史和考古学都得派上用场，以使整个教会惊叹于牧师的博学。埃文斯戴克牧师（Rev. Eversdijk）在他关于弥赛亚荣耀的讲章中给我们留下了一个强有力的、清晰的例子：

> 我们在那里读到，一位友人对朋友充满了属灵的喜爱，就像对自己一样。在《申命记》十三6，我们读到，他就如同我们的灵魂。因此，朋友就表现为另一个自我，另一个我。莱克鲁斯（Lycrius）为他的朋友如此祈祷：拯救我灵魂的另一半（Serves animae dimidium meae）。顺便提及一句箴言：朋友是两个身体中的同一个灵魂（amicus una est anima in dobus corporibus）。

---

[41] 中注：巴文克用"讲台"一词泛指一切演讲的地方，而用"讲坛"指教堂中一处垫高的地方，用于读经和讲道。

> 拉尔修斯（Laërtius）告诉我们，色诺克拉底（Xenocrates）以伟大的爱爱慕柏拉图，以至于当狄奥尼修斯（Dionysius）对柏拉图说"有人要全力以赴取你项上人头"（caput tibi quisquam tollet）时，他站在那里（回答）："没人能很快砍掉它（nullus id prius, quam istud abscindet）。"看，这样的朋友就是弥赛亚。[42]

这不是讲道，也不是口才。这不过是炫耀学问和卖弄词藻罢了！扎实的知识包括（而非排除）简易性。博学不是智慧。贝茨（Beets）[43]言之有理："寻求知识而不求智慧的人，乃与女仆同寝，与妻子道别。"[44] 以学识讲道，从而人们无法理解，连你自己也无法理解，这可不是艺术。但是，正如《圣经》所说，在扎实的讲道中，最崇高的理想是把最深刻的思想简易自然地说出来，以至于即使临时劳工也能明白。在这个背景下，马丁路德曾在席间漫谈中论道："我向没有学问的人讲道，并给众人留下好印象。如果我懂一点希腊文和希伯来文，我就把它藏在心里，直到我们遇到有学问的人。因此，有时我们变化多样，以至于我们亲爱的主对此都感到惊奇。"[45]

---

[42] 这个例子和其他例子，以及一些后期的例子，可见于：Jan Hartog, *Geschiedenis der Predikkunde en de evangelieprediking: in de protestantsche kerk van Nederland* (Amsterdam: Frederik Muller, 1861)和Sincerus, *De Kanselontluistering in de Ned. Herv. Kerk tijdens de 17de en 18de eeuw aangewezen en gestaafd* (Amsterdam: 1852).

[43] 贝茨（Nicholaas Beets, 1814–1903），荷兰作家、诗人、传道人，以笔名"希尔德布兰德"（Hildebrand）写作。

[44] "Hij die de kennis zoekt en wijsheid niet daarbij, vrijt naar de kamenier en gaat de vrouw voorbij."

[45] 对比Martin Luther, *Martin Luther's Tabletalk*, ed. William Hazlitt (Fearn, Scotland, UK: Christian Focus Publications, 2003), 276–77. "我不愿意让讲道者在他们的讲道中使用希伯来文、希腊文或外文，因为我们在教会里说话应该像在家里一样，用大家都熟悉的简单母语。朝臣、律师、讼师等人，可以使用离奇古怪的词语。斯道皮茨（Staupitz）博士是个博学之人，但他是个让人厌烦的传道人；人们宁愿听一个普通的弟兄讲道，以他们能理解的方式说话。教会里不应该追求赞美或颂扬。圣保罗从未像狄摩西尼和西塞罗那样，使用那些崇高庄严的语言，但他恰如其分、言简意赅地表明了崇高庄严的事情，他做得很好。"

2. 然而，对于演说家来说，知识是不够的。哲学家会论证和劝说，却只是针对悟性。但演说者不是简单地论证，不只是叙述；他要提议。他还注重良知和想象力。因此，口才与诗歌密切相关。诗歌艺术是口才之母。荷马是诗歌之父，也是口才史之父。德摩斯梯尼遵守他的艺术，并被他的榜样所塑造。尤其在东方，演讲术和诗歌相辅相成。旧约的先知是演说家，也是诗人；他们语言的和谐韵律不断证明这一点。【耶稣的比喻结合了二者。】[46]《哥林多前书》十三章是保罗展现口才的时刻，同时也是一首歌，一首爱的赞歌。然而，口才和诗歌慢慢分离了。口才变得独立，与诗歌越来越疏远。对西方人来说，悟性比想象更加言辞有力。我们生活在抽象、而非具体的世界里。反思支配了直觉。我们渴慕"真理多于美，健全的悟性多于荣美的言辞，智慧多于装饰"。我们离流行诗歌的时代越来越远了。甚至连中世纪的纯真也从我们身边一去不复返了。

然而，口才与诗歌仍然紧密相连。他们属于**同一个**家族，血脉相连。这种关联性在以下两者共有的画面中有目共睹：展示的活力和清晰，对形象和图形的使用，它们"论证客体"（de faire voir les objects）的共同恩赐。演说家必须使我们觉察他在说什么。演讲是一种论证，但也是一场戏剧，一场盛大演出。例如，演讲不仅是用教理的术语描述何为罪，也让我们在可怕的罪咎、毁灭性的能力中看见罪。演讲不是简单地按教理形式罗列出各种罪。相反，演讲是表演罪，而非借着模仿，乃是借着生动的呈现来展现酒鬼、守财奴、世界的奴仆与内心的不洁。演讲不是对美德和宗教做出哲学性处理，而是在我们眼前以一个活生生的身体来表演美德和宗教。

福音的讲道者应能更胜一筹，因为在基督教里，一切都是具体、明确和个人性的，或者若你探求（这方面）最深层的理由，就是因为一切都是三一性的（Trinitarian）。[47] 在这方面，圣言的仆人有一

---

[46] 中注：此句根据荷文版所译："De gelijkenissen van Jezus vereenigen beide in zich"；见荷文版41页。
[47] 巴文克这句话的确切意思不明。"En dat kan de Evangelie-prediker te beter doen, wijl in het Christendom alles concreet, aanschouwlijk, persoonlijk, of wilt

个巨大的优势,超过其他民事的、法律的和社会生活中的发言人。通常的情况是,如果他不停留在事物的表面,而是敢于深入事物的深处,就会发现自己与人在创造、拯救、成圣中迎面而立。因此,《圣经》从始至终都是一部伟大的历史。《圣经》从不进行抽象的推理或教理论证,从没有对话语的反思性语言。《圣经》不论证,而是描绘了一幅画;不描述,而叙述;不证明,而只展现。在这方面,世界上没有任何一本书可以与《圣经》相提并论。《圣经》中的一切都是清澈的、艺术性的、具体的、原创的,就像从源头涌出的晶莹清澈的水。《圣经》用生活的语言、内心的语言、直接的语言、激发灵感的语言来表达,因此《圣经》对每一个人而言都是可以理解的,代代相传,永不过时。因此,《圣经》是最高意义上、最独特意义上的经典。在《圣经》中,神圣的思想被编入历史;预言和历史**成为一**。就其整体而言,《圣经》从始至终都是获得肉身的思想,是成了肉身的道,是神圣的神人同形化(anthropomorphizing),是以属灵的方式将万物都置于以圣言为中心的宽广领域中[48]。在祂身上,神性住在肉身的形式中;在祂身上,理想成为实在。上帝与人、灵与物、天与地、心思与心灵的抽象二元论,在这里以最亲密的合一得以和好。

故此,为了满足口才的这两个要求,没有什么比学习《圣经》更好了。在这一点上,任何讲道如果忽略了《圣经》中历史性的基督教,就会丧失清晰性。举例来说,这在早期和晚期的可悲的理性主义中就可看出。如果你愿意,试着把闪族语系(Semitic)转化

---

gij den diepsten grond, wijl het trinitarisch is." *De Welsprekendheid*, 42—43. 他坚持,讲道的内容必须丰富而深刻,但不能局限于抽象或教理反思:讲道必须阐明和叙述,而不是简单地描述。

[48] 参Herman Bavinck, *Reformed Dogmatics: Prolegomena*, ed. John Bolt, trans. John Vriend (Grand Rapids: Baker, 2003), 383。"在基督里,在历史的中间,上帝创造了一个有机中心;从这个中心,在一个不断扩大的领域内,上帝画了圆圈,其中启示之光照耀……上帝的恩典现在显明给众人。圣灵从基督那里领受一切,在启示上无有增添……上帝在基督里既全然启示,也全然舍了自己。这样,《圣经》也完全了,就是上帝完美的圣言。"

成雅弗语系（Japhetic）[49]；试着把神圣观念从历史中除去。但是，（在这过程中）你们不仅剥夺了基督教的精髓和核心，也剥夺了宗教的诗意。近来，人们试图重新结合诗歌和宗教，给有关悟性的枯萎观念注入新的生命，但这一切都是徒劳的。即使是对想象力、歌曲和艺术的呼吁，也不能充实这种贫乏。理性主义是诗歌之死。它使一切（甚至语言）变得抽象。上帝成为至高的存有（Supreme Being），弥赛亚成了从拿撒勒所出的圣人，和好成了效法榜样，罪成了不足，归信成了自我改善。所有象征性、说明性的话语都要为枯燥的概念开路。真正的口才阐明思想时，理性主义却将历史的明晰性溶入冰冷的心智形像。因此，理性主义和口才彼此相争，就像理性主义和诗歌之间的斗争一样激烈。真正的口才是阐述说明；借此，抽象开始活了起来，从思想变成了血肉。例如，当著名的克莱尔沃的伯纳德（Bernard of Clairvaux）想要向人民宣告拯救的旨意时，他提出了四种神圣的属性：仁慈、真理、和平和智慧；它们是为了我们而说、而行。这种口才定会使人激动，定会使人把注意力集中在传道人的嘴唇上。由感觉而生，口才以想象的语言使自己为人所知。根据比尔德戴克的美丽图像，想象孕育诗歌，但必须由感觉来滋养。对于口才和诗歌，"一个新宇宙"从这里"诞生"，

> 在携带他能力的翅膀之处，
> 与敬虔的满足旋转飘荡，
> 诗歌从坟墓中召唤出光辉的诸世界。[50]

---

[49] 这很可能指尼古拉•雅科夫列维奇•马尔（Nicholas Yakovlevich Marr, 1865–1934）的雅弗理论（Japhetic theory）。他认为南高加索语系（Kartvelian）和闪族语系有联系，该理论在苏联语言学家中广为流行。W. K. Matthews, "The Japhetic Theory," *The Slavonic and East European Review* 27, no. 68 (December 1948): 172–92. Cf. Herman Bavinck, *Reformed Dogmatics: Holy Spirit, Church and New Creation*, ed. John Bolt, trans. John Vriend (Grand Rapids: Baker, 2008), 661："所有的旧约观念都摆脱了其外在的、以色列民族的含义，而在属灵和永恒的意义上得以显明。闪族语系不再需要转换成雅弗语系——正如本生（Bunsen）所希望的那样——因为新约本身已经赋予了旧约特殊观念以普遍和宇宙性的意义。"

[50] 这首诗取自比尔德戴克的诗《想象》（Aan de verbeelding；1818）

然而，很明显，有人会在这个方向上走得太远，有时会过犹不及（das Guten zuviel）。口才与诗歌之间的联系当然并不意味着一个人的讲道必须押韵。这在过去很时髦——当然是在牧师中间，不过我不了解这些人。安托万·克罗伊岑（Antoine Croezen）牧师于1737年在鹿特丹新教堂（Nieuwe Kerk）的献堂礼上开始讲道，呼吁用诗歌韵律进行敬拜：

> 圣父圣子与圣灵
> 一同赐福与我们
> 向万人显出荣耀
> 因你们最敬畏祂。[51]

另一个例子是以下列诗句过渡到他要讲的经文：

> 最亲爱的耶稣，我们在这里
> 顺服祢和祢的话语；
> 如此引导我们言语，
> 不偏行祢话语权柄，
> 而让我们的心得尝喜乐，
> 为祢的宝贵价值而欣喜！阿们。[52]

Verbeelding, welige aâr, en vruchtbre moederschoot,
Uit Wien, door 't hart bevrucht, een nieuw heelal ontsproot,
Waarin, op vleuglen van zijn almacht rondgedragen,
De dichtgeest zwiert en zweef met Godlijk zelfehagen
En warelden vol glans hervoort roept.

巴文克引用的版本稍有不同：

Waarin op vleuglen van zijn almacht rondgedragen,
De Dichtkunst zwiert en zweef met Godlijk zelfehagen,
En warelden vol glans hervoort roept uit haar graf.

[51] Ons zegen Vader ende Soon,
Ons zegen d'Heijlige Geest,
Dien al de wereld eer betoon,
Voor Hem hun verse meeste.

[52] Liefste Jesu, wij zijn hier
U en Uw woord aan te horen;

有位教理问答老师（catechist）则更加愚蠢。在某次演说中讲论敬虔的韦林吉斯牧师（Rev. Velingius）的过程中，他如此流露自己的诗意癖好：

敬虔驻足，献上一吻
向韦林吉斯致敬。[53]

但更平庸的传道人也未能控制他们在这方面的想象力。米斯牧师（Rev. Mees）尤为矫揉造作，他在一场以撒莱葬礼为主题的讲道中说："蒙福的撒莱公主庄严肃穆的葬礼，她是尊贵的王子、先知和上帝的朋友亚伯拉罕已故的主妇。她于创世后的第2145年，基督诞生前的1858年，埋葬在希伯仑的麦比拉洞里，距今已有3539年，她活了127岁，她的丈夫活了138岁。" 我们也遗憾地发现，鹿特丹的泽洛提斯牧师（Rev. Zelotes）如下宣读经文："我们经文的字句由摩西的大海的第四个泉源，第十五个容器，第十二滴水创造而得。"[54] 我们更无法认同布伦克牧师（Rev. Theod. à Brenck）的现实主义图画："当水流进船里，它又被倒进桶里。这样，大卫透过那正直认罪的桶，舀出从违背上帝诫命的破口涌入他灵魂之船的水。"过去，人们喜欢这种低级趣味。那是著名诗人简·沃斯（Jan Vos）的时代。[55] 沃斯写下了一个坠入爱河的年轻人对心爱之人所说的话：

我任凭权杖滑落，
如果我的嘴在你唇沿之上，
可能会因一个吻而搁浅。

Onze zinnen so bestier,
Dat zijn kragt niet gaa verloren
Maar ons hart daarvoor bewogen
Tot u werde opgetoen! Amen.
[53] De Godsvrucht zweeg en gaf een kus
Uit eerbeid aan Velingius.
[54] 这是对《民数记》十五12的诗意引用。
[55] 简·沃斯（Jan Vos, 1612–67），荷兰诗人。

我不敢断言今天的人们不再觉得这种虚假的巧思是吸引人的。做作、庸俗的演讲者总是让大多数人激动不已。左拉（Zola）[56] 的自然主义和现实主义在许多人的品味中都属于宗教范畴。但从这些受欢迎的演讲者身上，我们可以学到**一件事**：他们表演的艺术性、生动性和画面感。这也许是一切大众流行口才的秘密：演说者不能使自己与听众隔绝，甚至片刻不能，也不可能有一段冷淡的独白。相反，他必须不断地转向他的听众，注视他们，呼吁他们，抛出问题，应对他们口中的反对意见，清除阻力。他不能任由片时，必须让他们投入，并让自己置身其中。他必须对他们说话，与他们交涉。必须要有眼睛对眼睛、手对手、灵魂对灵魂的交流、交往和交换。演说必须是一个单一的戏剧性行动。口才率先达到这一目的，比尔德戴克也为此责难诗人们：

> 把所有的心都抓在你手里！
> 深挖，在我们的肺腑里扎根！
> 掌握想象和悟性！
> 用你的手指揉搓，揉搓我们的心思！
> 向朱庇特学习如何掷下雷电！
> 于是灵魂燃烧起来！
> 普通百姓会朝向诸天
> 注视你，试着跟随
> 你惊悸内心中的情感！
> 悲伤与欢笑，喜悦与颤抖
> 你的歌声随它们此起彼伏，
> 或陷入无法自拔的绝望。
> 恨与爱使自己张开，
> 使（人们）承受由你手
> 所带来的责罚。

---

[56] 左拉（Emile Zola, 1840–1902），法国作家，自然主义文学的发展至关重要的人物。

当你拖拽它穿过波浪时，

让感情，而非意志，亦非生命，

成为你歌声的音调能给予的唯一之物。[57]

3. 无论口才与诗歌之间的联系有多么紧密，只要它们在一起，口才就比诗歌更超越。口才必须达到直接和即刻的目标，必须将与诗人所感的同样感情置于我们的良知中。即便如此，口才并不仅诉诸我们的理智。口才不只会引起良知的悸动。口才不满足于我们灵魂中的情愫。讲道的最终目的不包括——借用一句陈词滥调的表述——以泪水淹没上帝的殿。正如魏特修（Witsius）[58]所说，激动灵魂、催人泪下的讲道者并不总是最好的。贝茨的话语很适合这种唤起情感的讲道：

你说，扬·瓦沃（Jan War）的讲道激动人心，

好吧！我也愿相信它。

单单他的话就能搅动锅，

---

[57] Houdt aller harten in uw handen!
Doorwoelt, doorwroet onze ingewanden!
Beheerscht verbeelding en verstand!
Kneed, kneed onze inborst met uw vingren!
Leert van Jupijn den bliksem slingeren!
Maar zet er zielen mee in brand!
't Gemeen moog' vruchtloos naar den hoogen
U starend trachten na te oogen
't Gevoele u in 't geschokte hart!
Het ween, het lach, het gloei, het ijze,
Naar dat uw zangtoon dale of rijze,
Of zink' in onbeweegbre smart.
Het haat', het minn', het zet zich open,
Het krimp' naar 't onweerstaanbre nopen
Der geesel, daar uw hand mee zweept,
En heb gevoel, noch wil, noch leven,
Dan die 't uw zangtoon weet te geven,
Die 't in zijn golving medesleept.

[58] 费济世（Herman Witsius, 1636–1708），荷兰神学家。

从上到下把肉炖熟。[59]

真正的口才不只是为了搅动良知,而是尝试穿透理智和心灵,为要打动人的意志。直到听众像他一样思考、感受和行动时,演说家才会满足。在口才中,话语首先达到了它至高、革新的和再造的力量;它最接近我们上帝圣言原初绝对的能力。因此,如果不精通语言,真正的口才是不可想象的。德弗里斯教授(Prof. De Vries)在 1849 年履职格罗宁根大学(Groningen)教授职位时指出,这是口才的关键要求和标志。他这样描述这种对语言的精通:如果发言人将语言的内容内在化,以至于它们几乎与存有合一;如果语言本身已成为他在物质和精神上的所有物,以至于其所有的宝藏随时可供他支取;如果他内心升起的每一个想法,所感觉的每一种感动,都能带来最佳的话语与表达,借此这些想法和感动得以描述,立即跃入听众的脑海;如果一致和联系,各部分的曲线和折叠,起承转合,都带有绝对细腻的渐进和最纯粹的一致性的印记,并与感觉的每一个神经(zenuw)的颤抖融合为一个声调;最后,如果灵魂从语言之镜中捕捉到的每一幅图像都同样有力,同样清晰,都在鲜活的话语中藉原创性的早期朦胧得以反映;那么口才就赢得了胜利。语言找到了主人。

这种对语言的精通使我们首先得以支配良知,从而支配人们的意志。意志不只是风中旋转的风向标,【而是连同它的线绳都根植于人性之中】[60]。因此,福音的讲道者必须**恳求**他的听众与上帝和好。[61] 口才是一种请求,是一出戏剧,是一种行动;最后,它不仅是所有这些事情的总和,还是一场争战和斗争。演说者必须与他的听众搏斗。他必须说服他们。在听众投降之前,他不会放弃这场战斗。

---

[59] Jan War preekt roerend, zegt gij. Kom,
Ik wil het ook gelooven.
Hij roert een pot met woorden om,
En hutst het onderst boven.

[60] 中注:见荷文版53页。

[61] 《哥林多后书》五20。

他必须清除一切反对意见，剥夺他们一切借口，切断一切逃跑路线。他要把他们赶到狭窄的地方，使他们像以色列人一样，不能前进后退，不能左右移动；他们只能向上看，他们的帮助应该从那里来。

圣言服侍的极大严肃性和重大责任清楚体现于其说服的职责中，比在论证和举例说明中表现得更强烈。但是，从改革宗认信立场而来的正是这种责任，尽管它可能很沉重，却是可以承受的。如果归信取决于人的意志，而意志能俯伏于心灵之内容，那么传讲福音对一个人来说就会是一项过于繁重的任务。每一篇没有使听众意志降服的讲道，都是对你、对你的努力和勤奋无可辩驳的控告，因而也是一种难以忍受的自责。因为若以更有力的语言、更认真的努力，人的意志本可降服于你的口才。但事实并非如此，只有上帝的灵能掌管人的意志，对口才的说服性的要求可以负在某人的肩上：圣言的宣讲伴随着圣灵的工作，牧师的话仅仅是祂大能之手的器皿。

关于这个实践和伦理的目标，许多人已经将口才与良善和美德建立了密切联系。西塞罗（Cicero）所主张的正是昆体良（Quintilianus）不断重复的，一个演说家要成为一个真正的演说家，必须成为一个有美德的人。[62] 苏格拉底要求修辞学家把自己放在服侍神明的位置上，并且只可用他的天赋来捍卫正义和道德。在我们这个时代，著名的演说家特雷门（Theremin）[63] 会断定口才是一种美德，修辞学是伦理学的一部分。这无疑言过其实。口才是一种天赋，也可见于用它来作恶的人身上。米拉波（Mirabeau）、海涅（Heinrich Heine）[64] 和穆尔塔图利就是充分的证据。然而，特雷门的断言包含了一个深

---

[62] "Oratorem nisi qui sapiens esset esse neminem, atque ipsam eloquentiam, quod ex bene dicendi scientia constaret, unam quondam esse virtutem et qui unam virtutem haberet omnes habere," Cicero, *de Orat.*, I. 18. "Neque tantum id dico, eum qui sit orator, virum bonum esse oportere, sed ne futurum quidem oratorem, nisi virum bonnum.... Non igitur unquam malus idem homo et perfectus orator." Quintilianus, *Instit.* XII, 1.

[63] 特雷门（Ludwig Friedrich Franz Theremin, 1780–1846），德国基督新教神学家。

[64] 海涅（Christian Johann Heinrich Heine, 1797–1856），德国诗人、散文家、讽刺作家。.

刻的真理：口才和美德之间的联系是自然的，而口才和罪恶之间的联系是不自然的，总是人为制造的。美是真实正常、唯一、自然的衣服。谎言和罪恶可以偷走真理和圣洁的外衣，把自己装扮成光明的天使，但真理按本性乃是优雅的。它因简易而美丽，无需花哨的珠宝。然而，谎言就其本身并与其相关而言，乃是贫乏的，被迫披上真理的外衣，并以此向真理致敬。谎言赤身露体，单单取悦撒旦，却不取悦任何一个人。没有人会自愿爱谎言。毫无疑问，会有人传讲错谬。虚假的预言总是可自行运用强大的演说才华。卢梭（Rousseau）的《来自萨瓦教士的信条》（*profession de foi du vicaiare Savoyard*）[65] 充满美感。米拉波（Mirabeau）的口才压倒一切。当国王要求他驱散人群的时候，他回答说："去告诉你的主人，我们是靠人民的力量来到这里的，我们只有靠刺刀的力量才能被赶走（Allez dire à votre maître, que nous sommes ici par la puissance du peuple, et qu'on ne nous en arrachera que par la puissance des bajonettes）。" 拉梅奈（Lammenais）的《一个信徒的话》（*Paroles d'un croyant*）[66] 是一首以《圣经》风格写成的法国大革命圣歌。这些人压根没有按照异教徒苏格拉底所要求的，以他们的天赋来服侍神明；但是，他们还是有口才的，并只能通过他们所捍卫之真理的元素而成为有口才的，而且最重要的是，这乃是通过坚定的信念，借此他们把谎言当作真理来接受。若无这种信念，人的口才就仍不可能。因此，只有当口才是自由的，并根据其自身的本性服侍真理和圣洁，才能达到最高的胜利。这样，口才常常是强有力的，它不仅开悟心思，震动良知，而且使千万人的意志降服，更新社会，拯救城市，改变万国的面貌。话语中有一种难以置信的、近乎神性的力量。想想从德摩斯梯尼到菲利普，从西塞罗到喀提林（Catilina），想想金字塔脚下的拿破仑。想想1848年巴黎市政厅的台阶上，拉马丁（Lamartine）

---

[65] Jean-Jacques Rousseau, "La Confession de foi du vicaiare Savoyard," in *Oeuvres complètes de J.J. Rousseau: Emile, Tome II* (Paris: Dupont, 1823), 14–207.
[66] Hugues-Félicité Robert de Lamennais, *Paroles d'un croyant* (Paris: Bibliotheque Nationale, 1897).

以他铿锵有力的话语平息了暴怒的群众。或者你想在讲坛上看到口才的例子吗？回想一下 1701 年为路易十四及其宫廷举行的大斋节期间马西永（Massillon）[67]的讲道。让我们回想一下这篇有关"选上的人少"的讲道中扎心的内容：[68]

> 所以，我一心想念你们聚集在这里的弟兄们。我不说别人；我认为只有你们才配。看哪一种思想占据了我，使我犹豫不决。我请你们想象自己的最后一个小时已经过去，世界末日已经到来：你头上的天开了，耶稣基督以完全的荣耀出现在祂的殿中，你们在这里相聚，没有别的目的，只有等祂；你们这作恶的人将要战兢，因为这时要么宣告恩典，要么宣告永死的刑罚……
>
> 现在，我问你，当我向你提出这个问题的时候，我因痛苦而战栗，因为此时此刻，我不希望我的命运与你的命运分离，我感到我自己的意愿如此强烈，正如我对你们所希望的那样。我便问你：如果整个宇宙中最威严的耶稣基督会显现在祂的殿中，在我们的聚会中，在绵羊和山羊中间施行可怕的判断，你相信大多数聚集在这里的人会在祂的右边吗？难道你不相信双方的差别会很大吗？你相信耶和华在这里能找到十个义人，就是在五座城里也找不到的义人吗？我问你，你不知道，我也不知道。上帝啊，惟有祢知道谁是属祢的。但如果我们不知道谁是属祢的，我们至少知道罪人不属祢。很好，那谁聚集在这里？我不看头衔和荣誉；在耶稣基督面前，这

---

[67] 马西永（Jean-Baptiste Massillon, 1663–1742），法国基督公教主教。
[68] 巴文克这里引用的是沙德（J. Schade）的荷文译文，特雷门（Franz Theremin）的德文原文见 *Demosthenes und Massillon* (Berlin: Duncker und Humbolt, 1845)。见 Franz Theremin, *Demosthenes en Massillon: Eene Bijdrage Tot de Geschiedenis der Welsprekendheid*, trans. J. Schade ('s-Gravenhage: J. M. van 't Haaff, 1847), 165.

些都是无用的。你是谁？你们中间有好些人应归入不愿意归信的罪人。更多的人应归属那些想要归信却又拖延的人。许多人表面归信，后又跌入罪中。很多人认为自己无需归信：这群要灭亡的人啊！将这四种人从圣会中移除吧，他们必在审判的日子被速速地分别出来：出来吧，虔诚人；你在哪里？以色列的选民啊，到我的右边来！你们这好麦子，要与糠秕分开。糠秕要丢在火里。我的上帝啊，祢所拣选的人在哪里呢，祢还有什么产业呢？

这些话给人留下特别深刻的印象。国王和他周围的人，包括所有的人，都战兢起来。这位讲道者也因众人的情绪而惊愕。他沉默片时，用手掩面。

口才的形式

最后，请大家再注意一下口才的形式。与内容和实质相比，这无疑是次要的。口才遵循的规则与诗歌不同。在诗歌中，形式与内容同等重要。它的目标是取悦。在诗歌中，美寻求直接的化身。在口才中，形式、语言和表达方式完全服从于内容。在定义了口才的内容之后，我现在冒昧地考虑一下它的表达方式。我们可能不会像德摩斯梯尼和范德胡芬[69]那样重视表达方式，认为表达方式是口才的重中之重。然而，它确实有巨大价值，而不仅是次要价值。许多并不缺乏自然天赋的公共演讲者，严重低估了表达方式的力量和意义。与之相比，一种无端的冷静常常占据了主导地位。当然，像前面提到的范德胡芬那样的演讲只适合于一小部分"被选中的人"。把这种形式当作每个演讲者都必须为之奋斗的理想，乃低估了（演讲者）天赋的多样性，且对大多数人来说，是一条通向失望和气馁的道路。

---

[69] 范德胡芬（Herman Agatho des Amorie van der Hoeven, 1829–1897），荷兰法学家。

然而，每一个在公众场合讲话的人都有一条必然要求，就是他必须同所有破坏许多人言说的非自然习气进行严肃的斗争。在这里，我丝毫未首先指向讲道的方式，而德格涅斯特（de Génestet）[70]为拯救讲道的方式而祈祷。许多人自行设定的现代世俗的方式不再适合十字架福音崇高诚挚的内容。但是，还有一些不文明的事情必须加以警告；这些不仅发生在讲道者中间，而且出现在各类演说家之中。这些装腔作势的打趣清单是可以编出来的，各类讲员都有自己的一套。有一篇写于 1500 年的讲章，由奥利维尔·梅拉德（Olivier Maillard）在布吕热（Bruge）所宣讲，里面到处有"嗯！嗯！"。他遵循当时庄严的规范，必须要清嗓子。公共讲坛上常常保留着最奇妙的声音和最奇怪的姿势。没有比在讲坛上听到的语调更奇怪的了，也没有比在讲台后的手势更可笑的了。对于许多讲员来说，当他们穿上夹克、正式礼服或学术长袍时，好像变成了新的族类，"**演说家**"。他们的声音变得异常，开始回响、咆哮、叫喊和尖叫；他们的脸扭曲，现出最不自然的皱纹，眼睛往上翻，握拳，手挥动、击打、锤击，像风车的扇叶一样转动；他们的脚舞动，跳起，跺下。一些演讲者甚至对听众发出他们更不吸引人的鼻音和喉音。这完全违背了贝茨的美妙教导：

> 让美丽的诗句从平淡的唇间流畅地流淌，
> 但不是激烈和响亮的尖叫、呼喊、轰鸣或怒吼。
> 锤击、挥舞和划起，勒住手和胳膊，
> 像风车转动，不会带来丝毫魅力。[71]

这些品质和特质绝不只属于讲道者，也同样出现于其他演讲者

---

[70] 德格涅斯特（Petrus Augustus de Génestet, 1829–1861），荷兰神学家，诗人。
[71] Nicholaas Beets, *De Gedichten van Nicholaas Beets* (Gent: H. Hoste, 1848), 98.
Laat schooner verzen glad van effen lippen vloeien,
Maar gil noch galm noch kwaak noch bulder, woest en luid,
Weerhoud uw arm en hand van haamren, zwaaien, roeien,
De molenwiekerij drukt geen verrukking uit.

身上。如果这些品质主要出现于教会中教师的身上，那么我们应当注意，它们形成了迄今为止最多的公共演说家。但同样真实的是，在他们中间可以找到最好的、大多数是优秀的演讲者。在口才方面，牧师尽管受到人们的嘲笑和痛斥，但在其他演说家中还是很有发言权的。他们也可以提出其他演讲者所缺的借口。首先，他们蒙召每周在同样的听众面前讲道两次、三次或更多次。没有从亲身经验了解这一点的人，基本不知道这需要付出何等大的努力，而且在做此事时，还要始终保持警惕，防止所有这些不自然的习气。除此之外，他们还必须经常在那种不顾声学法则而设计建造的房间里发言，而这似乎是改革宗教堂建筑风格的唯一法则："在最恶劣的房间里，塞进尽可能多的身体。"[72] 最后，得益于我们的保守主义，福音的传讲者总是要在那些狭窄、封闭、高耸的讲坛上履行职责。这些讲坛在很大程度上促进了一种僵硬、不自然、人为的神圣口才，扼杀了讲道的简易、亲密和活力。德·热内斯特（de Génestet）是那个时代之子。他坐在讲坛下面，发出这样心酸的怨言：

> 你们讲道者高高在上，
> 你在那里对我无话可说吗？
> 你的讲道像一条空洞的法令，
> 沿着虚空滚过我的心灵。[73]

但是，无论找到什么借口，他们从不拒绝这样一种要求，即我们不仅要注意口才的内容，而且要注意口才的形式，即演讲。因为我们如果都遵循**同一种**模式，这既不必要，甚至也不好。在公共演讲中，个体的多样性表现得淋漓尽致。各人有各人的方式，因为各

---

[72] 这里巴文克加了一个脚注："令人高兴的是，近年来在这方面似乎有了明显的改善。"
[73] Gij prediker daar hoog in de lucht,
Hebt gij dan geen woordje voor mij?
Uw rede als een galmend gerucht,
Rolt ledig mijn ziele voorbij.

人自身只有**一种**言说方式。对他来说，其他人的方式是一种怪诞的样式。但是我们并不是天生就有某种现成的（fix und fertig）言说方式。我们并非生来就完全适合任何方式，或适合任何职责。生活不是田园诗般的安逸；相反，这是一场严峻的斗争。我们所带来的唯一美好和适恰的、只处于萌芽形态和微薄能力的言说，就是某种我们借此必须一方面克服粗糙、平庸和琐碎，另一方面克服僵硬、假装、做作和不自然的事物。从我们之所是到我们将来之成有（become）的发展过程中，潜伏着各类敌人。只有与一切真实、良善、可爱、值得赞美的[74]事物建立牢固而审慎的联系，我们才能在同这些敌人的斗争中取得胜利。

这种只能属于我们的美好言说并非自行存在，它不是存在于我们之外的事物。粗俗和不文明之人不可能站起来讲道，也不能口若悬河。当需要发言时，只专注于自己的演讲，而完全忽视我们的灵魂和身体的修养，这与其说是徒劳，不如说是完全不够的。我们读到过荆棘不能结出葡萄，蒺藜不能结出无花果。[75]好的演讲是要将这种一般性的修养，应用于被要求公开演讲的特定环境中。在你的家庭、日常生活和社交举止中做一个有修养的人，并且只要稍加练习，你就会成为这样的讲员。

仅靠阅读西塞罗或昆体良的著作，记住施兰特的规则，并且每周对着镜子练习，这并不能使我们成为优秀的讲员。这固然很好，但前提是我们灵的普遍塑造和修养的基础已经奠定。除了跟我们这一代最优秀的人交流，我们如何才能获得这种口才呢？但是，在最广泛和最亲密的意义上的交流如下。首先，每天与《圣经》，与众先知和使徒并主耶稣自己（祂在世人中是最荣美的）接洽。在此之后，我们需要接触古典时代的民族，由于上帝的护理，他们丰富的文化仍然继续构成我们发展和文明的基础。我们还需接触自己同胞和我们四周邻国民族最美丽和最高贵的心灵。最后，但并非不重要

---

[74]《腓立比书》四8。
[75]《马太福音》七16。

的是，我们需要与我们自己圈子里的文明群体接触，尤其是接洽那些被委以美之珍宝和恩典之奥秘的女性。让·保罗·里克特（Jean Paul Richter）言之中肯："在女孩中，人失去身体的粗鄙，在女人中，人丧失思想的粗鄙。"[76]

此外，公共演讲并不只关乎我们身体的某个部位。它不限于声音和手势，而是占据我们整个存有。讲道的权利和需要建立在身体和灵魂的紧密合一、内外和谐的基础上。比尔德戴克对和谐的感觉比我们任何一位诗人都要强烈。他曾经唱过优美的诗句，表达了诗歌的内容和形式相一致的必要性。

> 诗人啊，你被心灵和艺术所允许的一切所占据。
> 教喜乐者以畏惧，混杂强壮与软弱。
> 并调整自己的声音与所画的主题一致。
> 从而你的概念由诗句的声音寻觅。
>
> 在你的歌声中，让泽法尔（Zephyr）乘着轻盈的翅膀起航。
> 溪流湿漉漉地拍打，轻轻地呷呀着自己的故事。
> 然而，流淌的潮湿伴随惊雷涌出。
> 你愤怒的音乐，就这样从风箱中发出轰鸣的蒸汽声。
>
> 让牛在轭下耕耘坚硬的土地。
> 在疲惫的牲畜中感受胸肺艰难的喘息。
> 迟缓和挣扎的诗句变得沉闷，缓慢前行，
> 他笨重的脚步声响起，每一声都在耳边响起。
>
> 敏捷的母鹿从肥美的山谷飞奔而过，
> 你以闪电般的速度紧随其后，知道如何抓住她，
> 而你用迅猛的翅膀，穿上空洞的诗句！

---

[76] 让·保罗·里克特（Johann Paul Friedrich Richter, 1763–1825），德国浪漫派作家。德文原文："unter Mädchen verliert man Ungeschicklichkeit des Körpers, unter Weibern des Geistes"。

幸福的是，正如语言会帮助你的努力，
而且节奏和音节的无限制选择
总会拽着你在强制的押韵中空谈！
巴达维亚人（Batavians），请明白你们的语言和它的丰富；
掌握它，你就会成为良知的大师！[77]

演讲的内容和表达方式之间应该有此种亲密和谐。身体与灵魂、言说与声音、话语与手势、所说的内容与表达方式之间必须和谐。而我们所说的，必须用我们整个灵魂、整个身体、全部力量去言说。一切都必须对我们而说，从我们内心说出，在我们里面而说。说话的语气、身体的姿势、手的动作、眼睛的神态，每一方面都有

---

[77] 巴文克引用比尔德戴克的诗 "Het Buitenleven" (1802). See J. van Vloten, *Nederlandsch Dicht en Ondicht der Negentiende Eeuw* (Deventer: A. ter Gunne, 1861), 82.

  Gij dichter, bezig alwat geest en kunst gehengen,
  Leer 't aaklige aan het blijde, en 't sterke aan 't zachte mengen,
  En stem uw tonen naar het voorwerp, dat gij malt,
  Dat zelfs de klank van 't vers uw denkbeeld achterhaalt.

  Laat Zefr in uw zang op luchte vlerkjes zuizen,
  En 't kabblend nat der beek met zacht gemurmel bruizen,
  Doch stort zich 't stroomend nat met zieded buldren uit,
  Zoo siddre uw woest muzyk van 't dondrend stoomgeluid.

  Laat d' os, in 't juk gebukt, den harden kleigrond ploegen;
  Men voele in 't moede dier, en long en boezem zwoegen,
  En 't traag en worstlend vers ga dof en langzaam voort,
  Als wierd zijn logge stap op elken plof gehoord.

  De vlugge hinde vlie door de onafzienbre dalen;
  Men volge in bliksemvlucht en wete ze in te halen,
  En schoeie 't luchtig vers gezwinde wieken aan!

  Gelukkig, zoo de taal uw poging bij wil staan,
  En geen beperkte keus van maat en lettergrepen
  U eeuwig in 't geklep des rijmvals meê blijf slepen!
  Bataven, kent uw spraak en heel haar overvloed;
  Zijt meester van de taal, gij zijt het van 't gemoed!

自己的表情和力量。口才是由整个人产生的。讲道的至高法则就是"给予你自己，不是按你现在的样子，而是按你能成为之所是（can be）和必须将成有（must become）的样子。"这就是你讲道的要求。若非如此，就不要说话，不要烦扰你的听众，因为最终每一种口才都是好的，除了让人厌烦的那种（le genre ennuyeux）。这要求你尊重你的听众。没有人可以要求你施与比你现在之所是和所拥有更多的事物。"凡给予他所拥有之物的人，就配得生命。"[78] 但这也可以是对你话语的要求。关于那些寻求我们关注之人，我们永远不能用"我厌恶普罗大众"（odi profanum vulgus）[79] 来描述。穆尔塔图里的那句"大众，我满心鄙视你们"，决不应该在演说家或作家的心中产生，并越过嘴唇的界限。圣言的牧者尤其必须从自己的灵魂中阻挡任何这种优越的思想，因为他不是站在庸人（vulgus）、俗人或大众面前，而是站在基督的教会，在主的产业面前。顺带一提，没有人（冷漠的贺拉斯不是，高傲的穆尔塔图里也不是）真正赞成这一宣告。集市上的问候，人们的掌声和称赞的浪潮，都没有白费。他们对百姓的蔑视，足以证明他们对赞誉的敏感。

在同样牵涉全人的讲道中，声音是第一位的。好的嗓音是一种珍贵的恩赐。它是思想的回响，是我们心思的表达。一个人有正当理由的时候，可以用不同的声音笑，这样做就会暴露一个人的本性和性格。任何一个开口哈哈大笑（a-sound）的人，都见证他热情和喧闹的生存状态。任何呵呵发笑（e-sound）之人，有一副忧郁的表情，并戚着冷静。孩子们和天真、恐惧、优柔寡断的成年人发出咯咯的笑声（i-sound）。我们在慷慨爽朗的人那里听到嚯嚯的笑声（o-sound）。而那些怨恨别人的人则会用吁的声音（u）嘲笑。但是毫无疑问，声音与我们的性格之间有联系。有吵闹、虚假、粗野、沙哑的声音，就像一个酒鬼把声音淹没在杜松子酒（jenever）里一样。

---

[78] 荷文谚语，原文是："Wie geef wat hij heef, is waard dat hij leef"。谚语的大意是：只有倾尽所有，才能无愧于人。
[79] Horace, *Odes* III.i.

有尖锐、响亮和激烈的声音，见证一种不太柔和的性情。也有可爱、柔和、优美、悦耳的声音，单单声音就能抓住人心。如果一个演讲者天生具备清晰有力的声音，这将是一种无法估量的特权。尼安德尔（Neander）告诉我们圣伯尔纳铎（the holy Bernard）的故事：德国人虽然听不懂他的语言，但因他的声音还是潸然泪下。据说，就像74岁的老诡辩家费沃利努斯（Favorinus）[80]一样，范德胡芬读荷马的作品时，完全不懂希腊文的人也会感到高兴。当范德胡芬读完圣诗时，教堂里的人都已受到了教诲。声音是一种美妙的乐器，能演奏娴熟的人是有福的，能从中调出最美音调的人是有福的。但在这个意义上，一个人可以不诚实地说话，就像一个人可以不诚实地演奏和唱歌一样。最高的艺术是一个人完全、彻底地控制他的声音，把他整个灵魂和每一种细腻感情都投入其中，并通过这种方式来表达他自己。这确实是可能的：人类的声音就像心灵和语言一样丰富。这是最美丽和最好的音乐。整个自然界中没有一种音调是声音不能描绘的。它能像雷声一样轰鸣，像飓风一样猛烈。它可以像山涧一样奔涌，也可以像小溪一样潺潺。

但也许有人会说，此声音的音乐在讲道中必须由我们整个身体来伴奏。因此，早期的讲道者正确地说到"身体方面的口才"，这种口才必须在演讲者的身体姿势、动作和面部表情来阐明、支持和证实内心的思想。不仅是戏剧动作，还有面部表情；不仅是措辞用语，还有行动；这些都依赖我们内外人格的和谐。头和身体，眼睛和眉毛，手和脚，甚至衣服，都必须一起表达我们灵魂中正在发生的事，和我们口中正在说的内容。[81] 讲道的每一个方面都是重要的。我们身体的每个部分都有自己的语言。有嘴唇的语言，也有眼睛的语言，手的语言，头的语言和身体的语言。谦卑和羞愧使人低头，疲惫使人侧身，傲慢使人挺身，骄傲使人后退，震惊使人畏缩。我

---

[80] 费沃利努斯（Favorinus of Arelate，大约公元80–160），罗马诡辩派哲学家。
[81] "Accedat oportet actio varia, vehemens, plena animi, plena spiritus, plena doloris, plena veritatis." Cicero, *de Orat*. II, 17.

们的手呢？就像我们的声音，我们以双手提问和回答，祈祷和恳求，呼吁和警戒，拒绝和确认，催促和远离，爱抚和憎恶，诅咒和祝福。眼睛的语言比头和双手的语言更清楚、更有说服力。[82] 每项灵魂情感都反映在眼睛里，如同在镜子里反射一样。爱与恨，轻蔑与同情，友谊与愤怒，信靠与惧怕，以及其他所有激情，都可以在人的眼睛里读到。它在喜乐中闪亮，也在忧伤中黯淡，在愤怒中闪烁，在惧怕中退缩，在灵感中闪耀，在绝望中呆滞；它在生命中变得清晰，在死亡中破碎。眼光一瞥胜过千言万语。即使可听得见的言说也无法与眼睛的言语媲美。任何站起来发言的人，若是盯着他的稿子，或盯着一个点，或像布尔达卢（Bourdaloue）[83] 那样闭上眼睛，就会削弱他讲话的影响力，亏缺了口才的要求。听众正确地请求自己要看着讲员，讲员也看着他们；讲员不仅要用声音说话，还要用眼神交流。在这过程中，当讲道者以其话语的内容、声音的声响、眼睛的注视、头的位置、身体的姿态、手势，甚至他衣服的颜色和式样，来表达同一种思想，说出同一种语言时；当灵魂和身体、内部和外部、声音和语调、语言和手势这一切二元论，都沉溺于完美的和谐中时；讲道完美状态方可达到。

这一切经常支配口才和讲道的错误观念，都要从这一原则中加以克服。戏剧动作和面部表情无疑有存在的权利。它们以灵魂与身体、精神与物质、内在与外在的合一为基础，但它们绝不意味着要描述一篇讲道中所提到的事物和主题。说话时像弹齐特琴那样做手势，或士兵说话时摆军姿，比如将小指放在裤腿的接缝处，这都是愚蠢和不公正的。讲道者不是喜剧演员，讲道不是演戏，手势也不是演哑剧。因此，如果可以理解这一点，那么没有人会像马蒂亚斯·克劳迪亚斯（Matthias Claudius）[84] 那样发出如此警告："不要用手势，

---

[82] "Animi est omnis action, et imago animi vultus est, indices oculi." Cicero, de Orat. III, 59.

[83] 布尔达卢（Louis Bourdaloue, 1632–1704），法国耶稣会士，以"盲眼传道人"闻名，因为他习惯于在讲道时闭上眼睛。

[84] 马蒂亚斯·克劳迪亚斯（Matthias Claudius, 1740–1815），德国诗人，笔名

否则你会做出粗鲁的举动（Misstraue der Gestikulation und geberde dich schlecht und recht）。"手势并不是讲道本身；它们只能引导、支持和强化讲道。每一个"繁琐的手势"（loquacitas manuum），正如西塞罗巧妙地称呼它的那样，都是用"满手喋喋不休"来判断。像风车一样挥动双手不会带来快乐；它是空洞的废话，因此完全不符合基督教的原则。

这就是我的观点——藉此点，我回到这场讲座的起点——基督教告诉我们关于口才和讲道的一些事情。只有当一个人符合基督教原则时，他才是有口才的；该原则存在于思想与话语、话语与姿态的完美和谐之中。保罗并非不公地否决那些人类智慧的虚伪和无聊的言语。异教世界和希腊人——正如皮尔森教授（Prof. Pierson）[85] 几年前所指出的——错失了这种更深层次的和谐。二元论、对比和异化，总是在各种处境中重新出现。希腊有一种令人钦佩的形式之美。那里为几乎所有的艺术和科学画出了经典的线条。自然和文化携手并进，完美地交织在一起，以至于艺术本身就像是自然。

在史诗和戏剧中，在诗歌和雄辩（eloquence）中，在建筑和雕塑中，都有一种矫揉造作的表现；一种所达致的经典的宁静之美，让后世每一代人都充满了惊奇。然而，所有这些美丽的形式都是短暂内容的承载者；真正的实在正在错失。我们惊叹奥林匹斯山上菲迪亚斯（Phidias）的宙斯雕像，因为它是一件艺术品，但作为一位神明，此宙斯只能对我们微笑。戏剧达到了一个无可比拟的高度，但因命运在其中扮演的可怕角色，最终却让我们在伦理和美学上无法得到满足。因此，德国诗人雷瑙（Lenau）[86] 恰如其分地唱道：

希腊人的艺术
不知道救主和祂的光，

"阿斯穆斯"（Asmus）。
[85] 阿拉德·皮尔森（Allard Pierson, 1831–96），荷兰神学家。
[86] 雷瑙（Nikolaus Franz Niembsch Edler von Strehlenau, 1802–1850）是奥地利诗人，笔名"尼古拉斯·雷瑙"（Nikolaus Lenau）。

> 所以他们嬉笑却未提及
> 阴间最深处的痛苦。
>
> 他们所知的无关痛苦
> 就是他们要试图安慰的，而是缓缓飘过，
> 我认出这是最伟大的魔法
> 从古时留给我们。[87]

这样，希腊哲学像是带着一种焦渴，寻求知识，却以彼拉多口中的那个问题终结："真理是什么？"[88] 口才赢得了各种各样的胜利，并成为一种带着要求和规则的美好理论；但是，它常常用华丽的辞藻来掩盖内在真理的缺乏。故此，希腊罗马人就像那个浪子，最终以猪食充饥。

然而，基督教的出现打开了一个思想的世界，充满了生命，其美令人动容。新的内容被赋予了艺术，思想有了永久的对象，永恒的内容也在语言上恢复了。现在，毫无疑问，我们可以从希腊和罗马为我们保留的美的荣耀形式中获益；因为若我们是属基督的，那么万有就全是我们的——不但保罗、矶法、亚波罗，并且荷马、贺拉斯、狄摩西尼、西塞罗也都是我们的。[89] 这种和好首先见于基督教中——不仅是上帝与人的和好，而且是异教徒世界中一切矛盾的和解。一切思想、言说、行为、讲道上的不和谐，其本质都与基督教相抵触。然而，艺术和科学每个领域中的事物，无论是在我们还是我们的敌人那里，凡是真实、良善、可爱、和谐的，都是像基

---

[87] Die Künste der Hellenen kannten
Nicht den Erlöser und sein Licht,
D'rum scherzten sie so gern und nannten
Des Schmerzes tiefsten Abgrund nicht.
Dass sie am Schmerz, den sie zu trösten
Nicht wusste, mild vorüber führt,
Erkenn' ich als der Zauber grössten
Womit uns die Antike rührt.
[88] 《约翰福音》十八38。
[89] 中注：《哥林多前书》三21-23。

督的。[90] 基督教的中心点是道成肉身；在其中，上帝与人、精神与物质、内容与形式、理想与实在、身体与灵魂、思想与语言、话语与姿态得以和好。

---

[90] 中注：《腓立比书》四8。

2. 讲道的服侍[91]

每当我们思想我们的实践与自己的基督教认信相距甚远时，这总令人忧心。在教会范围内外可以指出许多美好的事物：对真理的关注与日俱增，这与敬虔紧邻；持续预备好承担基督教慈善事业的各项任务；热心宣教，并与基督徒的呼召紧密联系。但是，我们不应忘记要再三指出：在讲述这些事时，我们的语气有时听起来高昂；我们也常常为此夸口；一般来说，人们总是带着骄傲和自负而关注这一点，而且这发生在仇敌的眼皮底下。这不应如此。尽管所有这些好行为都会感激地被认可，但我们所亏缺的（而且如此之多）绝不能从我们的视线中消失。对那些认信耶稣为基督的人，尤其是那些我们教会的成员，必须教导他们：不要心高气傲，反要惧怕，披戴谦卑。

言之成理的是，谦卑应始终是我们合身的衣服，唯此遮盖我们，装饰我们。不管谁在何种环境中脱掉它，就是抛弃他最美丽的装饰。谦虚必须成为我们的居家旅行、婚丧嫁娶的服装。为了培养这种基

---

[91] 巴文克这篇讲章的原标题是"De Predikdienst," in *De Vrije Kerk* no. 1, IX (January 1883): 32–43，后来收入Herman Bavinck, *Kennis en Leven* (Kampen: J. H. Kok, 1922), 78–85。中注：中译本此处的标题直译荷文predikdienst。

督徒的谦卑，注意许多我们所亏缺的和防止我们自夸的事物，这是好的，也是必要的。

请仅思考教会服侍中的讲道。强有力的讲坛时代已经一去不复返。不仅在现代人群体中，而且在大多数正统者群体中，参加教会的人数都在逐渐下降。人们对教会的兴趣和听道的兴趣正在递减。现在有成千上万的人远离教会，他们从不造访教会，而且这种人数每日递增。许多被称为正统的人永久放弃了每个主日去教会两次的习惯；对他们来说，一次就足够了。对许多人而言，在教会待这么长时间（有时甚至是两个小时），甚至被视为浪费时间。在我们这个忙碌、精于算计的时代，人们认为本来可以更好地利用这段时间。我们问：这如何是一种浪费呢？这段时间用来解决贫穷和痛苦，用来教育儿童和年轻人，岂不更好吗？在许多地方，我们有意无意地以主日学、青年团契和探访穷人和可怜之人，取代教会崇拜。

当然，这种对教会的厌恶在很大程度上缘于主导我们这个时代的精神。在这种精神的影响下，人们形成了一种完全错误的"参加教会"的概念。我们生活在一个大跃进的时代，蒸汽与电力的时代。这个时代加速，转动并推动一切前进。我们不考虑休息、安宁或平静。谁不紧跟而行，谁就会成为落后和被践踏的人。时间就是金钱，金钱是交易的灵魂。"我从中能得到什么？这有何用？"这些是当今的问题。狂热的兴奋和高压的过度劳累是所有行业的标志。神圣的静默和永恒的平静大遭忽略。"欲速则不达"（Festina lente）是一句古时谚语。这是一场竞赛，比谁更快。这种精神也在基督徒身上留下印记。尽管他们认信古旧的信仰，但他们也是这个时代的孩子。一种勤奋、积极的基督教正在出现。在静默中坐在圣言之下本该是他们的力量，现在却从他们的思想中消失了。如果你是一名基督徒，（你必须）在行为中显明自己的信心，说你所行的、所付出的、所成就的。可以肯定的是，任何无法无条件地赞扬这一切基督徒式努力的人，会被许多人认作没有爱心或缺乏信心。

其结果就是，与静态的信心生命有关的一切，都被移入后台，逐渐消逝。我们不再致力于对属灵生命"脚步"的仔细省察，不再致力于仔细而精确地区分真假信心与生命，也不再致力于对真基督徒的标记与特征进行广泛总结。现在有别的事情要做了。基督教必须使人知道其力量，不是在深度上，而是在长度和广度上。正因如此，我们就不再有时间或愿望在休息日两次前往教堂，有时不再花一个小时听我们已频繁聆听的教师的讲道。那里有何令人兴奋或有用的事物呢？据说，我们在这方面太被动，能做的事太少了；（在这一背景下）我们几乎被认定太过年轻并不能做任何事情；我们构成教会崇拜的部分太少了。我们当然还是会去听某位著名演讲者的讲座，或是大众演讲，或是关于教育或宣教的演说；我们可以从他们那里学到新事物，听到杰出的内容。但是，我们这急躁而有文化的一代，不再聆听一场总是围绕同一主题、缺乏新奇吸引力的讲道了。在许多参加正统教会的信徒身上，也能发现雅典人的好奇心和对属灵发展的高度意识。

至于为什么去教堂，去那里要做什么，几乎完全被人遗忘了。教会公共崇拜的正确观念正在丧失。以下观念遭到误解：我们在教会崇拜中有重要事情要做，我们不是被动的，我们是忙碌和积极的；我们去那里履行祭司的工作，以我们天父的事为念；我们在耶和华的殿中献祭，向上帝献上我们自己和我们一切所有的，不仅要建立自己和被建立，并且因而我们和其他人一同在至圣的真道上真正得以建立和建造。这些观念正是"上到祷告的殿"的真正意义。"信徒皆祭司"这一宣告的关键就在于此。正如范安德尔（Van Andel）[92]最近在《主，我愿祢来！》（*Maranatha*）第 19 章中真实且字字珠玑地写道，祭司的工作如今不在于旧约中保性工作。后者属于特殊的祭司职分，但随着祭司职分的扩展而消失。但仍旧保留的是在圣所里举行崇拜，也就是献祭（或更准确地说，是天上的属灵献祭），是从新约的角度所做的献祭。这种献祭包括认信基督的名，在敬拜上帝、基督代求的群体中，以及在为了上帝的工作和基督贫

---

[92] 范安德尔（Jan van Andel, 1839–1910），巴文克所属宗派的牧师。

穷的弟兄们而献上的礼物中。现在，上帝的旨意是祂公开地、集体地被人求告。公开地被求告，因为这是祂配得的，也因为当上帝被看作祂子民的上帝时，这世界就听见了，而这是合宜的。集体地被求告，因为上帝只愿并承认信徒是基督的身体，完全在基督里组织起来，不愿与这身体以外的人，就是在基督以外的人相交，就像从前与一个从以色列中分别出来的以色列人相交一样。因此，（教会的）聚集在安息日举行。每个地方教会都代表基督的身体。它的成员被呼召，在会众（即上帝的圣所）中做祭司性的服侍。他们作为祭司而聚集，把赞美感谢、求告请求的祭物，都献给上帝。他们为教会和弟兄们带来礼物。这是我们在主日或任何时候聚会的本质、荣美的方向和喜乐。正因如此，我们与天上的会众同属一个群体，并**一同作工**。为此，作为这种合一之标记的天使们，出现在我们的聚会和天上的聚会中。

然而，问题是：这在哪里得到理解和实践呢？当然不是只去教堂聆听讲道者。在那里，一个人不认为在教堂里还有其他事可行（即祭司的服侍），而想象他是被动的，无需做任何事，只需被建立。在那里，传道人若还在家里，大家就在家里（正如传道人若不讲道，圣所也无一物）。在那里，收集奉献不费任何代价，而且所奉献的礼物并不多于我们在门口施舍给乞丐的钱。在那里，在把唱圣诗视为敬拜的地方，人们不会跟着一起唱，宁愿跟着一起无感情地、轻率地嘶吼。

这些话不应被忘记，而必须牢记在心。讲道者的呼召，尤其是在今日——现在这种正确的敬拜态度正在消失——是教导人们教会崇拜的意义。他们必须把他们的听众和教会成员的注意力从自己身上挪开，并且意识到人们去教堂不只是聆听讲道者，讲道不是（教会崇拜）最高和唯一的特色；相反，我们作为信徒相聚一处，为了同作祭司去服侍，向上帝献上赞美、尊崇、爱和礼物。若有更好地理解这一点，去教会就会得到更大的尊重，年轻一代就不会远离教会。

会众在该时代精神影响下未能认识到自己荣耀的呼召。不管会众对这日益恶劣的错误应负多少罪责，但是牧师要承担很大一部分罪责。讲道当然不是我们敬拜服侍的唯一部分，甚至不是最重要的部分——那是信徒共同的祭司性工作——但它是祭司性聚集和敬拜的高潮。敬拜服侍很大程度上取决于讲道：在我们的宗教实践中，讲道是至大至高的部分。我们会称基督公教的教会为"弥撒的教会"，而称基督新教的教会是"圣言的教会"。耶稣只愿透过祂的圣言和圣灵来掌权的想法，是荣耀和美好的。祂藐视刀剑、棍棒、铁链、监狱、强暴和诡诈，只想借着圣言和圣灵的道德与属灵的武器，来赢得这样的统治。这尤其是要通过**被传讲**之圣言的管道：不是诵读或唱诵的圣言，而是言说的圣言。信道是从**听道**来的。[93] 因此，如果人们想要他们的讲道者对他们说话，而不仅仅是在他们面前念一篇讲章，这绝不是苛求或固执。

　　主将祂的祝福加入祂圣言的宣讲中。正是藉着讲道，会众才保持刚强，而且在历史上一直如此。透过讲道，并藉与圣约记号和印记的连接，会众得以坚固，并在至圣的信心中被建造，且成为基督身体中的肢体。通过讲道，会众在清洁中得蒙保守，在争战中受激励，在苦难中被医治，在认信中得以建立。通过讲道，群羊与教会同在，教会与群羊也同在，并在权柄、敬重、敬拜上增长。

　　讲道的意义无论怎么被高估也不过分，讲道者职分的价值亦然。要做一个真正的"上帝圣言的仆人"（verbi divini minister），一个从上帝的隐密处开始分享、宣告永生之圣言的人，世上还有什么职位能与此相比呢？因此，对承受圣职的人来说，责任和呼召也更大。近来，对所觉察的贬低教会和教会礼拜，也有合理的抱怨；教会礼拜的一个重要部分就是圣言仆人的责任。

　　凡自称对讲道的果子和成果有鉴赏力的人，都会发现许多要抱怨的地方。当然，必须要合理。我们不能用同等于演说家和讲师的标准，来评判讲道者和讲道。我们必须谨记，有许多会众，因此也有许多讲道者。要求所有讲道者都成为演说家，简直就是挑剔上帝

---

[93]《罗马书》十7。

的旨意，因为上帝只将口才的恩赐赐给少数人。我们还必须谨记，圣言的牧者在主日必须讲两场，周间还要讲几场。因此，当他认真履行其他职责时，他不可能总是让人耳目一新。

但考虑到这一点，关于讲道的形式和内容，还有何可抱怨的！个中原因不是某人没有更大的恩赐，而是他没有更好地使用（他拥有的恩赐）。这种事经常发生。有多少人没有充分运用他们的恩赐，而浪费和误用了这些恩赐！在用词和语气上，常有陈词滥调和矫揉造作，另有假装的口音和粗俗的表达，不自然的姿势和手势。就内容而言，往往缺乏认真的准备，简洁和真实，节奏和思想，信心和灵感，最重要的是缺乏庄严和热情。

综上所述，我们可以有把握地说，目前的讲道与时代脱节，不能满足时代的需要。如果讲坛要再次成为一股强大的力量，必须要纠正这种情况。而当我们回去查考《圣经》，就会如此改变。

这便是当代讲道的主要缺陷。当代讲道不是出自《圣经》，也未在经文的灵中接受洗礼。[94] 目前有《圣经》研究，在各个学院中，介绍性的科学在这方面发挥主要作用。但这不是真正的研究。人可以通过这种研究学到很多关于《圣经》的知识：他可能会熟悉《圣经》产生的环境，以及《圣经》出现的基础。然而，尽管这种研究给我们带来了这些优势，并未像其他许多事情那样使我们产生不信和怀疑，它却没有按着《圣经》本身的丰富性和深度，及其统一性和多样性，教导我们。于是，我们的讲道就变得无聊了，失去了所需的能力和权柄——它们惟有从上帝的圣言中才能得着，而讲道立于上帝的圣言。那样，我们的讲道或许是一件艺术品，一件井井有条的装饰品，一个规整的模型，但仍是贫乏的，因为缺乏上帝圣言的永恒内容。因此，研读《圣经》是对讲道者的首要要求：安排有序、坚持不懈、持续不断地学习《圣经》；如有必要，可以不用

---

[94] 中注：巴文克在这里很可能暗指了（和合本）《哥林多后书》三6中的"字句"与"精意"（πνεῦμα）的对比。根据原文及上下文语境，此处希腊文πνεῦμα译名理应是"灵"，而非"精意"。

注释书[95]，但要有清晰的视野，带着祷告的心，带着敬虔领受的灵魂，并带着分别为圣且清洁的良知。

哦！我们对《圣经》仍知之甚少。我们只略知一二。《圣经》所隐藏的财宝至今仍未为会众所享用。我们东鳞西爪地把握《圣经》，18个世纪已经过去了，时间就要走到尽头！我们必须自我鞭笞，好叫人子来的时候，我们能明白这世代的神迹，并照预言宣告出来；好叫我们能对祂说我们已持守了祂的圣言，没有否认祂的名；并且我们要认识祂，晓得祂复活的大能，和祂一同受苦。[96] 我们每个人，讲道者尤然，都有自身方面可以为此做出贡献：让上帝的圣言被人认知，让我们的讲道愈发服从于此。

会众必须更好地理解《圣经》，更清楚地面对《圣经》，并在其有机和连贯的相互联系性中更好地予以理解。这将带来好处，会众将更坚固地得以建造，反对有关我们时代中不信的怀疑和理论；年轻一代将不会偏离毗邻敬虔的真理。

如果圣言的牧者践行了这一要求，那么其他当前有损讲道的一切缺点将逐渐减少。这样，剩下的一切都会随之而来。那种拙劣的"格言式讲道"（motto-preaching）[97]，就是经常在上帝的圣言的幌子下被用于向人们宣布纯粹的意见，将会停止。这样，不管我们自己的想法和幻想是什么，只会是健康、鲜活、使人坚固的上帝圣言的粮食。讲道者无需担心精力耗尽，也不需要花费时日去寻找经文和材料；听众也不会抱怨讲道缺乏新意、贫乏、令人厌倦。人们都有权在每个主日得到喂养，并被更新。给他们食物，给讲道者上一课，但不

---

[95] 中注：读者须知，巴文克此处并未贬低《圣经》注释书的价值。相反，巴文克十分强调阅读对各类神学书籍的必要，从而显出基督教信仰的大公性。他在此处的重点是不可在准备讲道的过程中忽略敬虔的操练，而招致上文所提的错误："当代讲道不是出自《圣经》，也未在经文的灵中接受洗礼。"

[96] 《腓立比书》三10。

[97] 在巴文克的语境中，"格言式讲道"（motto-preeken）是讽刺这样一种讲道，即把《圣经》的经文当作一种钩子（或格言），牵强地挂上讲道的内容。例如Johannes Jacobus van Oosterzee, *Johannes Jacobus. Practische theologie: een handboek voor jeugdige godgeleerden*, Deel 1 (Utrecht: Kemink, 1877)。

要简单地让他们的肚腹塞满当日的流行观点和新闻。只要赐给他们上帝的圣言所带来的稳定的滋养，和使人得力量的粮食。若是来自《圣经》，讲道的内容就会逐渐变得健康、生动、鲜活。讲道的形式也有益处。这不能是别的方式。凡认真研读《圣经》之人，必须抛弃一切傲慢、自高和虚空的哲学。《圣经》是世界上最简单、最自然、最容易理解的书；《圣经》是大众读物，又与众不同。研读《圣经》将使我们（在最好、最高贵的意义上）广受接纳：在避免一切粗糙、劣质和粗俗的意义上使我们广受接纳，并且我们敲打出触人心灵的音调，并让他们灵魂的响弦颤抖。于是，我们的言说将被《圣经》的言说塑造，而且确实会与《圣经》的言说**合而为一**。《圣经》的言说是最优秀传道人、唯一的教师、教会的圣师和保惠师（Doctor et Consolator Ecclesiae）圣灵的言说。我们将对众人说话，不是叫他们希奇，乃是叫他们明白。那我们就不是为自己说话，而是为他们说话。我们的讲道将不再无聊、单调和令人厌烦。相反，我们就满有圣灵地说话，具有大能的明证。[98]这样，我们就不是讲人的智慧，而是我们上帝永远长存的圣言。这种讲道必有果效，祂的圣言不会徒然返回。[99]

除此之外，会众配得我们向他们打开《圣经》，宣告上帝的圣言。会众有这样的权利。会众由每天都要工作的人组成，他们几乎没有剩余的时间来学习《圣经》。每到主日，他们期盼牧师打开《圣经》，阐明其中的奥秘。他们希求讲道要清楚、可理解、好把握，不是用令人懊丧的推理，而是要简易、有能力，以他们自己的语言，并适合他们心思中的悟性。他们两倍不止地补偿并减轻了这种努力和勤奋（的代价）；也许不是在金银上，而是在比这更多的方面：在他们的评价、爱心和感激上，这些比世上所有的财富都要宝贵。

在物质方面，我们也会很顺利。一篇好的讲道不乏回报。若会众见我们为他们奉献自己，他们也会将自己奉献给我们。如果我们

---

[98] 《哥林多前书》二4。
[99] 《以赛亚书》五十五11。

为他们灵魂得救而工作，他们就不会让我们的物质生活有缺乏。只要我们讲道者是为了寻求上帝的荣耀和会众灵魂的得救而讲道，会众就不会忘恩。传讲上帝的圣言，按着纯净、无伪、纯朴、真理、信心和热心而传讲，也是对《自由教会》（*De Vrije Kerk*）[100] 存在与增长的维护和保证。

---

[100] 这是指巴文克发表此文的《自由教会》（*De Vrije Kerk*）期刊。

3. 信心得以胜过世界的能力

1901 年 6 月 30 日在坎彭布尔格拉教堂（Burgwalkerk）的一场讲道，讲解《约翰壹书》五 4。[101]

> 1901年6月30日，克鲁格总统[102]及其随从访问坎彭，并出席了会众的聚会，我做了这场讲道。许多人听到后表示想出版这篇讲道。虽然我不能逐字逐句地再讲一遍，但我找不出拒绝这个友好请求的理由。现在，讲章得以出版，简明扼要，与那天的讲道吻合。
>
> ——赫尔曼•巴文克

---

[101] Herman Bavinck, *De Wereldverwinnende Kracht des Geloofs: Leerrede over 1 Joh. 5:4b, uitgesproken in de Burgwalkerk te Kampen den 30sten Juni 1901* (Kampen: P. H. Zalsman, 1901). 这篇讲道的另一个译本见Bolt, *Bavinck on the Christian Life*, 235–252。这些译本是同时期独立翻译的，双方都不知情。为了完整起见，我的翻译收录在这本书中。

[102] 斯特凡努斯•约翰内斯•保卢斯•克留尔格（Stephanus Johannes Paulus Kruger, 1825–1904），更为人所知的名字是保罗•克鲁格（Paul Kruger），他是南非共和国（德兰士瓦）总统，也是第二次布尔战争（1899-1902）中阿非利堪人（Afrikaner）抵抗英国人的代表。克鲁格访问坎彭的自传体回忆录，见Paul Kruger, *The Memoirs of Paul Kruger: Four Times President of the South African Republic*, vol. 2 (London: T. Fisher Unwin, 1902), 371。"我还重新访问了坎彭，那里是基督新教教会的圣地……我受到了可以想象得到的最热诚的接待。"

19 世纪刚离开我们几个月。这个世纪被许多人正确地称为不信与革命的世纪。[103] 但是，尽管我们刚刚进入 20 世纪，我们心中不由自主地提出这个问题：这个新的世纪是否允许我们看到基督教信仰的回归，并把宗教改革的原则应用到生活的各个领域？

有三个最重要的迹象使这个问题出现在我们心中。首先，随着世纪交替，各国中的思想趋势和斗争也有了明显的变化。革命未能达到人们的期望；革命的承诺几乎无一实现，吊挂在我们眼前的天堂尚未在地上建立起来。相反，失望和不满在四处甚嚣尘上。人们厌倦了生活；一方面是对文化的不满，另一方面是对社会现状的不满和苦怨。虽然如激进分子和社会主义者等许多人，期待拯救只能来自于更严格和更广泛地应用革命的原则，但是也有越来越多的人因厌恶而拒绝不信之教义的实际后果，并再次倾向于在人类生活的各种领域里为宗教存留一席之地。我们这个时代的儿女对宗教的兴趣显然又恢复了。对不可见之事物的重视和尊重取代了对这些事物鲁莽的否认。我们甚至可以看到有一种努力，沿着一条漫长且难以到达的道路前进，即从事物的表象到其本质，从可见的世界到其奥秘的背景，再到支撑它的事物。人们注意到了这种新的智性趋势的诸多问题，但这种趋势仍包含了一些让人感到幸福和感激的层面。理智的统治已走到尽头；内心感受（gemoed）已恢复了其权利；信仰第一次战胜了对物质的崇拜和理性的专横。

第二个值得我们关注并回答上述问题的事件是南非战争。[104] 在上个世纪末，世界上发动了许多战争，但其中没有比南非共和国争取自由独立的两场战争更深切广泛地唤起人们的关注。首先，我们

---

[103] "不信与革命"是抗革命政治家格伦·范·普林斯特最重要著作的标题。Guillaume Groen van Prinsterer, *Ongeloof en revolutie. Eene reeks van historische voorlezingen* (Leiden: S. and J. Luchtmans, 1847). 英译本见 *Groen van Prinsterer's Lectures on Unbelief and Revolution*, trans. Harry van Dyke (Jordan Station, Canada: Wedge Publishing Foundation, 1989).

[104] 巴文克这里指的是发生在南非的两次布尔战争（1880–1881年和1899–1902年），战争发生在大英帝国和两个独立的布尔州——奥兰治自由州（Orange Free State）和德兰士瓦共和国（Transvaal Republic）——之间。

当然应该从这样一个明显的事实中寻找理由，即在最近的战争中，没有一场像这次由一个小民族对抗一个强大国家的战争，将正义和权力尖锐地彼此对立。正因为英国以最卑劣的方式侵害了某种（广泛的）正义感，从而所有人连同他们的同情、实际的支持和祈祷，几乎一致地站到了被压迫的阿非利堪人（Afrikaners）一边。但是，这种由愤愤不平的正义感所激发的兴趣，也伴随着对这场斗争中英勇的布尔（Boer）战士简单而强大信心的钦佩。正当不信在文明世界迅速增长之时，南非的一个民族突然站立，人数很少，力量不大，未参加过正式的战争，但在藉由他们的信心和刚强，被对正义的热忱所鼓舞，准备为自由做出任何牺牲，无论代价有多大。这种信心震惊了全世界，显示了信心胜过暴力和强权的力量。

最后，告诉我们信心之能力的第三件事，是我们祖国政治选举的结果。[105] 毫无疑问，在这场服侍上，就是作为公民的我们为了上帝荣耀的服侍，有人把凡火带到了祭坛上。虽然所有参与这项工作的人，远没有让他们的选择由基督教原则的要求所决定，但是我们仍对选举的结果欢欣，也许会心存战兢而快乐。凡把本世纪初与上世纪初相比之人，都能看到这最大胆之期盼的优胜。上帝借着祂的百姓在这片土地行了美事，使祂的百姓生养众多，天天被坚立，超乎一切的赞美和感谢。现在，根据选举的结果，荷兰人民中绝大多数人都宣布：我们不想再走不信和革命的道路了；我们也希望这片土地上的政府能考虑基督教的原则。我们的人民通过投票箱推行了一场美好的认信（confession）。在这次认信中，信心得以胜过世界。

这三件事使我下定决心，在这个时刻向你们宣讲信心得胜世界的能力。与此同时，南非共和国的总统及其拥护者正聚集在这个地方，与基督的教会一起聚集在祷告的殿中。然而，让我们在主面前献上感谢和祷告，求祂赐福给我们这聚集的人！

---

[105] 这里指的是1901年的选举，由改革宗神学家亚伯拉罕·凯波尔领导的抗革命党，以非常接近的选票仅次于自由党。凯波尔奉命组成联合政府，并在当年8月成为荷兰首相。

> 使我们胜了世界的，就是我们的信心。《约翰壹书》五
> 4下半节

约翰通常被称为"爱的使徒"，这不无道理。但这并不排除他经常提及信心的事实。在我们这一章的前五节，他见证了关于信心的三件荣耀的事。首先，他说信心在人里面植入了一种新的生命原则。凡信耶稣是基督的，都是从上帝而生。他透过信已经出死入生了。他不再属于下面，而是属于上面；不再属世界，乃是上帝的儿女，天上的居民，永生的后嗣。因为，凡领受耶稣为基督的，凡信祂名的人，上帝就赐他们得称为帝儿女的权柄。这些人不是按血气生的，不是按肉身的意志生的，也不是按人的意志生的，乃是从上帝生的。

第二，约翰见证，对耶稣就是基督的信心，是一种可以让我们爱上帝并顺服祂诫命的大能。凡信耶稣是基督，是上帝儿子的，就会经历上帝的大爱，就是上帝藉差派祂儿子并透过祂儿子的血作成和好而向我们显明的大爱。对这不可测度之爱的经历，迫使一个人尽心、尽意、尽力地爱生他的上帝。因为上帝是首先的：爱就在于此，不是我们爱上帝，乃是祂爱我们，并差祂的儿子为我们的罪作了挽回祭。因此，在此之后，我们也会爱祂，这乃因祂先爱我们。凡以感恩的爱去爱上帝的人，继而也会爱一切同为上帝所生且同属父家的人。是的，借着信，他就领受了一种深切的渴望，愿意正直地行在一切（不单单几条）上帝的诫命中。这些诫命是轻省的，世界的诫命则是沉重的；服侍世界是难的。但凡爱上帝的，他终日以上帝的诫命为自己的喜乐。对门徒来说，耶稣的轭是容易的，祂的担子是轻省的。

第三，约翰在第4和第5节向我们证实，信心是一种大能，甚至可以胜过世界。凡从上帝生的，就胜过世界。他透过对耶稣就是上帝儿子的信心，就胜了世界。我们盼望，当我们不断地注意，我们就会看到这**胜过世界的信心，**

这信心所经历的抵挡。

这信心生出的**品格**。

应许给这信心的**得胜**。

信心所经历的抵挡

约翰把与信心为敌的一切事物,信心所面对的一切抵挡,信心所抗争的全部敌对力量,统称为"世界"。这个被翻译成"世界"的希腊文,实际意思是"珠宝"(或"装饰品")。这表明,说这种语言的人看到了世界美好的方面。由于世界形式丰富并绚丽多彩,以及和谐的秩序和规律性,希腊人惊叹世界是一件艺术品,一件美丽的作品。

《圣经》也意识到世界上所展现的这种美。《圣经》向我们讲述了希腊哲学家没有想到的最广阔视野:全能者和永恒的上帝,祂从无中呼召出有,以圣言创造了整个世界,并在祂创造之工的末了,看祂一切所造的都甚好。即便在堕落之后,《圣经》也经常以有力、虔诚的语言歌颂世界的美丽。诸天述说上帝的荣耀,穹苍传扬祂的手段。上帝的声音在大水之上。祂的气使地面焕然一新。祂的路径都滴下脂油。[106] 即使人比天使微小一点,但也有尊贵和荣耀为冠冕。[107] 耶和华善待万物。祂的名在全地有荣耀,祂的慈爱在祂一切作为之上。

尽管如此,《圣经》并没有止步于这种审美的世界观。《圣经》确实与异教把自然神化的做法大相径庭,因为《圣经》赞叹上帝宏大的创造工作,并大大彰显祂的美德。但是,对《圣经》来说,仅仅赞美世界的美丽是不够的。《圣经》对受造之物设立了不同的、更高的道德标准,并以上帝公义的要求来检验一切。然后,在这个标准的基础上建造时,《圣经》宣布这个世界不是它应该所是的样子。世界堕落了,已被剥夺了其理想(ideal)。被造界成为一个与上帝

---

[106] 《诗篇》六十五11。
[107] 《诗篇》八5。

对立的世界，并使自己成为罪的奴仆。在这个意义上，堕落的天使属于这世界：他们本应在上帝的宝座之下，却未恪守原则。那些在他们（立约的）元首里堕落之人，都属于这世界，因此在罪中孕育、出生，在上帝面前日益加增他们的罪责。属于这世界之人有昏暗的悟性，倾向于邪恶的意志，生出一切恶念之人的心灵，离弃上帝、追求物质的灵魂，将一切肢体用作不义之武器的身体。一切由人建立和创造的事物都属于这世界，其中包括家庭、社会和国家的制度，职业和事业，科学和艺术，工业和商业。全人类都属这世界，从第一个人到最后一个，所有从妇人所生的人；在所有世代、家族、语言和民族中的人；在历史上所有世代中，在世界发展和扩张的所有世纪中的人；在世界的争斗与兴盛中，在世界的文明化与衰落中的人，在世界所建立的国家、帝国中的人。甚至没有感官和没有生命的受造物也属这世界——因为地因人的意志而受诅咒，受造之物叹息劳苦，直到如今。受造物服在虚空之下，不是自己所愿，乃是照那叫它服于虚空者的意志。

现存受造物整个秩序，就是上帝所造的整个太阳系仪（orrery）[108]，这个在其所有可见的和看不见部分的固定整体，因就其本身而言是一种不义的器具，便被使徒约翰概括为"世界"。他可以用**一个**名字，**一个**词来这样命名，因为罪已经毁坏了整个世界，并且使世界（作为整体）出于**一个**原则来生存，由**一个**灵所感，指向**一个**目标，即敌对和反叛上帝，这位创造者和主。

哦，我们日复一日地说，且不加思索地宣告，上帝就是爱。祂就是永恒的爱和不可媲美的安慰。因为上帝爱这个有罪和失丧的世界，甚至将祂的独生子赐给他们，叫一切信祂的，不至灭亡，反得永生。然而，在基督以外，谁敢夸口上帝的爱呢？整个大自然不是向我们宣告吗？我们自己的心灵没有告诉我们吗？上帝不再向受造之物施恩，祂与受造之物争辩，万物在祂的忿怒之下消灭，在祂的

---

[108] 太阳系仪即一种活动的太阳系模型，符合巴文克原来的荷文短语"het raderwerk der schepping Gods"。

怒气之下惊惶。[109]

这难道不是一个令人担忧的状况吗？上帝和世界因为罪而彼此不和！在创造者和受造物之间，在造物者于被造者之间，在万能永恒的上帝与无能的被造物（不过是尘土，本身乃是虚空）之间，有一种敌对和相恨的状态，一种争辩和相争的状态。这个世界就其整体而言，不是建立在自己的基础上，而是时刻依靠上帝大能的圣言而存续。上帝赐给世界一切存有和生命，所有能力和力量，一切所是和所有。若不是从上头所赐的，撒但也没有权柄。然而，罪恶将整个宇宙，连同其中所有的被造物和力量，组织成反抗上帝和祂国度的器具。出于这一切，罪使世界以黑暗之君为统帅，卧在邪恶中，活在一种不义的状态里，形成一个罪恶和不义的国度，并试图以强暴和诡诈击败上帝，胜过上帝的名和上帝的国。

正是透过这方面，罪把所有上帝所造之物和恩赐都据为己用，这世界就形成了一种几乎无限的力量。谁有能力反抗世界的统治，摆脱它的影响呢？一个被世界四面包围、被世界束缚的被造物能做到吗？一个全部身心、心思意念都属这世界的人能做到吗？毕竟，这世界对我们来说不仅是外在的，它还活在我们里面最高处，在我们的内心、悟性、意志并所有情感中。所以这世界有能力辖管我们，借肉体的情欲、眼目的情欲和今生的骄傲[110]引诱我们。凡属世界的，都不是从父那里来的。所有犯罪的人都是罪的奴仆。[111]

不，我们并非被迫服侍这世界。在我们存有的核心之处，我们没有站在上帝的一边来抵挡世界，尽管我们有时（在这方面）乐于欺骗自己。我们按本性都是可怒之子，没有上帝，没有基督，在世上没有盼望。我们作为人，是这个堕落世界最卓越的部分。在我们里面，世界有其最强有力的明证，最强大的勇士。我们以上帝赐给我们的一切能力，以上帝赋予我们的所有力量，甘心乐意地服侍世

---

[109] 中注：《诗篇》九十7。
[110] 《约翰一书》二16。
[111] 《约翰福音》八34。

界。我们遵循世界的方向,并不反对。我们与全世界一同站在上帝面前,犯罪、不洁,污秽,被定罪。世界作为一种不可否认的力量,在我们里面,并围绕着我们。它将统治的权杖伸到所有受造之物身上。我们真是可悲的人啊!谁能把我们从这世界的权势中拯救出来呢?谁能使我们脱离罪咎,脱离不洁与污秽,脱离罪恶的奴役,脱离阴间的强暴呢?谁能让我们制服这世界,以得胜世界为我们的冠冕呢?

信心生出的品格

看,蒙爱的人,当我们人类绝望、徒劳地在受造物中寻找救赎时,主耶稣基督的使徒约翰来到我们面前,将上帝的圣言摆在我们眼前:胜了世界的,就是我们的信心。

信心,得胜世界!

当我们第一次听到这话的时候,能感到自己心里产生的想法:约翰在嘲笑我们的痛苦,对世界的势力一无所知,对信心的看法不够科学。不管怎么说,信心可能不只是一种看法,但也远逊于知识,永不会超过一定程度的可能性。这种信心只不过是一种不确定、不稳固的看法,却理应是得胜世界的信心,不是得胜一种心思或欲念,而是得胜整个世界及其全部能力——世界正是以此能力,在我们内外皆掌管着我们。

像亚兰人乃缦一样去行并非更明智。当以利沙吩咐他在约旦河中沐浴七次就得痊愈时,他就发怒道:"大马士革的河亚罢拿和法珥法岂不比以色列的一切水更好吗?我在那里沐浴不得洁净吗?"[112] 当得知在这场战争中,约翰没有给我们除了信心以外的武器时,我们不愿冒险,就要走开,并说:"在这场战争中,人所带来的政权和国度、艺术和科学、发现和发明,难道不是比约翰所吩咐我们的单纯信心更好的武器吗?" 如果他要装备我们,使我们能与世界争

---

[112] 《列王纪下》五12。

战，为什么不提科学呢？人类借助科学可以掌控上帝所造的一切。为什么他不提艺术呢？艺术是一种体现在顽固物质世界中的强大技能，亦是人类至高至美的思想。他为什么不提国家呢？国家约束人内在的兽性，迫使他们走正义的路。为什么他不提帝国呢？帝国将其臣民与【强者的胜利（de zegekar der geweldenaars）】[113] 绑在一起，把所有的土地维系在一个地区。为什么他只字不提人类的荣耀和伟大，只谈论少数人才有的信心？

然而，在我们愤而离弃约翰的话之前，让我们仔细掂量一下他所说信心的意思，以及他为什么赋予信心以得胜世界的能力。热切认真、不偏不倚的研究让我们不被事物的外表所欺骗。如果我们只是想象此处所发生的战斗，那么手头问题的性质就会改变。这是一个罪恶和不义、毁灭和死亡的世界，它必须要被攻克。无论科学在自身领域获得了何等荣誉，它从未将一个灵魂从罪咎中释放出来，使之坦然无惧地显于上帝面前。无论艺术使人生活中的事物变得多么令人愉悦，它从没有给任何受造物生死可依的唯一安慰。无论这些国家和帝国征服了多少人，多少民族，它们从没有改变人心，使人甘心顺服万王之王的旨意。这一切世人所用的武器都是从世界借来的，从世界中取出，也会随世界消逝。它们在罪中怀胎，在罪中出生，都在服侍世界，并助长世界的力量和统治。

但约翰所说的信心，述说着其他胜利。在这背后有一段完整的历史。这段历史从一个丧失的乐园开始，并且代代不绝。让我们在心里稍稍回顾几位信心伟人！挪亚借着信，既蒙上帝指示他未见之事，就存敬畏的心，建造了一艘方舟，使他全家得救。因此他就定了那世代的罪，自己也承受了那借信而来的义。[114] 亚伯拉罕借着信，蒙召的时候就遵命出去，往将来要得为业的地方去；他出去的时候，尚不知往何处去。[115] 摩西借着信，长大了就不肯称为法老女儿之子。

---

[113] 中注：见荷文版19页。
[114] 《希伯来书》十一7。
[115] 《希伯来书》十一8。

他宁可和上帝的百姓同受苦害，也不愿暂时享受罪中之乐。他看为基督受的凌辱比埃及的财物更宝贵，因他想望所得的赏赐。[116] 以色列百姓借着信，过红海如行干地。埃及人试着要过去，就被吞灭了。以色列人借着信，围绕耶利哥七日，城墙就倒塌了。[117] 保罗借着信，进入异教世界，把十字架福音的旌旗插在文明的中心。基督的教会借着信，在最初几个世纪抵挡住了罗马帝国，并带领欧洲众民顺服基督。马丁路德借着信，高声反对基督公教教会的堕落，使福音的纯洁之光重新照耀。我们的先祖借着信，与基督公教的偶像崇拜和西班牙的暴政斗争了八十年，并赢得了自由的胜利。南非的英雄们借着信，为争取自由和正义，捆绑了强大英国的武器。而且他们至今仍然屹立不倒，令观望的世界惊讶不已。借着信——我又何必再说呢？若要逐一细说其他成千上万人的事，时间就不够了。他们制服了敌国，行了公义，得了应许，堵了狮子的口，灭了烈火的猛势，脱了刀剑的锋刃，软弱变为刚强，争战显出勇敢，打退外邦的全军。[118]

那么，承认历史是信心得胜世界的能力的见证吧！但这样的见证并没有撇开每一种信心的特定历史，也没有把信心仅作为一种心理现象，而不管它的对象、起源和本质；因为有许多种信心。有一种信心来自于人里面，属于世界，向偶像下拜；这只是不信或迷信的一种形式，没有抵挡和胜过世界，而是支持和建立世界。主的使徒约翰只把得胜世界的能力归给与弟兄姐妹一同有份的信心，归给耶稣就是基督、永生上帝的儿子的信念。只有这种确定的、明确的信心才装备好去得胜，因为这种信心主张上帝的儿子**耶稣**就是基督。也就是说，那位历史中的耶稣，由女子所生，生活在 1900 年前的巴勒斯坦，凡事与我们一样，只是没有犯罪。[119] 祂周游四方，传道行善，医治人们的疾病，并舍了自己的生命，挂在羞辱可耻的十字架上。这信心主张，当这位耶稣来到我们中间，在众人眼中不过是

---

[116]《希伯来书》十一24-26。
[117]《希伯来书》十一29-30。
[118]《希伯来书》十一33-34。
[119] 中注：《希伯来书》四15。

一个人，并无佳形美容，也无美貌使我们羡慕祂[120]；尽管如此，祂是上帝的儿子，父的独生子，充充满满的有恩典有真理，按肉体说是众祖先的子孙，也是统管万有、永受赞美的真实上帝。[121] 这信心主张耶稣是基督，并非我们的美德或善行，并非科学或艺术，并非国家或权力，并非天上地下的受造物，而是唯有祂是基督，耶和华的仆人，上帝的受膏者，为我们赎罪的那一位，救世之主，我们最大的先知，我们唯一的大祭司，我们永远的王。

正是透过这一点，透过其内容和对象，信心恰是一种胜过世界的能力。它不只是口头述说，或是对历史事实的理性认同；它乃是稳固的确实性，不可动摇的确信，无法磨灭的自信，不是出于血气，不是出于肉体的意志，也不是出于人意，乃是出于上帝，并借着圣灵在信的人心里运行。这信心是灵魂与中保相连的纽带，灵魂紧紧抓住中保，如同看见未见之事一样。正是这能力，将人从黑暗迁入上帝爱子的国度，并在有诸般不变之实在的世界中，给予他扶持和安息之处。这是人所盼望之物的坚实根基，也是他所未见之事物无可辩驳的证据。[122] 这就是人借此面对全世界而喜乐的勇气："上帝若**帮助**我们，谁能敌挡我们呢？"[123] 正是这种安慰，使人在黑夜中吟唱诗篇，在最可怕的患难中也能使歌声响起：

> 耶和华是我的力量，我的诗歌；祂已成为我的拯救。在义人的帐棚里有欢呼拯救的声音："耶和华的右手施展大能。耶和华的右手高举，耶和华的右手施展大能！"[124]

---

[120] 《以赛亚书》五十三2。
[121] 《罗马书》九5。
[122] 《希伯来书》十一3。
[123] 《罗马书》八31。
[124] 《诗篇》一百一十八14-16。

应许给这信心的得胜

正是在**这**信心中——即对耶稣就是基督的信心——我们才得到所应许和保证的对世界的得胜。

在原则和本质上,信心已经胜过世界。它不仅在其结果和成果上打败世界,而且从一开始就已经胜了世界。相信耶稣是基督,就是所能想到的最简单的事。是有罪的世人单单靠着恩典,得以参与属天的福气、永远的生命并与上帝相和的唯一活泼不息的道路。

但这并不否认我们非常需要接受并操练这种信心,而此信心无人能自行赋予或获得。相信耶稣是基督的真理,要求我们舍己,把我们的肉体并连同它的情欲,都钉在十字架上,使我们的悟性与其意念都顺服基督,看我们所有的义为污秽的衣服,承认自己干犯所有的诫命,放弃我们对任何受造物的盼望,全然承认上帝的公义,并单单恳求祂的恩典!这种信心的阻力是何等大啊!我们里面和外面的一切都与此敌对:我们的悟性与心灵,我们的意志与情感,我们的肉体与血气,我们的名望与地位,我们的金钱与货财,我们的处境与社会,我们里面与外面的整个世界,最重要的是撒但——牠是这世界的主人,这世代的神明,牠迷惑人心。为了相信,就世界而论,我们必须钉在十字架上;就我们而论,世界必须钉在十字架上。

但信心因此不仅胜过世界,还在其源头和本质上胜过世界。信者就已领受新生命。他变成新造的人,从黑暗中蒙召,得见上帝奇妙的光。他不再是世界的子民和臣民,而是从上帝、圣灵、上头生的。他是天国的子民。他的不义蒙赦免,疾病得医治,生命得救,脱离咒诅。他以良善和慈爱为冠冕。谁能控告上帝的选民呢?上帝称他为义了。[125] 谁能定他的罪呢?基督耶稣已经死了,并且复活了,现今在上帝的右边,为我们祈求。谁能使我们与基督的爱隔绝呢?是患难吗,是困苦吗,是逼迫吗,是饥饿吗,是赤身露体吗,是危险吗,

---

[125]《罗马书》八33。

是刀剑吗？但靠着爱我们的主，在这一切的事上，已经得胜有余了。[126]

信徒借着信，首先使自己脱离了世界的强暴。但除此之外，他还以先知、祭司和君王的权柄来掌管世界。毕竟，对耶稣就是基督的信念并非死板的安息；它不会退回到孤立的寂静中；相反，它是活泼的，是一种能力，充满勇气地闯入世界。信心不只是享受，而且做工：它既说也做。信心既见证，也拯救。它既言说，也行动。信心以圣言的力量进攻，也以灵和能力的明证坚立。[127] 凡相信之人不能保持沉默。他们在世界之中发出耶稣就是基督的见证。他们不是传自己的智慧，乃是传那从上头来的智慧，纵然这智慧在世人眼中看为愚拙。他们见证耶稣是基督，没有别的，既不加添，也不删减。这位是基督的耶稣，唯独耶稣，而非金钱或权力，非暴力和胁迫，非名誉和美德，非科学和艺术，是救世主，是唯一者和完全者，是全然充足的救主，没有什么人或事物能与之相提并论。

透过这种见证，信心再一次成为胜过世界的能力，因为世界没有什么可见证的。世界不相信，因此不能做见证。世界不知道圣言的力量。一旦教会将她的认信带入世界，（世界）就会拿起堕落和胁迫、虐待和压迫的武器。这些是世界在与基督教会争战的武器。但信心唯独借自身的见证才刚强。它不辱骂，不发怒，也不追赶。它只是见证，且是稳固、坚定、不可动摇、坚持不懈，直到最后一刻，直到被送到燃烧的火刑柱。信心就像在海浪中屹立不倒的磐石。让世界耀武扬威地拿起所有的武器攻击信心吧！没有任何暴力或胁迫，没有任何火刑架能对抗坚如磐石的信心。它在压迫中得荣耀，在失败中得胜。信心会从死里复活。殉道士的鲜血是教会的种子。[128]

但信心不仅做见证，也做工和行动。信心透过爱而做工。爱是果子，是信心成熟、荣耀、宝贵的果子。凡信耶稣是基督的，就有

---

[126] 《罗马书》八34-35，37。
[127] 《哥林多前书》二4。
[128] 关于荷兰宗教改革背景下这一情愫的特定历史，见Carter Lindberg, "The Blood of the Martyrs: The Reformation in the Netherlands," in *The European Reformations* (Oxford: Wiley Blackwell, 2010), 282–292.

上帝的爱，因此爱那生他之上帝。没有爱的，就不认识上帝。因为上帝就是爱。[129] 凡信的，必爱从上帝生的，就是信耶稣名的人。我们因为爱弟兄，就晓得是已经出死入生了。没有爱心的，仍住在死中。信的人爱上帝的诫命，因为我们遵守祂的诫命，这就是爱祂了，并且祂的诫命不是难守的，都是因爱而成全的。

而且透过这爱，信心也是一种得胜世界的能力。因为这世界不知道爱的奥秘，就恨耶稣和祂的父，并恨凡从基督领受圣父之圣言的人，因为他们不属世界。但基督的教会若按着她主人的命令和要求爱仇敌，就大有能力。咒诅教会的，要为他祝福。恨恶教会的，要向他行善。极力逼迫教会的，要为他祷告。爱比死更坚强，爱除去一切惧怕，凡事包容，凡事相信，凡事盼望，凡事忍耐，爱是永不止息。

然而，这得胜世界的信心，全然不是从自身获取信心，而是唯独从基督。因此，这就是对世界完全的胜利，因为这是对基督、圣父的受膏者的信心。一切都指向祂。一切都依靠祂；祂是信心的内容和对象，也是信心的赐予者和维持者，且是信心的创始成终者。我们在信心种坦白认信，祂、唯有祂胜过了世界。祂已经得胜。祂在未死**之先**就对门徒说："在世上你们有苦难。但你们可以放心，我已经胜了世界。"[130] 祂透过受死的苦胜过了世界，在自己的死中胜过了世界。祂透过十字架胜过了有能的和有位的。祂昂首而出，为要得胜。现在，祂从天上，在祂父的右边，透过祂教会的信心胜过世界。教会是祂的军队，是祂从上头藉恩赐和能力、真理的束腰带、公义的护心镜、信心的盾牌、救恩的头盔与圣灵的宝剑而预备的。[131] 在末后的日子，祂将得胜，因为祂必定作王掌权，直到祂所有仇敌都作了祂的脚凳。然后，在世代的末了，当祂发现世上几乎没有信心的时候，祂将亲自施行最后一击，制服祂所有的仇敌。那时，万膝要在祂面前跪拜，万口要承认祂是主，使荣耀归与父神。

---

[129] 《约翰壹书》四8。
[130] 《约翰福音》十六33。
[131] 《以弗所书》六14，16—17。

*

弟兄姐妹们,你们有这样的信心吗?你们知道这信心奇妙的、得胜世界的能力吗?你们承受信徒的名,但你们真的与所蒙的召相称吗?保罗劝勉哥林多教会:"你们应当自己省察,看你们有信心没有;省察自己!你们若不是可弃绝的,就有基督在你们心里吗?"[132]每一个与世界和好且尚未与之争战的人,都是一种应当弃绝的失败。人若爱世界,爱父的心就不在他里面了。凡与世俗为友的,就是与上帝为敌。[133]

与世界的争战确实可怕而艰难。这是一场与肉体和血气、思想和试探的争战。但这是一场良善高尚的争战。地上各族各国之间发生了许多战争。他们中的一些人,虽然远不是全部,甚至不是大多数,但仍然有一些人,尽管有各样的痛苦和遗憾,仍是高贵和伟大的。为妇女和儿童、为家庭和家族、为君王和国家、为自由和正义而战,是崇高而伟大的。我们先辈的战斗是崇高而伟大的。这两个南非共和国的战争都是高尚而伟大的;愿上帝赐福他们的武器,并迅速带领他们走向完全的胜利!但是,无论某些战争多么崇高和伟大,它们都只是为了这种正义或那种正义,当然是神圣的正义,但仍然是为了有限的正义和自由。

但这里有另一场完全是为了正义的战斗,为上帝的正义、在原则和本质上就是为正义本身的、为完全的自由、为可能临到人身上至高至圣的良善而战。这是人类最高尚、最美丽、最光荣的战斗。这是一场与世界的争战,与世界上一切事物的争战,与我们自己的争战,与我们的金钱和产业的争战,与一切肉体的情欲、眼目的情欲与今生的骄傲的争战。[134]

这也是为我们自己的救恩、我们灵魂的救恩、属天的基业、为义的冠冕的争战,就是公义的审判官要赐给一切打过美好之仗、跑

---

[132]《哥林多后书》十三5。
[133]《雅各书》四4。
[134]《约翰壹书》二16。

完当跑之路的人。这是为正义、真理、自由、基督和祂的国度、上帝之名的荣耀和祂一切美德的荣耀而战。

愿我们靠着主的大能，靠着信心的能力，接受这场争战，开始战斗，并坚持到底。除了对耶稣是基督的信心，没有别的武器能加强和操练我们的信心。我们自身毫无能力，天上地上一切受造物都毫无能力。但是耶稣，马利亚的儿子，圣父的独生子，是犹大支派的勇士，藉着祂的十字架胜过了世界！我们进入到祂的工作中，倚靠祂的胜利，领受祂的功德！

那么胜利就是我们的，因为胜过世界的就是我们的信心。这世上已经进行了许多战争，虽是为自由和正义而战，却以失败和屈服而告终。但在这场争战中，胜利已确定无疑。基督被高举在父的右边，祂是这一切的保证。在上帝的圣山锡安上，祂已经受膏为王。列邦已经赐给祂为业，地极已经赐给祂为产业。末后祂要在烈火中降临，刑罚那不认识上帝和那不听从我们主耶稣福音的人。[135] 并要在祂圣徒的身上得荣耀，在一切信的人身上显为希奇。[136] 主耶稣啊，愿祢快来！

阿们！

---

[135]《帖撒罗尼迦后书》一8。
[136]《帖撒罗尼迦后书》一10。

4. 论美国的讲道[137]

关于宗教生活，毫无疑问，（美国的道德主义、乐观主义、自然神论和经验主导的文化）导致了严重的肤浅。罪与恩典的对比被弱化了。重生和圣灵的工作被掩盖。讲道多数涉及道德。拣选和称义，整个宗教元素，要么欠缺，要么就是完全缺失。讲道不是解开上帝的圣言并以此圣言来牧养。相反，讲道是一篇演讲，而经文只是一个挂钩。宗教生活就其整体而言，有一种不同于我们自己宗教生活的特质。宗教并未掌管人，而是人掌管宗教，正如他们掌管艺术和科学一样。宗教成了娱乐和放松。教堂建筑使这一点昭然若揭。这些教堂有许多地方要优于我们的教堂：舒适、惬意，冬天很温暖，没有讲坛。但问题是，它们无需进行任何改变就可以作为剧院来使用。色彩淡雅，铺着红地毯，愉悦、活泼，让人耳目一新，这与我们欧洲教堂的郑重、庄严、阴郁、严肃的（特性）恰恰相反。教堂如此，宗教亦然。在那里，宗教是一种娱乐。牧师是最受欢迎的人。

---

[137] 摘自 Herman Bavinck, "Mijne reis naar Amerika" (unpublished, H. Bavinck Archive, no. 346, box 64)。这本书后来出版为：*Mijne reis naar Amerika*, ed. George Harinck (Barneveld: Uitgeverij Vuurbaak, 1998)。该书英译本也已出版："My Journey to America," ed. George Harinck, trans. James Eglinton, *Dutch Crossing: Journal of Low Countries Studies* 41:2 (2017): 180–193。

他知道如何以最让人兴奋的方式说话（简短、多变、生动、戏剧性：帕克牧师[138]，潘克赫斯特牧师[139]，塔马格牧师[140]）：热情洋溢但虚浮浅薄，令人愉快，以幽默点缀。讲道中穿插着歌曲、诗班、独唱、声乐和器乐。这样一来，"教会"的概念几乎完全消失。教会是宗教团体。会友的出生与去世并不算数。参加圣餐的人数才算数。那里有许多教派和教会联会，而"教会"的概念消失殆尽。那里没有**这间**教会（the church）。这里没有国教。所有（教会）都是平等的。因此，个人主义也统治了教会领域。

但与此相反，有人会说：美国宗教生活缺乏深度，胜在广度。我们这里会有的信与不信的区别，在那里无人知晓。（我们以令人惊骇的方式专注于原则，以至于忘记了实践。）确实有不信者，但他们没有被组织起来；他们在自己的党派中不为人所知。民主党和共和党处理问题完全无关于信和不信。这场战争缺乏根本性的、恶意的元素。他们不否认彼此的救恩和天堂。在荷兰，反对抗革命党（反对凯波尔博士[141]）、反对范普林斯特勒[142]、反对自由的基督教学校，直接被视为反对上帝、基督和《圣经》。但在美国并非如此。有些基督徒是共和党人，有些基督徒是民主党人。支持和反对公立学校的人并存。支持和反对自由贸易的人皆有。这一切都在"基督徒"之外。"基督徒"进路在某种程度上是一种二元论的方式（神学不在大学里讲授；科学与信仰分离），紧挨着这世界的所有其他

---

[138] 约珥·帕克（Joel Parker, 1799-1873），长老会牧师，纽约著名的奋兴布道家。

[139] 查尔斯·亨利·潘克赫斯特（Charles Henry Pankhurst, 1842-1933），长老会牧师，社会改革家。他1892年在纽约的布道批判警察的腐败，之后声名鹊起。

[140] 托马斯·德·威特·塔马格（Tomas De Witt Talmage, 1832-1902），纽约著名长老会牧师。

[141] 亚伯拉罕·凯波尔（Abraham Kuyper, 1837-1920），抗革命党领袖，阿姆斯特丹自由大学的建立者，改革宗牧师。

[142] 纪尧姆·格伦·范普林斯特勒（Guillaume Groen van Prinsterer, 1801-1876），法学家、古典学家、政治家、时事评论家（publicist）。他是荷兰抗革命党运动之父。

领域。这些或多或少都受到基督教信仰的影响，并被其塑造。美国仍然是一个模糊意义上的基督教国家。在小学里，祷告仍然是一种习惯，人们仍然阅读《圣经》。安息日和教会节日得到举国庆祝，并在繁华的城市得到认可。政府发布祷告日和感恩日。10月9日至12日举行的哥伦布庆祝活动（Columbus Celebration）以教堂中的感恩游行开场。没有哪个自由党系统地遵循法国大革命的原则，并与信仰斗争。正统的基督徒在荷兰是贱民、局外人和未开化的人，但在美国不然。人们在大街上屏息聆听福音布道。在那里，人们不像荷兰的群氓那样讥讽和嘲笑。多伦多[143]的长老会联盟（Presbyterian Alliance）代表们不仅受到隆重接待，而且还受到市长和州长的款待。人们对教会和宗教事务的兴趣非常浓厚。主日学校、国内外宣教，以及上帝国度里的各种工作，都获得一种不同于这里的关注度。它们是活在内心和口中的议题。长老会联盟的会议有很多人参加，持续八天。当谈到宣教时，演讲者必须在两个教堂发言。1200名妇女参加了妇女宣教协会的活动。如果富有家庭的儿子成为宣教士，这是一种荣誉。一位非常著名的女士就希望她的独子能致力于此。青年男女对宣教的兴趣也不遑多让。现在有一个"基督徒奋进社"（Christian Endeavor Society）的协会，开始时规模很小，但现在已经遍及整个英语世界，要求成员时时处处都作基督徒，并且要参加协会所组织的祷告会。英语世界为异教徒而活，支持宣教士。英语世界把整个外邦世界放在心里。在这方面，阿民念主义的教会和卫理公会也不遑多让。这其中有许多问题。但是，我们最好把其中的优点发扬光大，学习效法，而不是简单地论断一切。尤其是学生，他们的道德水平远高于欧洲大学生。这与其整个塑造原则一致。大学不在大城市，而是在偏远的小地方。这些地方形成了科学殖民地。学生们住在一个或多个大型建筑中，并受到监督。每所学校都附有一个小教堂。每天都有聚会、祷告会、读经、唱诗、祷告、短讲。他们被当作学生，而不是老爷，并接受特别实践性的塑造。他们的

---

[143] 巴文克访问北美期间，也经过加拿大。

宗教和道德敏感性得到培养。酗酒和情欲不为人知。生活方式是清醒和健康的。

看到这么多好的层面，你就会避开批评。愿美国基督教按照自己的规律发展。上帝赋予美国崇高而伟大的呼召。愿美国以自己的方式为之奋斗。毕竟，加尔文主义不是唯一的真理！

5. 论语言[144]

有意识的属灵生命只有主体自身才能有幸触及；因为除了在人里头的灵，谁知道人的事呢？（林前二 11）。（自我）意识是一个与他人完全隔绝的世界；除了上帝，没有人能在没有或违背他人意志的情况下进入那个人的意识中（诗一百三十九 2）。为了让自己被人所了解，为了向别人显明自己的私密、隐藏的生命，人需要一个中间地带。灵魂的私密生活可以通过不同方式、借不同符号而显明。一般而言，并在最广泛的意义上，语言是符号的完全，而人是透过这些符号表明他的思想。因此，在这个意义上，有多少种符号就有多少种语言。有借助乐器、旗帜、灯光、火把的信号语言；有色彩和花朵的语言；还有一种面相、手势、肌肉和肌腱运动和完全随机的身体各部分的语言，由情感和欲望发动，是灵魂内在生活的一面镜子。最后，还有一种声音的语言，是指向耳朵的，或为清楚表达或为未清楚表达的语言。未清楚表达的语言就是喊叫的语言，特别属于动物。动物有独特的意识、记忆和某种了解能力；但它们

---

[144] 本文原标题为《语言》（De taal），见Herman Bavinck, *Beginselen der psychologie* (Kampen: J. H. Bos, 1897), 120–25. 虽然本文没有直接讨论讲道，但作为巴文克《口才》补充阅读，仍有益处。

的表征（representations）仍然是具体的、独立的和个别的。他们不能抽象地思考，也不能形成一般的概念，因此无法为这些一般概念找到符号。也就是说，他们不能给词语或名字带来一般的概念。语言是人类和动物之间的分界河。[145]

在狭义上，语言是以清楚的声音自由表达思想。语言预设了人类具备更高的知识能力、理性和思考的本性；诚然，就是人的灵的一切不同活动。它预设人有接受感觉和印象的能力，以及透过这些而受影响的能力。它预设我们有用以保存表征的记忆力，有唤醒知觉的想象力，有形成抽象概念的悟性，诸如此类。思想（理性）和语言之间有密切联系。有些人甚至断言，思考和说话是一回事。所谓的传统主义者（Traditionlists），即波纳德（de Bonald）[146]、拉梅内（Lamennais）[147]、博坦（Bautain）[148]判定，个人不能靠自己发现更高的真理，而必须从外部与他分享真理，并且要通过话语来分享。这个人必须先听到话语，然后接受思想。同样，孩子没有内在的知识，也不会创造语言；相反，他是从父母和老师那里接收语言，他用这种语言领受思想和真理，正如亚当听从上帝，为要从上帝那里领受语言和启示一样。语言是真理的载体，是人类伟大而光荣的传统。[149]

最近，哲学家们普遍接受了思考和说话是一体的这种观念（尽管是以另一种形式并出于其他原因）。思考本身就是说话，说话就

---

[145] Max Müller, *Vorlesungen über die Wissenschaf der Sprache*, I Serie, 3rd ed. (Leipzig: J. Klinkhardt, 1875), S. 16, 416, 421. 另见Herman Bavinck, *Reformed Dogmatics: Prolegomena*, ed. John Bolt, trans. John Vriend (Grand Rapids: Baker Academic, 2003), 377。

[146] 波纳德（Louis Gabriel Ambroise, Vicomte de Bonald, 1754–1840）法国传统主义学派的反对法国大革命的作家。波纳德认为："一个人在说出他的想法之前，会思考他的话。"（L'homme pense sa parole avant de parler sa pensée）

[147] 拉梅内（Hugues-Félicité Robert de Lamennais, 1782–1854），法国基督公教神父和哲学界。

[148] 博坦（Louis Eugène Marie Bautain, 1796–1867），法国神学家和哲学家。

[149] Albert Stöckl, *Lehrbuch der Philosophie*, 6th ed. I (Mainz: F. Kirchheim, 1887), S. 406; Paul Janet, *Traité élémentaire de philosophie: à l'usage des classes* (Paris: Delagrave, 1889).

是出声的思考；很多人在思考的时候都要大声说出来。思考与说话，理性与语言，不可分割地属于彼此。两者是同一，就像同一枚硬币的两面。正如不存在没有话语的概念一样，也不存在没有概念的话语。没有语言的思考是不可能的。从逻辑上讲，话语关系到思想，语言在思考之先；语言是塑造人成为一个思考性存有过程中的首要中间地段。[150]

但是，对于这种思想与说话、理性与语言、概念与话语的合并，有许多反对意见。两者之间无疑有密切联系，但联系并不等于等同。聋哑人不用语言也能表达概念和思想。虽然他们从别人那里接受了这些概念和思想，虽然他们也用符号重复这些概念，但话语和概念之间并没有这样一种不可分割的联系。如果思想和说话是一体，后者与前者之间乃唇亡齿寒，那么许多语言的出现就无法解释。说话的能力确实是天生的，但语言并非如此：我们了解事物，然后用不同的话语和语言赋予形式。思想和概念是一样的，但是话语不同。话语甚至可能完全被遗忘，但思想得以保存，并以其他符号表达出来，例如数字五可以用五个手指来表示。此外，经验告诉我们，人内心的想法不需要话语也可以存在。所代表的事物和事物的符号是不一样的。我们经常有一个表征，一个概念，一个想法，于是寻找话语。据说，如果缺乏话语，我们就很难清楚明白地回忆起思想。确实，话语支撑并澄清了思想，一个人对事物了解得越好，也就能说得越好。尽管如此，奥古斯丁说言之成理，一个人不能说他不知道的，但能知道他不能说的。我们的思想常常落后于（手头）的问题，我们的话语（更加）落后于我们的思想。[151]

---

[150] Max Müller, *Das Denken im Lichte der Sprache* (Leipzig: Engelmann, 1888), S. 70–115.
[151] 比较Teodor Gangauf, *Des h. Augustinus speculative Lehre von Gott dem Dreieinigen* (Augsburg: Schmidt, 1883), S. 138–140. 另外，关于思想与说话的关系，见Benno Erdmann, *Die psychol. Grundlagen der Beziehung zw. Sprechen und Denken*. Archiv für systemat. Philos. herausg. Von Natorp. Neue Folge der Philos. Monatshefte II (1896), S. 355–56 (1897), S. 31–32, 150–151, Friedrich Jodl, *Lehrbuch der Psychologie* (Stuttgart: J. G. Cotta'sche Buchhandlung Nachfolger GmbH., 1903), 564–565.

最后，思想和说话之间有一种自然联系的迹象，无疑与"语言是人为创造出来、并通过约定俗成而存在"的观点相矛盾。有些名称和专业术语也许如此，正如音符、速记符号和聋哑人的手语是人为设置的一样。但是语言本身并非人为设置、约定俗成的产物。以这种方式发明的语言——例如沃拉普克语（Volapük）[152]——会缺乏人类思想的根源，终将与所有生活和诗歌隔绝，因而从一开始就注定失败。真实、活泼的语言不是大型人工机器（Machwerk）[153]。它是思想自发自由的表达，是人类高贵的标志，是人类理性的证明和印记。尽管如此，从另一方面来说，思想和话语之间的联系并非那么紧密，以至于某个特定的声音是某个特定思想物理上所必需的、唯一可能的表达。语言不是通过约定而产生的，也不是人类意志的产物；语言也不是自然的产物，像植物一样生长和枯萎。语言来自于思考，因此在本性上是逻辑的，而非物理的。语言不是人的创造，但也不像树那样生长。语言的诞生，就像一件艺术品从艺术家的灵魂中诞生。因此，有各种语言依赖生理条件，但语言本身受制于与自然律（laws）不同的律。语言有其自身性质和特点。

这种与语言相关的特殊性质包含了其起源的一些细节。洛克（Locke）[154]、亚当·斯密（Adam Smith）[155]和上个世纪的许多人认为，语言是通过约定而存在。这种观点已经过时了，现在没有人支持。赫尔德（Herder）[156]和斯坦因塔尔（Steinthal）[157]的语言拟声推理

---

[152] 沃拉普克语（Volapük）是一种辅助语言，由德国基督公教神父约翰·马丁·施莱尔（Johann Martin Schleyer）于1879-1880年所创。施莱尔宣称上帝指示他创造一种国际语言。目前估计约有二十个人使用这种语言。见Johann Martin Schleyer, Alfred Kirchhoff, Klas August Linderfelt, *Volapük: Easy Method of Acquiring the Universal Language* (C. N. Caspar, 1888).

[153] 在这里，巴文克使用德文术语Machwerk，这个词在荷文（或英文）中没有直接译名。这个词用来指一种人工粗制滥造的大型物件。

[154] 约翰·洛克（John Locke, 1632–1704）英国哲学家，人们通常称他为经典自由主义之父。

[155] 亚当·斯密（Adam Smith, 1723–90），苏格兰道德哲学家。

[156] 约翰·戈特弗里德·冯·赫尔德（Johann Gottfried von Herder, 1744–1803），德国哲学家。赫尔德主张语言决定思想。

[157] 赫尔曼·斯坦因塔尔（Hermann Steinthal, 1823–1899），德国文献学家。

（onomatopoeic inference），即"波喔"理论（Bauwau theory），必定遭遇如下反对，即每种语言的拟声词都很少，而且并无成效。孔狄亚克（Condillac）[158]的感叹声理论（interjectional theory），即"噗噗"理论（Pah-pah theory），不被接受也是基于同样的原因：当感叹词停止时，语言首度开始。达尔文主义允许语言从自然的叫声发展而来，并不寻求基于思考的语言，而是主张思考是从语言而来。但是，有一点需要反驳：自然的呼喊仍然不是一种语言，也不能引发语言，人不是通过语言变成人，而是为了形成语言，必须已经是人。比较语言学还告诉我们，可追溯的语言根源并不是拟声、感叹声、自然的叫唤或具体的名称；相反，它们是抽象的。普遍的首先出现，具体的事物随之得以命名。按事物的性质予以命名是人性的标志。[159] 人类关心语言；不管怎样，思考先于按逻辑次序的发言。

只要研究得足够深入，自然就会以这种方式指向语言，正如宗教和敬虔回指一个绝对的开端一样。没有语言，哪怕只有一秒钟，人也不堪设想，而语言已经预设了人。因此，第一个人不可能来自动物；否则，就不会有第一个人。[160] 第一个人也不能被认为是一个无助、未被解放的孩童，因为那种情况下，如果没有超自然的帮助，他就一天也无法存活。因此，我们必须认定，按照《圣经》而言，第一个人是作为成人的形式被造的，具有知识和思想的能力。上帝并不像传统主义者所提倡的那样，以外在和机械的方式上与第一个人共享语言。然而，在按上帝形像被造的人里面，立刻就有了一切能力和气禀，让他足以服侍上帝，遵守祂的律法，认识事物，并按事物的特性予以命名。无法肯定的是，为何一个特定概念现在由一个特定声音来代表。马克斯·缪勒（Max Müller）认为，每个物体都发出自己的声音；例如，黄金的声响不同于铜。这（还有其他方面）唤醒并影响人类，让他以自己的方式作出回应，必须给出答案，即

---

[158] 孔狄亚克（Étienne Bonnot de Condillac, 1714–1780），法国哲学家。
[159] Max Müller, *Vorlesungen über die Wissenschaf der Sprache* I, 425–426.
[160] 这句话的意思是，如果第一个人来自动物，它将一直是一个动物，而不能成为一个人。

"叮咚"理论（Ding-dong theory）。但是，语言的出现当然不是如此完美和本能性。它不能纯粹基于反应性的运动来确立。原始根源都是抽象的，指向思考、对话和回复。语言不是作为 φυσις（自然），而是作为 λογῳ（话语）而产生。它最终在于那位创造万有——精神和物质，灵魂和肉体，主体和客体，思想和语言，概念和文字——并使之彼此联系的**逻各斯**。[161]

---

[161] 关于语言的起源，请比较 Max Müller, *Vorlesungen über die Wissenschaf der Sprache* I, 408–468; 以及 Alexander Giesswein, *Die Hauptprobleme der Sprachwissenschaf* (Freiburg: Herder, 1892), S. 140–41。

第二部分
以颂赞为祭献上：
获准领受圣餐前后的静思默想

牛泓 译

De Offerande des Lofs
door Dr. H. Bavinck. ✵ ✵ ✵ ✵ ✵

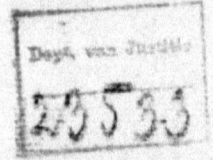

FRED. H. VERSCHOOR. ● ● ●
'S-GRAVENHAGE. ● ● ● ● ●

英译本引言

在不到一年的时间里,三位忠实捍卫并学术性地解释加尔文主义的学者先后离世。凯波尔、华菲德和巴文克相继走完了他们的尘世之旅。他们歇了自己崇高的工作,并进入了安息。尽管大洋阻隔了这位美国神学家与他在欧陆的这两位受人景仰的同事,但他们三人在盼望、教义和爱心上同归于一。加尔文主义不限于任何一个国家和语言。因着这些被智慧和悟性之灵所充满之人的离世,教会经受了严重、甚至是无法挽回的损失。当天空中最亮的星停止发光时,天空就变得不再明亮,黑暗袭来的恐惧自然就会笼罩我们。

然而,此等忧伤的恐惧必不能得胜,因为我们有那永不废去的上帝的圣言。我们可以倚靠那住在耶稣基督教会之中永远同在的圣灵。并且,这些深深影响我们的属上帝之人为我们留下了其价难估的遗产。他们虽然死了,却仍旧说话。有关他们的记载不仅能制造出与本人相似的声音,并且对所有爱慕先贤之信的人来说,它们就如同音乐一般动听。

我们对上帝及人的首要责任,就是保存这些思想巨擘们的无价著作。因着上帝仁慈的护理,这些伟大神学家的著作不仅被保存下来,并且还被翻译出版。考虑到我们教会当代年轻人,将优质的荷文著作翻译成英文版的必要性是显而易见的。当前的处境以令人震惊的方式揭示了这样一个事实：我们只有少数年轻人能欣赏用我们古老的母语所写的著作。然而，当务之急乃是，改革宗信仰的基要原则要在他们的心灵和生命中得到一个永固的位置。因此，有必要将这古老伟大的真理翻译成他们能够理解的语言。

值得欣慰的是，这些卓越的神学家不仅完全没有把自己局限于为教牧事工创作专业著作，并且也为我们留下了一颗颗小巧的珠宝，直接吸引教会的平信徒。已有成千上万的信徒阅读过凯波尔的《与上帝亲近》(*To Be Near Unto God*)和华菲德的《世人的救主》(*The Savior of the World*)。同样，由基督教改革宗教会（Christian Reformed Church）的约翰·道尔芬牧师所译的巴文克博士的《以颂赞为祭献上》，也受到了热烈欢迎。因此，我们一点也不为如今这第二版的需求感到惊讶。只要年轻人认信基督是他们的主和救主，人们就总会需要此类书。

将经谨慎修订的第二版《以颂赞为祭献上》交付于教会，尤其是美国的改革宗教会，这对我们来说是一项既让我们谦卑又让我们感到快乐的任务。我们个人相信，因着上帝的恩典，赫尔曼·巴文克博士是近代改革宗神学王子，因此我们得以欢欣鼓舞地从事此书翻译。巴文克博士因着深刻思想和严谨研究，显然列于上述提及的三人之首。他的学术成就实属罕见，他的《改革宗教理学》及其他著作中大量的旁征博引充分体现了这一点。

本书极具实践性，正如全书12章的标题所表明的，其主题为"认信"（confession）。我们可以毫不犹豫地说，在实际教会生活中，对"认信基督"这件事仍有相当多的误解。牧师和长老们常常听到这样的问题：公开认信真的有必要吗？我为何要如此行呢？认信基督到底意味着什么？洗礼和圣餐之间到底有何关系？上帝是否要求个人应当要与教会联合？一个真诚的认信者可以盼望什么奖赏呢？本书的作者用平实且合乎《圣经》的语言回答了诸如此类的问题。在整本书中，恩典之约（Covenant of Grace）的基本意义及其伴随的应许、条件和祝福都被清楚地阐述出来。总而言之，《以颂赞为祭献上》是一篇关于认信基督的杰作，对于那些想要与基督教会联合之人，以及其中完全相交的肢体，本书既能给他们教导，又带给他们安慰。由于本书的独特性，堂会长执会应当努力大量地购置此书，并提供给每一个在他们面前认信之人。

愿圣灵伴随此书完成它的使命，使我们受洗的青年男女得以"常常以颂赞为祭献给上帝"。

约翰·博芬柯克（John Bovenkerk）
密歇根州马斯基根市（Muskegon）
第一改革宗教会牧师
1921 年 12 月 15 日

作者序[1]

《获准领受圣餐前后的静思默想》的广受好评超过了作者和出版社的预期。内容充实的初版在问世后四周内就售罄。如今出版的第二版在设计上更简易，价格更低，但是在内容上并无任何更改。

请容我在此稍做简述，正如读者立刻可以领悟的，本书的标题取自《希伯来书》十三 15。这位使徒勉励他的同道基督徒："我们应当靠着耶稣，常常以颂赞为祭献给上帝，这就是那承认主名之人嘴唇的果子。"旧约时期的义人被规定在特定的节日献祭。不同于他们，新约时期的信徒拥有珍贵的特权，可以随时向上帝献上他们的祭。他们可以如此行，因为他们透过基督献上这些祭；基督透过祂一次就完全的献祭，使祂的百姓成圣并蒙训诲。他们可以如此行，因为他们的献祭不再在于宰杀动物和流血，而是向上帝敬拜并感谢祂在基督里赐给他们的丰盛祝福。因此，他们的生命理应是借着认信主名而持续献上颂赞之祭。靠着主的灵，愿这些静思默想有益于众人！

---

[1] 中注：作者序由编者译自荷文版第二版。本书参考的荷文原版是第十版：Herman Bavinck, *De offerande des lofs: overdenkingen vóór en na de toelating tot het heilige avondmaal* (Kampen: J. H. Kok, 1920)。

本书第五版经过了仔细修改，并且在多处稍微扩充论述。在先前四版中，第二章内容的论述有些宽泛，因此现分为两章。捎带提及，本书的内容和范围未做任何改变。

赫尔曼·巴文克

1907 年 2 月

阿姆斯特丹

1. 认信的根基

> 我要与你并你世世代代的后裔坚立我的约，作永远的约，是要作你和你后裔的神。
>
> 《创世记》十七7

恩典之约因着上帝的永恒慈爱而稳固坚立，不可动摇。在人类堕落之前所立的第一个约当中，上帝以对顺服的要求和命令而就近人，并应许他只有在完全满足律法之后，才能获得永生和属天的救恩。因此，这第一个约就与人的意志和行为有关，它部分地依赖于人，从而是不确定的和可破坏的。

然而，上帝给夏娃的应许首次宣告了恩典之约，其根基和保证唯独在于上帝恩惠的定旨（counsel）。尽管"约"这个词并未出现在该应许中，但该词所涵盖的实质全部体现在其中。如此，在人透过犯罪与撒旦立下友谊之约之前，上帝进行了干涉，在作为犯罪后果的友谊中埋下了敌意，并藉着女人的那位后裔带领人再次归向了祂。因此，恩典之约全部源于上帝，是祂亲自使之发生。这样，恩典之约就不倚赖于人，也绝不以任何方式倚赖他的意志和行为。它是永恒、不变且不可动摇，就如同上帝自己。"大山可以挪开，小

山可以迁移；但我的慈爱必不离开你；我平安的约也不迁移。这是怜恤你的耶和华说的。"（赛五十四10）

在此约中，上帝是首先和末后，是始和终，是阿拉法和俄梅戛。它以最为美妙的方式维持着上帝在整个救赎之工中的绝对主权，因为自始至终，人对此约都不能增添丝毫。具体而言，救赎是一项神圣工作，是父、子和圣灵的工作。毫无任何夸口，尊荣与荣耀全部并唯独归于上帝；祂不仅是万物的创造主，也是他们的再造之主。因此，它是一个恩典之约，是纯粹恩典之约。此约源于恩典的神圣美德，它的终极目的在于使恩典得着荣耀。正是上帝设立了这井然有序的永恒之约，祂接纳因罪与祂隔绝的罪人进入此约。上帝使人得以有份于此约一切的益处，使人得以行在此约当中，并藉着它使人进入属天的荣耀。

恩典之约的稳固性是《圣经》多次以圣约（testament）将它启示给我们的原因。[2] 它不是一个相互的合约，亦非二人在经过深思熟虑之后同意达成的协议。恩典之约是上帝所设立的，是上帝的计划，是在基督里的恩赐。"我将国赐给你们，正如我父赐给我一样。"（路二十二29）如此，凭藉着圣约，恩典之约的神圣祝福以最终自由的分配方法，以产业的形式，在我们意志之外临到了我们。它是至为宝贵、至为完全的恩赐，从上头赐给我们，由众光之父降下，在祂没有改变，也没有转动的影儿（雅一17）。

现在，让我们来看构成这白白的永恒之约的内容是哪些诸般的福气。这些福气共同组成了一个丰盛的属灵和属物的、属天和属地的、永恒和暂时的祝福。救恩的丰盛、万福的泉源和生命的源头在此约中向人揭开和显明。一个恩典为另一个恩典做预备，并且随之也被新的恩典所取代。我们从基督的丰盛中领受了恩典，并且恩上加恩（约一16）。

人在此约中首先领受的就是属灵的益处。因为基督在万有之先，且在万有之上，祂降临世上，为要寻找拯救失丧的人（路十九10；

---

[2] 中注：Testament另可译作"遗命"。

参 西一 15-23）。基督没有以社会改革家的身份和群众政治领袖的身份出现，也没有以艺术家或哲学家的身份现身。祂乃是以救主的身份出现；救主是祂的名，也是祂的职分。为此，父以祂的灵膏抹祂，叫祂传好信息给谦卑的人，差遣祂医好伤心的人，报告被掳的得释放，被囚的出监牢，报告耶和华的恩年（赛六十一 1-2）。

因此，属灵的祝福首先是由我们主耶稣基督在天上的父赐给教会的。在与基督的相交中，信徒得以有份于赦罪与重生、信心与归信、成圣与恒忍。他们的意识（consciousness）和存有，他们的状态和态度，都被基督的灵所更新。藉着住在他们里面的灵，他们成为了不一样的人；他们不是从下面，乃是从上面生的。他们从上帝而生，祂接纳他们为祂的儿女，并命定他们得着属天的产业。对他们而言，旧事已过。看哪，万事都变成新的了（林后五 17）。

然而，这些属灵的永恒祝福也伴随着属地的暂时祝福。天与地、精神与物质、灵魂与身体是如此确切地紧密联合，以至于不可能绝对区分它们。在旧约预言所启示的关乎未来的荣耀图景中，我们不仅看到以色列将成为一个圣洁的国度，而且看到主聘她归自己为妻直到永远，祂也要洗净他们一切的污秽，并赐给他们一颗新心。在这幅图景中我们还看到，在出自大卫之家的和平之君的治理下，以色列将要安然居住，享受超越过往的丰盛并土地的非凡成果。

因此，新约也将属肉身的祝福与属灵的祝福联合起来。毫无疑问，重点在于后者。人们必须先求上帝的国和祂的义，并且这国度已降临在地上，成了那些相信基督福音并以一颗真诚痛悔的心回转归向上帝之人的产业和他们杯中的份（太六 33；诗十六 5）。因为这国度首先是建立在人心中的，并且不在乎吃喝，只在乎藉着圣灵而来的公义、喜乐与和平（罗十四 7）。

然而，寻求并发现这国度如同发现重价珠宝之人，随后也领受了其他祝福。这等人不需要再为明日忧虑，好像外邦人一样忧虑地问吃什么、喝什么、穿什么。因为他需用的这一切东西，他的天父是知道的（太六 25-32）。祂既不爱惜自己的儿子，为我们这些罪人舍了，也必将万物同祂一起赐给我们（罗八32）。我们的头发都被数过了，我们的食物和水都有保证（路十二7）。无疑，任何想要跟随耶稣的人必须舍弃一切。然而，就是在当下，在今生，他又有父亲和母亲、兄弟和姐妹、朋友和土地，甚至在来生还有永恒的生命。敬虔加上知足的心便是大利了，这对凡事都有益处，因有今生和来生的应许（提前四8；六6）。

恩典之约中所有的这些益处全都联于那一个伟大的应许，就是上帝要做我们的上帝和我们后裔的上帝。救恩的宣告始于这一个应许，即在人堕落之后，上帝再一次寻找他，藉着在其中置入敌意而打破人与撒旦之间合约性的友谊，并再一次接纳人进入与祂的相交和团契中。这一应许位于上帝与亚伯拉罕所立之约的初始，其光芒照射在以色列人所领受的律法之上，并且组成了旧约时代恩典之约时代（dispensation）的主要内容。甚至在缺乏与需要、艰难与愁苦中，敬虔之人也得以在这一应许中发现他们的喜乐和安慰。除上帝以外，他们在天上还有谁呢？除上帝以外，在地上他们也没有所爱慕的。祂是他们心里的力量，又是他们的福分，直到永远（诗七十三25-26）。当以色列人离弃上帝时，这仍是他们的安慰。即便如此，上帝依旧是他们的上帝，祂要再一次从他们被分散的各地召聚他们，并要在末后的日子与他们建立新约。在这新约中，他们要做祂的子民，祂要做他们的神（耶三十22；三十二28；林后六16）。

并且这一应许延续到了新约。它在基督里得到了应验。这位基督经受了最为可怕的试验、最为严厉的试探、客西马尼园的挣扎和十字架上的受苦，仍然站立得稳；因为上帝是祂的上帝，祂是上帝的爱子。这一应许也正在教会中被应验。教会已经进入以色列的家中，在以马内利（上帝与我们同在）中得荣耀，且被接纳为祂的百姓。当新耶路撒冷从天而降，当上帝的帐幕在人间，当祂与祂的百姓同住之时，这一应许必将完全应验。

与上帝相比，有何礼物比祂大呢？除上帝自己和祂诸般的美德与圆性（perfections），祂的恩典与智慧、公义与权能以及不变与信实以外，祂还能给我们更多吗？因此，上帝既帮助我们，谁能抵挡我们呢？（罗八31）有何事能拦阻我们呢？或患难或死亡，或生或死，从今时直到永远，祂是并且永远是我们的。祂不是死人的上帝，乃是活人的上帝。以耶和华为上帝的那民是有福的！（诗三十三12）

不仅如此，当我们思想上帝自己委身于这一应许中，就是祂不仅要做我们的上帝，也要做我们后裔的上帝时，此应许的内涵就变得更加丰盛。如果上帝与少数毫不相关的人有团契和相交，那么这已经很伟大了。如果上帝任意而行，不考虑人类的世代，使祂的选民脱离一切属血气的历史性的联系，那么这也是伟大的。然而，主不是如此任意而行。祂在盟约之首基督里，以有机的方式与人类立约，首先与亚当立约，其次与亚伯拉罕（众信徒之父）立约。上帝借着祂的恩典循着人类世代的脉络。在再造（recreation）中，祂使自己进入被造物中。祂以盟约的方式执行祂的拣选。作为满有怜悯的父，祂所行的路径是祂作为万有之父所指定的。因此，从这个意义上，恩典之约也是永恒的。也就是说，恩典之约在历史中从一代延续到下一代，并且从不中断。恩典如同一条溪流，发源于堕落之后，在人类历史中为自己预备河床，并且唯独以永恒为自己的入海口。作为盟约，它也许会经过不同的阶段，并表现出几种不同的形式。然而，因着上帝的全能，它已成为世界不可磨灭的一部分，并且对人类而言是一个坚不可摧的益处。

正是因着它是一个约，所以它拥有这不朽坏的特性。众所周知，每一个约都包含两部分。首先，上帝在约中将自己赐给我们。然后，我们被上帝警戒，并有责任向祂献上新的顺服：我们当紧紧倚靠父、子和圣灵这独一真神；我们当信靠祂，尽心、尽性、尽意和尽力爱祂；我们当丢弃世界，钉死我们旧的本性，并行在新的圣洁生命中。当上帝将祂自己赐给我们时，祂乐意我们因此将自己归于祂，将我们完全、毫无保留、无条件地归于祂，将我们的身体和灵魂、力量和才能、金钱和产业、儿女和儿女的儿女归于祂。尤其是我们的儿女，他们是耶和华所赐的产业，是祂所赐在世最好的福气。他们必须属于神，因为我们是属祂的。

然而，当上帝在约中要求并吩咐我们和我们的儿女服侍祂的时候，祂仍旧是那首先的，要在我们身上使祂丰盛的恩典得着荣耀。当祂呼召亚当和挪亚、亚伯拉罕和以色列进入与祂的团契交通，并接纳他们的儿女进入祂的约时，祂是那首先的。我要作你和你后裔的上帝。上帝就是以此约将自己委身于祂世世代代的选民中。在我们的儿女出生之前，在他们行出善恶之前，祂出于祂白白的权能而宣告："我要怜悯谁就怜悯谁，我要恩待谁就恩待谁"。（出三十三 19；罗九 15）

我们的儿女进入这约，不是因为我们把他们献上，不是因为我们把他们分别为圣归给主。他们进入这约，也不是因为他们自己拥有任何功德或美德，使他们配得被接纳。他们进入这约，只是因着上帝的应许。他们在此应许中出生，因此从一开始就在这约之内。这不是出于自然，而是出于恩典，因为上帝使自己委身成为信徒和他们后裔的上帝。

相同的法则管理着属灵领域与自然领域。我们都拥有一个自然的生命，这是我们藉着父母，从全能的上帝，创造天地的主那里领受的。我们拥有此生命的事实并不是事情的本质。我们并没有将生命给了我们自己，也没有赚取它，甚至我们因着罪孽丢弃了它。毫无疑问，它绝对是一个恩赐，不是上帝的特别恩典，却是祂的普遍恩典。藉着成孕和出生，我们成为了它的领受者，在其中我们完全是被动的。在毫无意识和意志的情况下，我们就被放置在了一个充满丰盛恩赐的世界中，继承祖先父辈遗留的浩大产业。我们站在他们的肩膀上，并且得以享受他们辛勤劳苦的成果。

当把这一切应用在盟约的属灵恩赐上，这一切不仅是确实的，而且更加显著。因为我们并不是一度徘徊在这恩约之外，随后藉着我们的自由意志行出信心和归信而进入这约。实际上，信心和归信并不是在恩典之约之内或之外的条件，而是其中的益处，显明了与基督有份和与基督的团契相交，并且打开了享受祂功德（merits）

的通道。

所有这些恩赐，比如赦免和更新、圣洁和荣耀，都透过这位中保临到我们身上，祂已经以祂宝血的代价赚得并赢得了它们。只有当我们有份于基督的位格时，这些东西才能属于我们，成为我们的份。与基督的奥秘联合先于一切功德和益处，并在信心和归信中初次把自己表现出来。正如自然的生命在出生时被赐给我们，并在随后思想和意志的行动中将自己表现出来，属灵的生命也是如此，藉着重生成为我们所有的，之后便结出了信心和归信的果子。

再者，只有当父将基督赐给我们时，我们才能有份于基督。基督的献上和赐予先于祂一切的益处。赐给我们基督的上帝，在基督里也将祂自己赐给了我们，并且因着与祂的团契相交，使我们领受恩约的诸般益处，也就是全备救恩的益处。

那么，关于上帝的恩典这一无以言表的恩赐，洗礼乃是它的记号和印记。对每一个在真理中受洗的人来说，他灵魂的污秽，就是他诸般的罪，必定被基督的宝血和灵洗净了，正如他外在形式上被用来除去身体污秽的水洗净一样。洗礼岂不是一种奉三一上帝之名的洗吗？因为当我们奉父的名受洗时，父上帝向我们见证并印了我们，祂已与我们立了永恒的恩典之约，并收养我们作祂的儿女和后嗣（林后一 21-22；罗八 17）。因此，祂会以各样的美物供应我们，并阻挡一切的邪恶，或将它转变成我们的益处。当我们奉子的名受洗之时，子上帝印了我们。祂确实以祂的宝血洗去了我们诸般的罪，使我们进入与祂的死和复活的团契相交，好使我们脱离一切的罪，并在上帝的面前被算为义。同样，当我们奉圣灵的名受洗之时，圣灵上帝藉着此圣礼使我们确信，祂会住在我们里面，使我们成圣作基督的肢体。祂将我们在基督里所享有的一切应用在我们身上，也就是洗去我们的罪，每日更新我们的生命，直到最终在永生里把我们无瑕无疵地呈现在选民的会中（弗五 27）。

因此，洗礼对我们来说乃是一个记号和见证，就是上帝要永世无尽作我们的上帝，作我们恩惠慈悲的父。因为祂已吩咐我们，奉父、子和圣灵的名给一切属祂的人施洗。在洗礼中，上帝赐给我们可见的证据，就是祂已在基督里将自己赐给了我们，接纳并收养了我们作祂的儿女。于是，这一接纳和收养就是我们认信的根基。

2. 教养以致认信

> 人活着，不是单靠食物，乃是靠神口里所出的一切话。
>
> 《马太福音》四4

上帝以恩典之约的方式教养祂的每一位儿女达至自由独立的地步。[3] 尽管选民只包含那些必定无疑会承受永恒救恩之人，但恩典之约表明的是这些人被带至他们命运的方式。因此，拣选和恩约并非被区分为一小一大两个圆，因为二者都包含同一群人。在拣选中，选民被看作独立的个体；在恩约中，他们总是被看作与全人类有关。

尽管恩典之约以最优美的方式维持着上帝在整个救恩工作中的绝对主权，并禁止添加任何人的事物，然而它同时也完全符合人的理性和道德本质，以及人是按照上帝形像所造的事实。当上帝掌权时，人也就领受了按照上帝的旨意而当有的地位和尊荣。上帝在基督里拣选属于祂的人，使他们在祂面前，在爱中成为圣洁且无可指摘。

毫无疑问，基督作为教会元首出现在恩典之约中，然而祂并未

---

[3] 中注：荷文动词opvoeden可以译作"抚养成人"或"教育、训练"。因此，该词不仅有提供自然生命成长之需要的意思，还包括精神、知识、信仰等方面的培养。中文"教养"契合此荷文之意。

抹除祂信徒的思想，也没有迫使他们离开本位。虽然基督自始至终都是他们的担保人，但是所采用的方式是，信徒被祂的灵教导和催动，有意识且甘心乐意地开始活在恩约中，并行在其中。诚然，恩典之约是与基督所立。但藉着并透过基督，此约临到了一切属祂之人，并完全彻底地接纳他们，接纳他们的身体和灵魂，并理性、意志和全部的能力。

因为他们立志行事都是上帝在他们心里运行，为要成就祂的美意，所以祂激励并驱使他们恐惧战兢，作成自己的救恩（腓二13）。因着上帝的恩典，他们今日成了何等人，并且靠着那加给他们力量的基督，凡事都能做（林前十五10；腓四13）。因为基督活在他们里面，因此他们靠着对上帝儿子的信心而活（加二20）。既然信徒的儿女甚至在他们出现意识和意志之前就被接纳进入恩典之约，我们所以说这一呼召特别和特定地临到父母，因而他们应当以上述教义帮助并教导自己的儿女，并照着对主的敬畏和警戒教养他们（弗六4）。因为任何一个约都包含两部分，所以恩典之约也警戒我们，使我们有责任献上新的顺服。当上帝对我们说"我是你们的上帝"时，祂也立即附加了"你当在我面前做完全人"（创十七1）。祂乐意我们将自己并所拥有的一切都献给祂。

然而，孩子没有能力立即自行认信，并照着认信而行，因此父母当为孩子负责。他们既在自己孩子的受洗时作他们的见证人，也是对他们进行基督教教养的保证人。以上帝的收养或接纳为根基，父母有责任养育并引导孩子，让他们可以作出完全有意识、自由和自愿的认信。

在此，自然事物可以再次是属灵事物的象征。我们通过父母的受孕和生产而拥有自然生命。此生命在绝对意义上是一件礼物，是我们不配得的，甚至是先前已丧失的。[4] 然而，属灵生命自它最初存在之时，就需要诸般的供应与呵护。它需要被照看、保护和喂养。若无喂养，

---

[4] 中注：巴文克此处并无详细解释，但应指上帝在伊甸园中对亚当夏娃的审判，以及因他们犯罪而死临到众人的后果。

若不在各个方面以上帝的圣言坚固，它很快就会萎靡并消亡。

这一保守的首要和至高之源头乃是上帝。祂不仅是创造主，也是万有的保守者。若祂不以祂全能和全在的大能时时刻刻维持祂凭圣言而造的生命，那么这生命会在顷刻间消逝归于无有。若祂喜悦，那么祂可以不使用任何媒介而为生命提供食物和保护，正如摩西在山上40天和耶稣在旷野40天受祂供给与保守一样。祂也可以使用非同寻常的方式使它发生，正如祂差遣乌鸦在基立溪供养祂的仆人以利亚，又或祂40年之久从天降下吗哪供养在旷野的以色列人。

然而，一般的原则是，上帝以一种媒介的方式作成祂的保守之工。祂使用饮食供养我们，并且祂也使用父母作为天然的守护者来满足孩子多种不同的需要。父母有责任为孩子积蓄财富，就是那些孩子赖以生存的财富。他们并没有赚得这些东西，也不能声称这些东西是属于他们的，他们纯粹倚赖父母，并靠恩典生活。真正供养我们的却不是食物，而是上帝口里所出的一切话。单靠食物，人无法活着；人活着乃是藉着祂的话、诫命、大能和祝福。这祝福由上帝置入祂的圣言中，并藉着圣言传递给我们。唯独祂的圣言供养我们，这也是上帝喜悦借着祂的能力所供应给我们的。

如此，喂养在自然世界对自然生命如何，教养在属灵世界对属灵生命就如何。在一个人整个属灵生命的保全和建立过程中，上帝如果不使用任何媒介成就这事，这并不是一件太过稀奇或不可思议的事。然而，祂喜悦使用人作教养的工作，尤其让他们殷勤使用祂的道来塑造并建立灵命。悟性和心灵、良知和意志、秉性与想象力都是以这样的方式，自婴儿时期开始，藉着他人的影响而形成。同理，上帝以相同的方式和形式喂养和保全藉重生而有的属灵生命。作为上帝手中的工具，父母首先当养育儿女的属灵生命，使之达至成熟。

自然本身已表明这一事实，因为孩子们生活在家庭的环境中，并度过生命的最初几年。上帝在祂的启示中的教导与祂在自然领域的教导是一致的。在以色列，耶和华不断告诫父母，他们的责任就是向他们的儿女和儿女的儿女传讲上帝在他们中间成就的大工，向他们解释敬拜中的严肃礼仪，尤其是跟逾越节有关的一切礼仪。父母也要在律法中，以及上帝颁布给祂百姓的一切律例和典章中指教自己的儿女。正如耶和华亲自作祂百姓的父和供应者，如此，父母也当作他们孩子肉身和灵魂的守护者。

在新约时代，这一落在父母心头的责任越发强烈。耶稣把孩童叫到祂面前，祝福他们，并以天国应许他们（太十九13-15）。孩子同父母一样有份于基督的祝福。因此，使徒看待他们如同成人，被接纳进入与基督的交通之中，并劝勉他们要在主里顺服自己的父母，同时告诫父母他们的责任是不要惹儿女的气，而要照着主的教训和警戒养育他们（弗六1-4）。

当基督教进入世界时，它再次修复并洁净了破裂的家庭生活纽带。它将丈夫归还给妻子，母亲归还给孩子，再将孩子归还给父母。身处这道德转变的影响之下，一位教父如此优美地说道："母亲是孩子的荣耀，妻子是丈夫的荣耀，这二者又都是妻子的荣耀。"[5]

今日的父母在肩负教养孩子这样的重大职责方面得到了学校的支持。因为不论从知识还是从能力的角度来看，如今的生活要求已经变得更高，范围也更广。父母个人不再有足够的能力来履行他们所肩负的教养儿女的全部责任。他们不再有足够的时间和能力如此行。因此，学校就出现在家庭的旁边，这并非为了解除父母的责任，而是在父母履行并完成这一责任的过程中给他们提供支持和帮助。父母仍然被要求要照着主的教训和警戒教育他们的孩子，他们必须清楚，学校的教导当与此一致。学校以此为准则进行教育，并使信仰训练与国家和社会对其未来参与者的要求建立联系。学校的目的就是为了将孩子们塑造成属上帝的人，彻底预备好行各样的善事。

在训练恩约中的孩子一事上，教会要履行其职责。然而，她的工作本质上与家庭和学校不同。尤其是宗教改革，改教家中尤其是

---

[5] 中注：Clement of Alexandria, "The Instructor," in Fathers of the Second Century: Hermas, Tatian, Athenagoras, Theophilus, and Clement of Alexandria, edited by Alexander Roberts, James Donaldson, and A. Cleveland Coxe, Vol. 2. The Ante-Nicene Fathers (Buffalo: Christian Literature Company, 1885), 3.11.

加尔文，重新强调教会对青年人的训练。教会奉主的名对她的青年人，即这些未成年成员，正式进行要理问答的教导。如此行有一个特别和专门的目的，就是使那些受洗的孩子以完全信心的自由参加圣餐，藉此与全体教会成员一同，以个人独立和自由的方式来表明主的死。教会的教导不包括孩子们将来要面临的公民生活和社会生活的责任，而是要坚固上帝所赐之恩约的两个记号和印记彼此间的关系，并且旨在训练和教养恩约中的孩子成为基督教会中成熟、自觉的认信成员。

如果这一责任按照主圣言的准则被执行，那么家庭、教会和学校就会以最为美妙的方式同工。它们并非彼此孤立，而是肩并着肩，更遑论彼此对立。它们中的一方绝不会拆毁另一方所建造的，而是共同为了一个伟大的使命而努力，即按照上帝的形像和样式令人归正。这三者藉着一信与一洗紧密相连，都以同一认信为根基，都向孩子传授同一世界观和生命观，乃是为了在这今世的舞台上安慰和扶持他们。这三者既各自以自己的方式，又共同用诸般的智慧，劝戒各人，教导各人，要把各人在基督里完完全全地献给上帝（西一28）。

3. 认信的准则

祢的话是我脚前的灯，是我路上的光。

《诗篇》一百一十九105

在教养以至认信主名的过程中，家庭、教会和学校必须使用藉着《圣经》临到我们的上帝的圣言。上帝的圣言是根基、原理和准则，同时也是所有认信的目的。如果上帝没有在《圣经》中赐给我们可以认信的真理，那我们就无从认信。属灵生命从上帝的圣言里得到喂养，得以在我们主耶稣基督的恩典和知识中长进，从而可以在众人面前，用一种独立的方式和自己的语言来解释并认信上帝的圣言。

无疑，赐予并保守这一属灵生命的，不是父母，不是老师，也不是上帝圣言的执事，甚至也不是上帝的圣言本身。在此，我们可以应用耶稣所说的话，即单靠食物、单靠上帝的圣言，人就无法活着，而是藉着上帝口里所出的诸般能力和祝福（太四4）。不是栽种的保罗，也不是浇灌的亚波罗，而是唯有上帝使之生长（林前三4-6）。然而，正是父母和老师手中《圣经》的圣言，带着主的赐福，喂养了孩子的属灵生命。食物之于身体如何，上帝的圣言之于属灵生命也如何。"祢的言语在我上膛何等甘美！"（诗一百一十九103）哦，

主啊，是的，在我口中"比蜜更甘甜，就是比蜂房下滴的蜜更甘甜"！（诗十九10）

自我们存在的那一刻起，上帝的圣言就临到我们。它首次出现在我们眼前，并非是《圣经》在我们眼前打开，我们进行阅读和查考的时候，也不是在圣徒的公开聚集中，由至高上帝的仆人宣读给我们听的时候。在我们处于最为柔弱的婴儿期之时，上帝的圣言就临到了我们，这乃是藉着父亲的责备、母亲的警戒、老师的教导、同伴的交往、良知的见证和生活的经历。自始至终，在从摇篮到坟墓这一生的路径上，上帝的圣言都陪伴着我们，绝不会丢下我们。在主日崇拜的祝祷时，它被宣讲而进入我们的头脑；在诗篇和圣诗中，我们听见它被颂唱；在讲道中，它进入我们的心；在诫命或禁戒中，它在我们眼前被揭露。靠着上帝的圣言，我们总是得到引导与带领、警戒和安慰、鼓励和约束，使我们知罪，并被引向基督。它是自我们出生时起就赖以生存和呼吸的空气。对我们的属灵生命而言，它是饮食、空气、阳光和雨露；所有这一切同时都集于它一身。

上帝的圣言总是祂的大能。在我们意想不到且毫无察觉的情况下，它就已经对人的意识和心灵产生影响。它本身始终是使人得救的上帝的大能。它绝不是空洞的言语，死的字句和无意义的篇章。它永远是活泼的，是有功效的，比一切两刃的剑更快，甚至魂与灵，骨节与骨髓，都能刺入、剖开，连心中的思念和主意都能辨明（来四12）。它是一把大锤，击碎罪人刚硬的石心。它是圣灵的宝剑，给予骄傲和自义之人致命一击（弗六17）。它是上帝的见证，唤醒人的良知。它是使人重生的种子，是成圣之大能，于教训、督责、使人归正、教导人学义都是有益的，叫属上帝的人得以完全，全面预备好行各样的善事（提后三16）。简而言之，它是蒙恩之道，在圣礼之先，且远高于圣礼。

即便在没有命定祝福的地方，上帝的圣言仍然有效并产生影响。"魔鬼也信，却是战兢。"（雅二19）对无神论者和不信之人而言，它是导致死亡的死气。它是一块绊脚石，是跌人的磐石，使不信上帝之人跌倒、损伤。它若不使人柔软，就会使之刚硬。它若不使人温暖，就会使之枯干。一个与上帝的圣言建立关系的人绝不会安常习故，他的光景要么变得更好，要么更糟糕，但不可能再以中立的立场掩饰自己。"雨雪从天而降，并不返回，却滋润地土，使地上发芽结实，使撒种的有种，使要吃的有粮。我口所出的话也必如此，决不徒然返回，却要成就我所喜悦的，在我发他去成就的事上必然亨通。"（赛五十五10-11）

这一大能的成因在于它是上帝的圣言。《圣经》不单单藉着上帝的默示一次性被赐下，并且它也不断地由上帝以祂的全能和无所不在的大能所保存。从上帝的圣言而来并以多重形式和方式赐给人的福音，总是从上帝而出，由上帝而生。它是且永远是上帝的圣言。圣灵总是常与它同在；这圣灵就是居住在教会之内，且从教会那里进入世界，并使"世人为罪、为义、为审判，自己责备自己"（约十六8）。它是不断地从上帝口里而出的话，在基督里临到我们，藉着基督的灵被宣讲给我们的心灵和良知。

因此，上帝的圣言可以，并且也的确是我们属灵生命的饮食。它是恩典的管道，而非泉源。上帝是且一直是诸般恩典的赐予者和供给者。祂没有把恩典的宝藏赋予人、祭司、圣言和圣礼，也没有指派他们分发此宝藏。仆人可以给予记号，然而唯独上帝赐下记号所预示的事实。上帝所成就的只是（这也是恩典）以自己绝对的能力，甘心将自己约束在誓约之内，即祂的圣言完全按照圣灵的心意被传讲给每一个相信接受的人，并赐下基督，祂是我们灵魂的饮食，是从天降下的粮，是喝了就永不再渴的生命活水（约六35；四14）。然而，若要如此，人就必须以孩童般的信心相信，并在谦卑中接受上帝的圣言。正如粮食，不论它多么富有营养和能量，只有当我们用口摄入我们身体的时候，它对我们自然生命的保全才是有益的。上帝的圣言作为我们灵魂的粮食亦然。它只有藉着信心接受、并被栽植在我们心中的时候，对我们才是有益的。

因此，主也为彼此而命定二者。那创造食物的，也创造了进食的口。那赐下圣言的，也藉着重生将新生命带进光中；只有上帝的圣言，才是喂养和坚固这新生命的灵粮。它们彼此相关，按起源来说，关系非常密切。上帝的圣言在属灵生命中作工，并使之坚固。同时，因着它的本性，属灵生命也自然地被这食物所吸引而渴慕它，正如母亲的奶水之于婴儿，食物与水之于饥渴的人。更重要的是，它们都出自同一位圣灵。在自然领域中，我们有可能获得知识，唯独是因为我们里面的理性和被造物中的思想，因着二者共同和相互的关系，这都是那在太初与上帝同在的道所造的，这道就是神，万物都是藉着祂而造（约一2-3）。[6] 照亮人眼与物体的是同一光芒，照亮人类理性与上帝手中工作的也是同一知识之光。只有在这两束来自同一源头的光芒彼此交汇之际，人类才会发现与明了。"主啊，在你那里有生命的源头；在你的光中，我们必得见光！"（诗三十六9）

同样，属灵之人与圣灵的圣言也如此同属一体。同一圣灵，也就是基督的灵，使圣言存在，并保守它，也是这位圣灵在我们里面生出属灵之人。在《圣经》中，祂将耶稣基督活画在我们眼前，并藉着信心使祂活在我们心中。在《圣经》中，祂为我们勾画基督的形像，并按照这一形像不断地重塑我们。"我们众人既然敞着脸得以看见主的荣光，好像从镜子里返照，就变成主的形状，荣上加荣，如同从主的灵变成的。"（林后三18）

因此，当我们的心渴慕、渴想上帝的圣言时，这就是属灵生命一个无误、不具迷惑性的标记。正如饥饿之人渴想食物，干渴之人渴想水源，患病之人渴想医药，这是再自然不过的事情。同自然人一样，属灵人渴想就近上帝的圣言，渴想就近在这圣言中被赐予给他的基督。他的成长绝不会越过圣言，如同神秘主义者所幻想的。

---

[6] 中注：巴文克的创造论中一个重要层面就是，在创造之时，上帝在被造物中置入了祂的思想（thoughts），一切学科研究，无论是自然科学、历史、心理等研究，都是探究上帝在被造物中置入的神圣思想。在巴文克看来，这种追寻神圣思想的研究正是大学教育的精髓。Herman Bavinck, *Reformed Dogmatics, Volume 1: Prolegomena*; trans. John Vriend, ed. John Bolt (Grand Rapids: Baker, 2003), 379; Herman Bavinck, *Het Doctorenambt*, (Kampen: G. Ph. Zalsman, 1899), 73-74.

他不会把上帝的圣言当作一个梯子，等爬到一定高度就可以张开自己的羽翼凭自己翱翔。不！如此行的人必会速速抱愧蒙羞，正如绝食的人必会速速饥肠辘辘。不看重基督圣言的人也不爱主，丢弃医药的人也不需要医生。

然而，只要属灵之人还活着，他就会全心地感受到自己被这作为与上帝相交之媒介的圣言所捆绑，因为甚至上帝也让祂自己受此圣言约束。他越成长和刚强，就越扎根于这圣言。他紧紧抓住圣言，如同常春藤依附于墙垣。他倚靠圣言，如同他在天路之旅上依靠杖和竿。他越发依赖圣言，同样也越发被它所束缚。他对圣言的爱越发坚固，对圣言之价值的评估不断攀高，并不断在其中为自己的心灵和生命找到新的、更丰盛的宝藏。对他而言，此圣言越来越成为上帝的圣言，一个从全能之主临到他的圣言，一封他的父从天堂写给他的信，成为他们去往那有许多住处的天父之家的路途上的引导。"祢的话是我脚前的灯，是我路上的光。我何等爱慕祢的律法，终日不住地思想。"（诗一百一十九 105，97）

因此，父母应当且必须以上帝的圣言来养育每一个恩约中的孩子，甚至从他嗜睡的婴儿期就开始。若以智慧承担此任务，我们就不可能开始得太早。大人在祷告和读上帝圣言时的恭敬态度已经可以唤起孩子心中对这一侍奉的神圣感，这感受常常会伴随他们一生之久。每一次用餐前后、入睡前和起床时的简短祷告，常常会根植于孩子的心，留下不可磨灭的印象，甚至在余生中仍能使他们想起年轻时的敬虔岁月。无疑，我们不必等我们年幼的孩子明白事理的时候再教他们信仰的词汇和祷告，好像如此行可以不把他们变成假冒为善者一样，因为我们藉着语言来学习事实，也藉着事实学习语言，二者彼此互助。一般来说，依赖感和谦卑极为相似，孩子按着本性就是如此，并且这也是耶和华上帝乐于在我们身上所看见的状态，是最讨祂喜悦的。如果我们不变成小孩子的样子，就断不能进入天国（太十八 3）。

然而，将上帝的圣言带到孩子面前，必须同时既是教导性的又是教养性的,既影响其思想,也影响其心灵,既影响其知识,也影响其行为。我们一定要小心避免理性主义和敬虔主义的极端。信仰不仅关乎知识,也关乎生命。人不仅拥有意识,也拥有感觉和意志。在祂的律法中,上帝不仅要求我们尽意爱祂,也要求我们尽心、尽性并尽力爱祂(申六 5;十 12)。因此,我们必须对孩子进行教导,认真勤勉地教导他们真理的教义,以使纯正的观念、清楚的概念和正确的判断深刻于孩子的心,使关乎真理的必要知识成形在他们的意识中。若无真正的和清楚的观念,感情的培养以及情感的唤醒就是十分危险的,对真理也是有害的,会为虚假和错谬打开方便之门,并常常导致巨大和严重的放肆行为。

虽然如此,纯正的概念和清楚的观点仍是不够的。实际上,在任何一个领域,尤其是宗教领域中,想要获得并拥有这些观念和概念却同时保持我们的心思和心灵不受影响,这几乎完全不可能。因为,若心灵没有参与其中,那么就绝不可能有正确的领悟和必要的知识。对于所有的学习而言,专注、兴趣和热爱都是必须的。如果我们不认识某事物,我们就不会爱它,我们确实只认识那些我们灵魂深处所爱的事物。

因此,教养不是排在教导之后。我们不是首先影响他们理性,然后转向其心灵。我们不是把有关教义真理的纯正概念植入他们的理性,就期盼着他们日后会以真信心接受,接着便影响他们的生命和行为。事实上,教养与教导从一开始就携手并进。教导本身就有教养的特征。上帝的真理拥有这样的一个本质,即若内心没有真挚的信心,就不可能正确理解它。一个人若其理性受真理影响,却未将真理存于心中,那么他领受的仅仅是事物的表象,仍与事物的实体疏离。

这就是为什么影响孩子的理性和意志,教养他们的认知和践行,传授他们纯正清晰的观念,以及唤醒他们的情感与感情,总是要携手并行。我们不能把话语从事实中抽离,也不能把事实从话语中抽离,因为上帝已将这二者联合在一起。祂约束自己,要将祂的圣言所表明的事物赐给每一个在真理中相信祂圣言的人。藉着基督的面而认识上帝的人，就有永生（林后四6）。因此，当我们提及上帝、耶稣等名称之时，它们对我们而言就不能仅仅是一些声音，我们必须要思考他们所代表的含义。如此，福音就变得丰盛，不再是一个抽象的系统，而是那不可见的永恒宝库，在我们面前被预示、被印证、被显明，也被赐给我们。

在家庭、学校和要理问答的教导中，与真理联合的教导和教养当以上述方式协作。于是，我们就得以在主的祝福中期待，属灵生命会孕育和成长，信心和归信之花会绽放，并最终以心和口里的认信外显出来。然而，有件事从来都是确实的，即成长必须从上头而来。"若不是耶和华建造房屋，建造的人就枉然劳力。"（诗篇一百二十七1）父母、老师和牧师仅仅是祂手中的工具。唯独祂才是祂儿女真正的父亲和教养者。祂喂养和带领他们，保守和护卫他们，坚固并使他们完全。"祂不需要人手服侍，自己倒将生命、气息和万物赐给万人。"（徒十七25）祂靠着圣言的大能和圣灵的工作施行统治。耶稣是葡萄树，信徒是枝子，而天父则是栽培的人（约十五1-5）。

4. 认信的本质

> 你若口里认耶稣为主，心里信神叫祂从死里复活，就必得救。因为，人心里相信就可以称义，口里承认就可以得救。
>
> 《罗马书》十9-10

万物成长都需要时间。机器可以瞬间就被组装完成，但生命和其成长却不能被强迫。人工催长会造出温室的花朵，经不住狂风骤雨。我们属灵生命同样也遵循此生长规律；一切有机生物都在此规律下受造。《圣经》承认上帝儿女中有很多差异。它告诉我们，在耶稣的羊群中有小羊和吃奶的羊羔；在信心上有孩子、青年人和为父之人。它区分未成年人和成年人，以及与之相关且必须供给信徒的灵奶和真理的干粮。我们不断被警戒和劝勉，在我们主耶稣基督的知识和恩典中长进，穿上按着上帝的形像被造且有真理的公义和圣洁的新人，使我们内在的生命得到坚固，也使我们的心思意念得到更新（彼后三1；弗四24）。

自然生命怎样发育，属灵生命亦然。它不能隐藏于人前，不能像宝藏一样被埋藏在地下，也不能闲置而进入无用状态。生命对于一切闲散懒惰之人而言都是陌生的。生命就是运动，生命就是力量，生命就是行动。每一个生命都在运动和发育。在成长过程中，它可能会遭遇阻碍或遏制，但只要它还存在，它与行动就不可分割。在很大程度上，属灵生命亦然。这生命是圣灵藉着重生所种下的，拥有一个永恒不可磨灭的特征。不论在哪里，它都会自我显明。它出现在言语和行为中，它发展成信心和归信的活动。当信心表明出来时，认信实际上就会随之而来。

对于那更加卓越和荣耀的事实来说，"认信"是一个极佳的词。但是，它已经在很大范围和程度上失去了就我们意识而言的美丽与能力。当我们自己使用或听到别人在使用该词时，我们通常直接想到各类教会认信文献，或者我们想到的是教会的青年成员在他们获准领受圣餐之前，所做的一生一次的公开认信。然而，"认信"的这些含义都是衍生的。该词在《圣经》原文中的含义更加丰富和深刻。按照它的原文含义，认信就是一个人公开地见证自己相信耶稣就是基督。

"认信"包含两方面的含义。第一，它是一个真正和正直的信心，是内心深刻和坚实的确信。就该词的真正含义而言，若人的内心没有信心，就不可能有认信。认信是关乎心的一件事。它根植于人心中，并从人心而出。它是人心中信心的果子。若没有信心，认信就成了毫无价值的嘴皮子工作，成了口里机械性的重复之语，一个与个人无关、不真实和假冒为善的工作，不配认信这词的美名。认信也就成了一个在耶稣那个时代的法利赛主义中，被祂以圣怒驳斥和定罪的行为。所有这样的伪装者"就像粉饰的坟墓，外面好看，里面却装满了死人的骨头和一切的污秽"（太二十三27）。

然而，第二，在真认信中包含这一事实，即人心中的信心不以此为耻，反而在公开的见证中将它表明出来。人若不信，就不能认信。但那在真理和正直中相信之人，则必须认信。他不能保持静默，他必须在上帝、天使和世人面前告诉他的朋友和仇敌。不论遭到怎样的侮辱、羞辱和嘲弄，也不论招致怎样的仇视和逼迫，那信的人仍要大声、有力、勇敢地宣讲。我们信，故我们宣讲（Wij gelooven, daarom spreken wij ook）。

因着他的预言，耶利米使自己成了被他的百姓嘲弄和嗤笑的对象，但是他不能保持静默。那催逼他的耶和华对他而言太过强大，且胜了他。尽管他说"我不再提耶和华，也不再奉祂的名讲论"，但耶和华放在他心里的祂的话，成了他骨中烧着的火（耶二十9）。"狮子吼叫，谁不惧怕呢？主耶和华说话，谁能不发预言呢？"（摩三8）

因此，心里相信和口里承认是相辅相成和不可分割的。相信却不认信之人，与认信却不信之人，同样违背上帝的律法。一位教父说过，一个真正和坚固的信心与一个自主的认信，这二者都是必要的；如此，心灵便可被信心的确据装饰，口中也可勇敢无畏地认信真理。[7] 另一位教父这样说，心需要口，因为如果心里相信，却不在众人面前公开认信，这会结出什么果子呢？[8] 然而，人心中的信心可以证明，完全的救恩在于认信。只有当信心藉着认信表明出来时，它才能发出它的光辉，才能使多人受益。另一方面，口也需要心，因为有许多人口中认信基督，心里却远离祂。

使徒保罗也如此说，心里的信心使人称义，但为要得救必须伴随口中的认信。诚然，我们认为这二者是不能分开的，正如不能把认信主耶稣与相信祂的复活分开一样。信心没有认信就不能带来义，而认信没有信心则无法带来救恩。信心与认信被不可分地捆绑在一起，正如耶稣是主和祂从死里复活不能分开，以及义和救恩不能分开一样。然而，使徒保罗也的确希望人们明白，尽管心里相信就可以称义，不过只有当它以认信被表达出来时，才能首次向人们证明并令人知晓它是真正使人称义的信心。使人称义的是信心，而不是

---

[7] 中注：巴文克在此可能指St. Ambrose, "Three Books of St. Ambrose on the Holy Spirit," in *St. Ambrose: Select Works and Letters*, eds. Schaff, Philip and Henry Wace, Vol. 10. A Select Library of the Nicene and Post-Nicene Fathers of the Christian Church, second Series (New York: Christian Literature Company, 1896), 2.8.

[8] 中注：此处无法查证巴文克的引述出处。

认信。然而，这一信心首先是在认信中表明自己是真信心。真正使人称义的信心仅会在认信的道路上使人得到救恩。"人非圣洁，就不能见主。"（来十二14）若没有认信作为信心的果子，就没有一个人能进入天堂。认信不是人得奖赏的原因，却是通向救恩的君尊之道。

　　因此，信心和认信互相影响，互相支持和扶持。不认信的信心是令人羞愧和胆怯的，是在退缩和枯萎，有时甚至显出其虚假和不忠信。没有信心的认信充其量是一朵没有茎秆的花，终必枯萎凋零。另一方面，靠着并藉着认信，信心可获得力量、能力和活力，变得越发坚固，其根在人的心田中也越扎越深。同时靠着也藉着信心，认信得到了其生命力和火种，获得了勇气和自主，如同藉着一个奥秘和不可见的火焰，得到持续不断的保守和喂养。

　　随之而来的就是所谓的公开认信。它不是一个随意和独立的事实，只一次发生就一劳永逸了。仍然有很多人如此解释和持定认信。他们在这严肃的认信时刻来临前几周开始预备自己。在这预备期内，他们待在家中不参加一切公共娱乐，并更加固定地参加教会和要理问答学习。到了认信之日，他们穿上一套全新的礼服或西服出现在众人眼前。但在此之后，他们可能只有一次参加圣餐。但随后忘记了一切，生活一如既往，好像无事发生一般。这样的"认信"绝对配不上认信的名字。这充其量也就只是接受一项工作，完成，然后交付成果。这种认信无外乎就是一个古老的风俗，缺少人的思想和意志的抉择。

　　这样的行动并非认信。认信有更丰富的内涵和更深刻的意义。无疑，当教会的年轻成员首次在全教会面前作个人认信时，这是一件严肃的事，是一个庄严和令人难忘的时刻。这是他们人生道路上的一个里程碑，从未成年的孩子蜕变为成年人，进入基督赐给祂信徒的所有权利和特权中。从今世直到永恒，我们就被约束在我们所作的这一肯定回答中。上帝将我们牢牢地系于此，有一天也要据此来审判我们。基督会将此一直铭记于心，并且有一天会让我们为此交账。圣灵会将此保留在我们的心思意念和记忆中，不断以此来提醒我们，直到我们离世；是的，这甚至延续到永恒。有一天，就是末日，它要为我们作证。否则，它就会作证指控我们；它会指着我们的脸，使我们承受更重的定罪。

然而，我们的这一认信不是独立存在的一件事、一个行动或一项工作，与我们前后的生活无任何联系。它并非基督公教所持守的一个圣礼，本身并不拥有任何特殊和超自然的圣洁。它并非好像被篱笆隔开，与世俗生活领域隔离。它没有让我们在君王基督耶稣的军队里进入到一个新的连队，一个新的军阶或一个新的小分队。不论所做的公开认信多么重要和真诚，它本身却不是独立存在的，而是与我们认信前后的生活有着紧密乃至最为密切的联系。

日常的认信需要先于公开认信。所有的信心必有认信，尽管有其自身的程度、方式和语言。玩耍的孩童、开心嬉笑的男孩和活力蓬勃的青年都会以自己的方式认信。如果信心的确是真的，如果只有对上帝真正孩童般的敬畏存在于心，那么它总是会出现在人们眼前。它会显明自己，我们会在心愿的敬虔、心思的正直、心灵的温柔上看见，会在对圣洁神圣之事的恭敬、对祷告的喜悦、对邪恶的惧怕以及在阻止自己和他人弃善行恶上看见。认信甚至是我们的孩子在他们的婴儿期就开始的一件事，而上帝喜悦垂听他们的认信。

然而，《圣经》怎么说呢？"让小孩子到我这里来，不要禁止他们，因为在天国的正是这样的人。"（太十九14）因为"耶和华的名在全地何其美"，祂便"从婴儿和吃奶的口中建立了能力，好使仇敌和报仇的闭口无言"（诗八9，2）。主拣选那渺小软弱的，好叫那为大有能的羞愧（林前一27-28）。小孩子们以他们的单纯、正直、朴实和谦卑宣扬着上帝的荣耀和卓越的美德。此荣耀和美德彰显于全地，并已然在基督里以最光辉的方式启示出来。

正如公开的认信要置于婴儿期的认信之后，一个一生之久的认信也必须同样尾随公开认信，直到我们离世。诚然，在会众当中的公开认信首先是为了获准领受圣餐。它打开了通往圣约之桌的通道。

它看似将洗礼和圣餐彼此分开，但实际上是将二者牢牢地联结在一起。确实应当如此。洗礼和圣餐是具有同等价值的两个圣礼。二者有同样的大能和意义，是同一圣约的记号和印记。二者与圣道一同都是由上帝指定和设立，以引导我们的信心注目耶稣基督十字架上的献祭牺牲，以此作为我们救恩唯一的根基。这两个圣礼也被赐给同样的信徒。在新约，洗礼主要施行在成人的身上。因此，认信就先于洗礼。凡受洗的就可直接来到圣餐桌前。

然而，当婴儿洗在教会内普及之时，这逐渐带来了区分。诚然，洗礼可以施行在恩约孩子的身上，因为它是象征重生和加入基督教会的圣礼。然而，圣餐要求我们自己拿起并吃主的饼，接过并喝主的杯。因此，若圣餐要正确发挥功用，我们应当且必须先有能力察验与省察自己，并分辨主的身体（林前十一28）。因为这一圣礼乃是在与主耶稣的相交中使属灵生命得到喂养和扶持，所以它需要被不断地重复举行。

基于这个原因，认信逐渐出现在了洗礼和圣餐之间的位置上。这并非为了分开二者；恰恰相反，这是为了保持二者彼此间的关系，并把人从洗礼带进圣餐。认信既以洗礼为前提，又为圣餐作预备。在认信中，受洗之人表明他接受所受的洗，并渴望获得圣约的第二个记号和印记。因着恩典，上帝接纳并收养他们作自己的儿女。如今，当他们到了能辨别判断的年纪并意识到自己的生命时，他们就在众人面前，谦卑如孩童般地、满心相信并坚定地认信上帝就是他们的上帝。他们把自己的手放在上帝的手中。他们自主又完全自觉地承认并接受他们自出生起就被接纳进入的恩约。以主的宣告——"我是你的上帝"——为基础，他们此时回应道："我是祢的仆人，是祢婢女的儿子，祢已经解开了我的绑索。"（诗一百一十六16）上帝训练并养育祂所有的儿女达至自由和独立。在祂掌权的日子，祂渴望有一群甘心乐意的百姓。我们爱祂，因祂先爱了我们（约壹四19）。

当一个信徒在他认信的庄严时刻，获准领受圣餐时，这就是他所要宣告的。当他与会众一同坐在圣餐桌前的时候，也要如此认信。

在圣礼中，重点无疑首先在于上帝所成就的，就是祂的恩赐和恩典。为此，祂将基督及其所做成的一切益处都赐给我们。我们的救主耶稣基督设立圣餐，以此喂养和维持那些祂已经重生，纳入祂家的人；这家就是祂的教会。以信心之口，我们所吃的是祂的肉，喝的是祂的血，使我们的属灵生命得坚固（约六 53-56）。

其次，从我们的角度来看，圣礼也是一种认信。在领受圣餐之前，要对我们自己有真正的省察和察验，这包含以下三点。第一，我们当思想自己的罪及它本该为我们招致的咒诅，以使我们在上帝面前厌恶己身，谦卑自己。第二，我们当察验己心，看我们是否真的相信上帝这一信实的应许：唯独因着耶稣基督受苦受死，唯独因着基督完美的义被归算、被白白赐给我们，我们一切罪都蒙赦免了。最后，我们当察验自己的良知，看我们是否从此以后乐意向上帝献上我们一生的感恩，并正直地行在祂面前。

因此，当我们来到圣餐桌前，我们所做的是何等意义重大的认信啊！我们来到圣餐桌前，并非为了见证我们自身是完全和公义的。相反，既然我们是在我们之外的耶稣基督里寻求生命，那么我们就是承认我们躺卧在死亡之中。在这一圣礼中，我们认信耶稣基督是我们灵魂真正的饮食，而我们是祂身体的肢体。既是一饼，故此，我们虽是多人，却是一个身体，因为我们都有份于这一饼。

然而，圣餐并非与我们的日常生活相距甚远，也并非高悬在我们的生活之上。诚然，当我们因着上帝的特别恩典，每次在这一圣礼中会面之时，当这一圣礼以特别的方式被呈现在我们眼前，并在我们心中得到确信时，它在这个意义上是非同寻常的。圣餐常常对我们而言也是奇异和奇妙的，因为它在一年当中仅举行几次，而且也并非所有人都忠心参加此圣礼。但在这一圣礼中所赐予我们的恩典，与那常常伴随福音的圣言并每日喂养我们的恩典并无分别。因此，在初代教会中，信徒们不仅在每个安息日举行圣餐，而且也在每周的周间聚会中举行。这是他们崇拜的高潮，是圣徒相通的实践，是他们朝圣之旅中不断领受的粮食。

与基督相交在圣餐中已被预示和印证,而我们时时在圣言中参与并藉着信心享受此相交。我们见证这一信心,并不仅仅在我们相聚圣约之桌的时候,也不仅仅是我们在主日与会众一同登上祷告殿的时候。如果我们作为真信徒是如此确信无疑的一件事,那么我们也当终其一生如此认信。因为信心必定认信,除此以外,再无其它。它无需询问是否必须要有好行为,而是在提问之前就已表现出好行为了。以嘴唇和心灵认信,以言语和行为认信,在生命和行动中认信,这与心里的信心是不可分割的。它是树所结出的果实,是花所发出的香气,是太阳射出的亮光,是蜜所流出的甘甜。因着真信心被移植于基督里的人,不可能不结出感恩的果子。

相信之人必认信,这不仅发生在主日,也发生在周间;不仅发生在教会,也发生在家庭和学校、商店和工厂、办公室和商场,发生在公民和社会生活中,在学习和科研中,在朋友和仇敌中,在天使和众人面前。凡认信之人,当在支持和帮助教会的公共崇拜中认信,在救济施舍中认信,在帮助基督教教育中认信,在看顾贫穷之人中认信,在探访被囚之人中认信,在遮盖衣不蔽体之人中认信,在供应饥饿之人中认信,在安慰哀哭之人中认信,在警戒不法之人中认信,在劝勉异议者和不信者中认信,在宣讲在祂里面的盼望中认信,在保守自己不沾染世俗中认信。凡信之人,必认信。他的生命本身成了他的认信,成了在基督耶稣里讨上帝喜悦的圣洁活祭。

5. 认信的内容

腓利说："你若全心相信，就可以受洗。"他回答说："我信耶稣基督是神的儿子。"

《使徒行传》八37

根据《圣经》，认信的内容特别由两件事情组成。首先，每一个真正的认信都包含承认我们的罪和罪责。在旧约时代，当到了赎罪日的时候，大祭司的责任是双手按在那归与阿撒泻勒之山羊的头上，并承认以色列人诸般的不义和过犯，不论这些罪愆的性质如何，都藉此被归在羊的头上，并把它送到旷野去。这是大祭司以整个民族的名义所做的一个普遍性的认罪。然而，此普遍性的认罪并未将个人性的认罪排除在外。因为，这一个人性的认罪不断出现在旧约书卷中，尤其出现在《诗篇》的忏悔诗中。它同样也成了圣徒祷告的重要一部分，成为了大卫、所罗门、以赛亚、耶利米和但以理祷告的重要一部分。

世界上没有哪个民族或国家像以色列人那样深刻地感受到自己的罪，谦卑地承认自己的罪。"我的罪孽追上了我，使我不能昂首；这罪孽比我的头发还多。"（诗四十12）"因我的罪过，我的骨头也不安宁。我的罪孽高过我的头，如同重担叫我担当不起。"（诗三十八4）"求你不要审问仆人，因为在你面前，凡活着的人没有一个是义的。"（诗一百四十三2）"主耶和华啊，你若究察罪孽，谁能站得住呢？"（诗一百三十3）

这样的认罪也传递给了新约教会。当施洗约翰以传讲悔改的道出现在众人眼前时，很多人在约旦河受他的洗，并承认他们自己的罪。对于那些来到祂面前的众多受苦患病的人，耶稣常常不仅使他们身体的疾病得医治，更是赐给他们更大的礼物，即罪得赦免和灵魂得拯救。祂也以这样的祷告教导祂的门徒："父啊，免我们的债，如同我们免了人的债。"（太六12）在法利赛人和税吏的比喻中，祂告诉我们当以怎样的心来到这位圣洁公义的上帝面前。那税吏远远地站着，连举目望天也不敢，只捶着胸说："上帝啊，开恩可怜我这个罪人！"（路十八13）无疑，我们若认自己的罪，上帝是真实、信实和公义的，必要赦免我们的罪，洗净我们一切的不义（约壹一9）。

但是，不论认罪有多么重要和必要，其本身都是不足够的。有关我们愁苦的教导并非独自存在，而是为拯救和感恩的教义做预备。无疑，一个真正认识并承认自己罪和愁苦的人，就已经是一个信徒了。《海德堡要理问答》论主日的部分讨论了人的愁苦。其中回答之人是基督徒，而非不信之人；他们在第一部分已经以自己的唯一安慰而夸口。这人承认，或生或死，他的身体和灵魂都不再属于他自己，而属于他信实的救主耶稣基督。

一个真正的和正直的认罪已然是得救信心的果子。因为，对那在真理和谦卑中承认自己罪恶的人而言，他已经确实地就近主，已经把自己置于上帝的面光之中，已经认识到自己有全能者的同在。他只有在信心中才能相信耶和华有怜悯，有恩典，不轻易发怒，且有丰盛的慈爱（诗一百零三8）。

显然，没有信心也可以有某种程度的认罪。今世之子也常常意识到他们处在极大的愁苦当中。该隐说："我的刑罚太重，过于我所能当的。"（创四13）犹大也呼喊道："我卖了无辜之人的血是有罪了。"（太二十七 4）他们虽有绝望的呼喊，这并非由痛悔之心而生，而是罪恶的可怕后果所致。他们虽有懊悔和绝望，却不会因此被驱赶到上帝面前，反而使他们逃离祂的面，且抵挡祂。他们虽有世俗的忧愁，却不能生出终至救赎的不会后悔的悔改，反而叫人死。

然而，真正的认罪与这绝望的呼喊截然不同，并有截然不同的特征。它出自一个痛悔的灵；上帝对此必不会轻看，反而会为此喜悦。真正的认罪无关乎罪的后果，却与罪的本质和罪疚相关。罪使上帝不悦，并违背祂的律法。真正的认罪在于由心发出的悔改，即我们以我们的罪惹动了上帝的怒气，我们犯罪得罪了祂的公义，更是得罪了祂的爱。为此，耶稣曾说道："我若没有来教训他们，他们就没有罪，但如今他们的罪无可推诿了。"（约十五 22）

这一认罪伴随着向上帝的忧愁，并作成悔改，从而生出没有后悔的救恩。这是在上帝的面光中作成，在祂的面前毫无隐瞒，完全赤露敞开。它伴随且来自于这样一个信心，即相信上帝不仅是公义的，也是满有慈爱和恩惠的。它已然是一个信仰告白，本于信，藉着信，也归于信。信心并非始于我们认识自己的愁苦之后，而是在此之前，并使之有正确的形式。在律法之上，闪耀着如下恩言："我是耶和华你的上帝。"（出二十 2）真正的悔改是感恩的一部分。

因此，《圣经》其次教导我们，认信包含认信耶和华的名。悔改和认信耶和华的名归属一体。因为，认信耶和华的名意味着全心相信和承认主耶和华是立约的上帝，祂在基督里启示自己是那位信实、慈爱并成就祂诸般恩典的应许之上帝。那以真实和正直之心悔改的人，便回转归向上帝，就是永生的上帝，在基督里使人与自己和好的父。

因此，当施洗约翰在新约时代出现的时候，他不仅呼召人悔改和认罪，并且还将人指向那除去世人罪孽的上帝的羔羊（约一29）。他不仅是律法和悔改的传道人，也是福音的先锋和信心的传道人。天国已经近了，不是吗？比他更受欢迎的那位在他之后而来，他就是给祂解鞋带也不配（约一27）。约翰所施的洗是赦罪的记号和印记，而赦罪是藉着悔改的途径赐下并被人获得。

在新约中，认信的全部内容一直可以用以下几个词总结出来：耶稣是基督，永生上帝的儿子（太十六16）。那在人的面前如此承认祂的，有一天祂也要在祂的天父面前承认他（太十32）。当耶稣的很多门徒开始退去，不再渴慕与祂同行这一沉重和严肃的时刻来临的时候，祂问十二门徒："你们也要离去吗？"但西门彼得代表所有人回答："主啊，你有永生之道，我们还归从谁呢？我们已经信了，并确信祢就是基督，永生上帝的儿子。"（约六68）埃塞俄比亚的太监一作出那美好的认信，腓利就立即给他施了洗（徒八37-38）。藉着耶稣基督在肉身显现这一认信，诸灵就被分辨出来（约壹四1-3）。因此，若有人认信耶稣是上帝的儿子，上帝就住在他里面，他也住在上帝里面（约壹四15）。

耶稣是应许的弥赛亚，是上帝所膏立的先知、祭司和君王，此乃整个基督教信仰最简要的总纲。这是启示的核心，是《圣经》的中心，是一切认信的精华，是一切救恩真理的核心教理。它也是光源，一切有关上帝的知识的光线都由它而出，并向四周发散。基督的位格决定着基督教的本质。

藉着这一认信，基督教会便在犹太人和外邦人中拥有了她自己的独立地位。她借此有别于二者，并与他们分开。出于此认信，她的信心和生命更加丰盛地成长。起初，每一个认信主耶稣的人都会受洗。随后，这一认信要增加认信父、子和圣灵的名。在我们大公性和确实的基督教信仰的十二项认信条款中，这一认信有了进一步的发展。最后，在基督教会不同的认信中，这些条款得到了进一步的研究和更佳阐释。这些认信都是同一棵树所长出的枝叶。耶稣为基督的信念就是这棵树，它起初就被栽在了教会的土壤中。

无疑，这一简要的认信设定了创造和堕落，罪和愁苦。这认信如同一个胚芽，基督的整全位格，祂的名和本性，祂的职分和地位，全都包裹在其中。个人、人类和世界的整个救恩次序也都交织在其中。基督的十字架对犹太人是绊脚石,对希腊人是愚拙的,但是罪与恩典、律法与福音、公义与慈爱、罪责与赦免在十字架上彼此联合与调和。在这十字架上,上帝与世界、天与地、天使与人、万民与列邦向彼此伸出和平之手。因为藉着基督的十字架,上帝已经叫世界与自己和好,不再将她的过犯归于她,并且胜过了一切的权柄和能力。在我们的主耶稣基督的恩典中,我们得以有份于父的慈爱,并享受圣灵的交通。

6. 认信的多样性

> 我们的确听见他们用我们的乡谈，讲说上帝的大作为。
>
> 《使徒行传》二11

这一简要的认信——耶稣是基督，永生上帝的儿子——对初期教会就已经足够了。然而，这一简单如孩童般的信仰时期没有、也不能持续太久。教会外部的敌对以及内部的思想觉醒，都驱使她对自己的信仰作出更加清晰明了的论述。从那时起，各样的差异和争端就开始出现了。认信上的合一很快并永远一去不返了。尽管教会和国家总是用百般强制的方式维持认信的合一，但这仅仅是表面上的，分裂的进程一直延续至今。基督徒中间的争端和矛盾随处可见。那些诉诸祂圣言并且奉祂名的教会和个人，彼此对立和敌对。然而，基督教信仰的多样化在不断增加。如今，人们也不再期望能够恢复合一。

基督教的这一分裂和分离令人非常失望。我们岂不是只有一位上帝，就是父，万有都本于祂，我们也是归于祂吗？我们岂不是只有一位主，就是耶稣基督，万物都是藉着祂而有，我们也是藉着祂而有吗？（林前八 6）教会只有一个身体，一个圣灵，正如她蒙召只有一个指望，并且也只有一主、一信和一洗。（弗四 4-5）耶稣也亲自为祂门徒的合一祷告，好让世人相信是父差遣了祂来。如此，我们也当期待教会口中所出的认信也是一个。不仅如此，业已存在的分离和分裂不单极其让人失望，它也是在上帝面前严重的罪。作为基督徒，我们为此怎样谦卑也不为过。此分离和分裂是对我们极大的控告，因为这尤其归因于我们悟性的昏暗和爱心的缺失。

我们也不能说这些在基督教会中逐渐并立而现的认信是同一真理的不同表达，借此来美化这一分离和分裂。因为这些认信不仅是字句和表述的不同，也不仅是语言和风格的不同，而是常常在论述的事情本身上彼此矛盾，以致一方所支持的，却是另一方所否认的。靠恩典的拣选还是靠先见之信心的拣选，唯独藉着信心的称义还是藉着善工的称义，基督在圣餐中属灵的同在还是肉身的同在，这些并非同一事实的不同称呼，而是彼此矛盾的解释。认信的多样性绝不能与错谬混淆；错谬是因着我们悟性的昏暗而混入认信之中。因此，对于基督教会中已经出现并继续并存的认信，我们不能、也不可以冷漠或中立待之。我们当钦慕那些前赴后继的基督徒们的美善意愿，他们或通过强制措施，或通过人为手段，致力于维持或重建极其令人渴慕的基督教会的合一。

然而，我们也必须思考一个事实，就是所有这一切努力，即便是其中最为崇高的意图，除了歪曲真理、压制自由并常常增大分裂之外，并不会带来别的结果。因为，一个出于公平公正而脱离所有宗派的人，也会陷入成为一个新宗派创立者的极大危险之中。不仅如此，我们也绝不能忘记，上帝的手总是在掌管历史，并在其中执行祂智慧的计划和判断。祂的护理统管万有，没有一事是出于偶然，尤其是在基督教会中，因为在其中父特别膏抹基督为元首和君王。基督教世界持续存在的分裂是一个并未超脱上帝统管的事实，这是祂的定旨所接受和决定的事，并且祂必定在其中有祂崇高和智慧的目的。

尽管我们不能因此就为造成这一分裂和其中所出现的罪开脱，但在另一方面，忽视借着并透过此多样性所带来的极大益处也是不当的。人所看为邪恶的，上帝却常常有其美意。祂能使光出于黑暗，使生命出于死亡，使祂名的尊荣与荣耀出于人的羞耻。上帝如此远离邪恶，全能者如此远离不义，以至于祂能胜过并利用罪为祂美德的荣耀和国度的坚立而效力。

真理一旦被基督和祂的使徒所宣讲，并被反射在人的意识中，极有可能就立即失去其纯洁，且与各样的错谬混杂。异端和分裂在使徒时代就已经出现了。然而，教会对真理的丰富性和多样性的理解也越发清晰、充足和准确。她透过信心之眼，对救恩的奥秘总是有更深的洞见；这救恩就是上帝在祂的圣言中为教会所预备和显明的。

毕竟在自然生命中，人类的子女彼此就完全不同。性别和年龄、天赋和性格、教育和环境、国籍和民族、时间和地点、社会地位和身份各有不同，还有不同的恩赐、理性与心灵，这些都会给他们的思维方式和对事物的解读带来极大的不同。世界上没有两个一模一样的人。自然存在的差异并没有因恩典而被抹消。因为恩典不会压制并消灭自然，而是恢复并更新自然，并以属灵恩赐的多样性来增加自然的多样性。这些恩赐无疑全部都是由同一位圣灵所作成的；祂是随己意赐人恩赐的圣灵（林前十二 11）。

上帝喜爱合一性中的多样性。整个被造物均可为此作见证：自然与它的群山和深谷，海洋和岛屿；地球与它的矿物界、植物界、动物界和人；穹苍与它的众行星和恒星；天上的天与它千千万万的圣天使。上帝无限和丰富之存有的大荣耀借祂手的工作映射而出。祂的美德和圆性（volmaaktheden）反映在一切受造物之中。

在再造之工当中，此多样性向我们启示得更加清晰和丰富。首先，基督是人类后裔中最美的，祂的嘴里满有恩典与真理。其次，众多族长与先知、使徒与传福音的、殉道者与改教家围绕在祂四周，他们是整个被赎的大军，是基督的宝血所买赎和圣灵所更新之人。他们在天堂彼此不同，在地上也彼此不同。这诸般的多样性，甚至是藉着人的罪恶、罪责和错谬，都有益于我们获得真理的知识和对恩典的夸耀。基督使用它，并用其装饰祂的教会。圣灵也使用它，好让人人以他自己的语言来传扬上帝的大作为。终有一天，在时间的末了，一切的尊荣与荣耀都要从教会中，就是从万口和万民，万族和万邦所召聚的人中，归于上帝。

因此，不同的关系反映在整个认信的多样性中，其中恩典与自然有关，这并不令人惊讶。基督教信仰的本质在于以下事实：圣父所造之物被罪破坏，后在上帝儿子的死亡中被复原，并藉着圣灵的恩典被再造而进入上帝的国。因此，一个总是萦绕我们的重要问题是：恩典本身与自然的关系为何？在实践上，每个人都必须在他的思想和生活中，意志和行动中为自己管理这一关系。该关系在更大的范围中，在教会和国家中，在家庭和社会中，以及在科学和教育中持续不断地出现。创造与再造、地上国度与天上国度、人类与基督教、从下面而来的与从上头来的，它们之间的关系又如何呢？

每一个人都将根据他自己的个性或特点，以不同的方式来指定这种关系，并在生活中以不同的方式加以应用。以下不同的看法会带来截然不同的结果：我们视恩典为教义还是生命；视它为加给自然的超自然添加物，还是罪这一疾病的救法；视它仅为了心灵内室，还是为着整个丰盛的生命；视它只用于拯救灵魂，还是出于上帝一切的作为并将荣耀归于祂。因着这一差别，在信徒中间，甚至在同一教会的会友中间，会在认信中产生大小不同、各式各样的区别。无疑，真理只有一个，但它以非常不同的方式反映在人的意识中。穹苍中发出光芒的太阳虽然只有一个，但注目它的眼睛多而不同。

在这些相似的多样性中，真理的某些方面得以显明，但是基督教会认信的差异并非绝对。无论这些差异有多大，我们绝不能忽略它们所清晰表现的合一性，因为我们总是很容易变得片面。我们不能否认在许多认信条款上都有差别和冲突。当我们凝视令信徒产生分离的事物时，就会很轻易地忘记使他们彼此联合和联系的事物。和谐一致常常因着已有的纷争而远远地退出了我们的视线。虽然如此，此和谐一致依然存在。所有信徒不仅在属灵层面上为一，因为他们都一并嫁接在基督的身上并因此成为祂的肢体；而且在外在的层面上，也有一条可见的纽带环绕在众基督教会与其认信的周围，并将教会与一切非基督徒区别开来。

诚然，整个基督教世界没有超越信仰的分歧。不计其数的基督教会和认信彼此之间的差异并非机械性地连结和谐一致的关键点。我们不能把前者与后者分开，以便得到完全相等的总和。每一认信都是一个有机体，或者说，是一个有机的整体。基督公教就是基督公教，就算在众教会所接受的《使徒信经》中也是基督公教。改革宗与路德宗，浸信会与阿米念，他们彼此的不同不仅在于有关拣选、教会和圣礼的教义，也在于有关上帝、基督、创造与护理、救赎与称义的教义。

然而，合一性仍然出现在有信仰分歧的基督教世界。倘若我们正确地看待这一合一性，它就比一切分裂和分化信徒的事物更加无比地重要。尽管不可能将这合一与差异分离，但是它确实存在其中，并清晰明了地显明出来。虽然成文的认信常常主要在于解释差异性，但是在不成文的认信条款、祷告、信心的果子和慈善关怀事工中，一个显著的和谐一致就跃然在人的眼前。口中不完全的认信往往不能正确表达心中的信心。

如此，主的定旨和旨意似乎就是，对上帝儿子的信心和知识的合一，藉着多样性、甚至彼此冲突的观点得以发展，直到时间的末了就完全显现出它的荣耀。基督的身体在将来要完全长成，长大成人，满有基督长成身量（弗四 13）。那时，众圣徒必能一同完全明白基督的爱是何等地长阔高深，这爱是超过人所能测度的，好使他们能被上帝诸般的丰盛所充满（弗三 18-19）。

7. 认信的普世性

> 所以无论谁，都不可拿人夸口，因为万有全是你们的。或保罗，或亚波罗，或矶法，或世界，或生，或死，或现今的事，或将来的事，全是你们的；并且你们是属基督的，基督又是属上帝的。
>
> 《哥林多前书》三21-23

认信的多样性并没有破坏它的普世性。尽管有众多的教会，但作为基督徒，我们都一同承认一个圣而大公的教会；她出现在基督教世界许多不同的教会中，尽管常常以一种非常不完全的方式出现。

基督徒认信的普世大公性的意义在于，她遍及全地，包括所有真信徒，对所有人都具有约束力，并对全世界都有重要意义。基督教是一个世界宗教（wereldgodsdienst），面向且适于所有民族和世代、每一阶层和阶级、每个区域和年代。最为大公性的教会乃是，在认信中将基督教信仰国际性和世界性的特点以最为纯粹的方式表达出来，并将此认信最为广泛地应用到实践中。

基督宗教的这一普世性直接与她所教导的上帝的合一性有关。上帝是独一的，因而祂的圣言和工作也绝不会彼此矛盾。万物都在祂的意识、旨意和定旨中有它们的关系和体系。它们一同存在于子的里面，而祂是那不能看见之上帝的像，是首生的，在一切被造以先，万有都是靠祂而有，也是为祂而有（西一 16）。子同时又是基督；是道路、真理和生命，若不藉着祂，或者若在祂之外，没有人能到父那里去（约十四 6）。基督是天下人间唯一赐下的名，使罪人可以靠着得救（徒四 12）；祂是教会的元首，父让一切的丰盛都居住在祂里面，这样便透过祂，藉着十字架上所流的宝血成就了和平，好叫万有——无论是天上的，还是地上的——都与祂自己和好（西一 19-20；二 9）。

因此，基督教是绝对的宗教，是唯一且必不可少的真宗教。她不容许其他宗教同她享有近乎同等的价值。按照其本性，这是无法容忍的，正如真理总不能并绝不能宽容虚谎一样。她甚至不会满足于在众宗教中居首位。相反，她宣称自己是唯一真实、全备的宗教，吸取并成全了所有宗教中的真与善。基督并非是与众人并肩而立的一位。相反，祂乃是人子，按圣善的灵说，因从死里复活，以大能显明是上帝的儿子（罗一 4）；并且，祂从父那里领受了超乎万名之上的名，好因祂的名叫万膝跪拜，万口承认"耶稣基督为主"，使荣耀归于父神（腓二 9-11）。

这一合一性必然意味着基督教的普世性。因为只有一位上帝，祂是万有的创造者；因为在上帝与人之间只有一位中保，所以祂是全世界的救主（提前二 5）。因为只有一位圣灵，从父和子而出，因此祂是真理唯一的引导者与指导者，是教会独一的教师，也是所有信徒完全的保惠师。

《圣经》以最为清晰优美的方式宣讲基督教的普世性。父爱世人，因此赐下祂的独生子，好叫一切信祂的，不至灭亡，反得永生（约三 16）。在祂儿子里，上帝叫世界与自己和好，不将它的罪归在它身上。基督亲自来到世上，不是为了定世人的罪，而是为了拯救世人（约三 17）。祂是光，是生命，是世人的救主，是和好，不单是为我们的罪，也是为普天下人的罪（约壹二 2）。天上地下的万有都在祂里面与上帝和好，并同归于一（弗一 10）。那靠祂而有的世界，也被指定由子来继承为业。有一天，万国都要成为我们的主和主基督的国（启十一15）。

这一大而荣耀的真理总是常常被人否认和误解。数世纪以来，直到现在，无疑仍然有一些基督徒，他们虽然认为福音对于宗教道德生活有一定重要意义，但同样也限制了它的影响力，并对它在自然生活、家庭、社会和国家、科学和艺术中的价值毫无所知。的确，很多人以为再造与创造对立，与它为敌。这样，恩典就会摧毁自然。于是，最好、最敬虔的基督徒就要隐居于世，离群索居。

这样，拥护不信之人就对此大加利用，得意洋洋地称基督教敌视所有文化，因而不论从哪方面来看，基督教都不再适合当今的人类。在过去的几个世纪里，基督教可能完成了一个伟大的呼召，甚至时至今日，她还会给身处忧伤中的人带来抚平伤痛的安慰。然而，对于人类整体而言，基督教已经过时，并且近乎消失了。文明、科学、艺术、商业和工业在人眼前成了诸神，领人出为奴之家。基督福音的目的已经完成了，祂的国不属于这世界，也跟这世界无关。虽然整个宗教在教会和密室里也许的确还有一点生存权，但在生活领域中无一席之地。宗教与政治没有关系。在科学的学校、艺术殿堂和国会会议中，全能者都被拒之门外了。世界从上帝和敬虔之事上的解放或挣脱，要一直持续进展到世界的末了。

这一观点中有一个不可忽视的真理。耶稣确实来到世上，并取了我们自然的生命。然而，祂取得这生命是为了舍弃它，并把它舍在祂的十字架上。祂终生未婚，没有在公民生活中追求任何职位或岗位，也没有在国家中担任一官半职。祂既不是科学家，亦非艺术家。祂的整个生命就是一个祭物，藉着祂的顺服至死而完全献上自己。祂来是为了死，死亡是祂生命的目标和目的。正如祂为自己所作的见证说，祂来不是要受人的服侍，乃是要服侍人，并且舍命，作多人的赎价（太二十28）。

不仅如此，祂如此行不单单是为了祂自己。祂要求祂的门徒效法祂，跟随祂的脚踪。凡不背起自己的十字架，就不能作祂的门徒

（路十四 27）。若有人想要救自己的生命，就失去生命；但若为祂的缘故失去生命，必得着生命（太十六 25）。若有人爱父母超过爱祂，就不配作祂的门徒，但若有人为祂名的缘故失去一切，就必得着百倍并承受永生（太十九 29）。为了进入天国，那让人跌倒的眼睛要被剜出来，让人跌倒的手脚要被砍下，因为缺手缺脚进入永生要好过有双手双脚和双眼被丢进地狱的火中（太十八 9）。十字架福音这一严苛的要求不得有丝毫减损。福音虽然可能是为人的缘故，但绝不能迎合人。若有人想用时代精神和当今的理性塑造福音，以为这样就可以为福音找到一个突破口，他就是在抢夺福音的大能，并且等待他的只有失望。因为基督无疑不是一个政治领袖或社会改革家，祂的福音不适合用来作为一个社会性的项目，《圣经》既不是一部法典，亦非一本艺术或科学手册。圣道的宣讲并非在传讲人的智慧，教会的治理也不是管辖和执行权柄，执事的设立也不是为了解决贫穷问题。

基督不是为此而来，祂的圣言也并非为此而赐给我们。基督是救主——这是祂的名和祂的工作。除此之外，再无其它，无所增添，也无所减少。祂的牺牲是为罪献上的赎罪祭，祂的福音是关乎拯救的好消息，祂的教会是圣徒的相通。基督教是宗教，而非哲学。但是，基督教也是完全和完美的，是纯洁和完整的真宗教，是与上帝以及因而与一切受造物之正确关系的复原。基督以外，别无救主，但祂也是如此完全，以至祂的福音乃是上帝的大能，要救一切相信的（罗一 16）。因此，祂不拒绝任何人或事。自以为毫无所需的富足人，祂打发他们两手空空而走，但祂以美物令贫穷者满足（路一 53）。对于那些以自义为足的法利赛人而言，基督三次向他们重复宣告：祸哉（路十一 37-44）。然而，祂邀请税吏和罪人来到祂面前，祂医治有病的人，使瘸腿的人行走，使患大麻风的得洁净，使瞎眼的得看见，使死人复活。祂举手为小孩子祝福，向贫穷人宣讲上帝国度的福音。祂走遍全地，广行善事，多施祝福（太十一 5）。

在这些事中，祂一点都不是一个怪人。与施洗约翰不同，祂来了，又吃又喝，以至当时的人给祂贴上了贪食好酒的标签（太十一18-19）。在迦拿的婚筵上，祂是一名客人，接受邀请参加筵席（约二1-12）。他禁止门徒禁食，藉着婚筵的比喻，启示了将来得救的大喜乐（太九14-15）。在生命的最后一夜，祂应许自己的门徒，尽管祂现在不会再同他们喝这葡萄汁，然而有一天，祂要同他们在父的国里喝新的（太二十六29）。

基督认同并尊重各个领域中自然生活的秩序，因为祂来了不是要拆毁父的工作，而唯独要除灭魔鬼的作为。祂缴税，拒绝为因产业相争的两兄弟断定家务，吩咐将属于凯撒的归给凯撒，要求人顺服那些坐在摩西位置上的人，甚至在最为试验人的时刻禁止门徒使用刀剑。祂从不煽动反抗，祂的口中总是无时无刻不充满了爱的恩言。要爱你的仇敌，为咒诅你的人祷告，善待那恨恶你们的，为那恶意利用你们和逼迫你们的祷告（太五44）。

祂同样以孩子般的喜乐热爱自然。祂享受自然的美丽，并在它的荣耀中让自己恢复精力。祂的眼目观看地上的青草和田野的百合，空中的飞鸟和海里的游鱼。葡萄树和无花果树，芥菜籽和麦粒，葡萄和荆棘，无花果和蒺藜，田地和牲畜，打渔和商业，这些都成为祂口中用来教导天国道理的象征和比喻。整个自然界都在向祂讲论那位在天上的父，祂叫日头照歹人也照好人，降雨给义人也给不义的人。祂几乎不责备一切的奢华，以至于当马利亚用一瓶极珍贵的香膏膏祂时，祂没有同祂的门徒一起责备她浪费，反而满怀谢意地欣然接受这一非常宝贵的尊荣记号。

那让万有都沉默的，无疑是耶稣为我们的缘故献上了祂自然的生命，然而祂再次将这生命取回，从死里复活。当祂在那木头上以肉身担当我们的罪，并因此将这自然的生命从罪责、咒诅和死亡中解救出来时，祂随之再次收纳它为祂所有，如今却是复活的、属灵的和圣洁的。基督从死里肉身复活是以下事实的决定性证据：基督教不与人类或自然的任何事物为敌；相反，它渴望将受造物从一切罪恶中解救出来，并使之完全成圣，从而献给上帝。

耶稣的门徒没有别的道路可走。可以肯定的是，若有人想要跟随耶稣，他就必须舍弃所有，但他又会再得到所有，三十倍、六十倍并一百倍。若有人被嫁接在祂死的样式上，也必被嫁接在祂复活的样式上。若有人与祂一同受苦，也必与祂一同得荣，并且这一荣耀并非在天堂里才刚刚开始，而是已然在地上开始。因为凡相信的，就有永生，且日日都被更新。从十字架到冠冕，出死入生，这是耶稣和祂门徒共同的道路。因此，藉着死，万有也在复活中归于他们。因为他们已经与基督同死同复活，现今在对上帝儿子的信心中度过自己肉身的余生；祂已经爱了他们，并为他们舍了自己。尽管向着世界已经被钉死，然而他们并没有脱离世界，而是在世界中蒙父保守脱离那恶者。他们蒙召的时候怎样，就当保持原状。那回转归主的犹太人，不需要重新接上自己的阳皮。那相信的希腊人，也不需要被迫受割礼。仆人仍旧是仆人，尽管在主里他是自由的；自由的仍旧是自由的，尽管他是基督的奴仆（林前七 21-23）。不信的丈夫因着妻子成为圣洁，不信的妻子也因着丈夫成为圣洁（林前七 14）。

所有的自然定例仍然存留。它们不是被革命性地推翻，而只是以新灵被再造了。因为天国不在乎吃喝，而在乎藉着圣灵而有的公义、平安和喜乐（罗十四 17）。凡上帝所造的物都是好的，若感谢着领受，就没有一样可弃的，都因上帝的道和人的祈求成为圣洁了（提前四 4）。信徒唯独需要思想凡是真实的、可敬的、公义的、清洁的、可爱的、有美名的（腓四 8）。至于其余的一切都是他们的，因为他们是属基督的，而基督又是属上帝的（林前三 21-23）。

敬虔对于凡事都有益处，因有今生和来世的应许（提前四 8）。对于那求天国和它的义的人，凡事也都要加给他（太六 33）。最优秀的基督徒也是最优秀的公民。对于自然生活，他并不因自己的认信而置身事外，也不站在其对立面。他乃是自豪又勇敢地带着此认信进入世界，凡脚所踏之地，必有十架旌旗矗立。对于一切受造物，对于心思和心灵，对于灵魂和身体，对于家庭和社会，对于科学和艺术，基督的福音都是一个大喜的信息。因为此福音救它们脱离罪责，赎它们脱离死亡。它是上帝的大能，要救一切相信之人（罗一 16）。

8. 认信的义务

> 因为你们是用重价买来的。所以，要在你们的身子和心灵上荣耀上帝，这本是属上帝的。《哥林多前书》六20

无疑，认信的根基和起源在于心灵，但按照其本质和特性，认信本身仍与口中的言语有关，是嘴唇的工作。然而，很多人认为口头宣告仅是认信的附属品，是随心所欲的附加品，至少只是一个多余的好行为。他们也知道如何以很多好听的说辞来修饰自己的观点。他们认为个人对基督和灵魂救恩之信心的重点在乎心灵，而不在乎外表的嘴唇行动。他们认为，相较于使用绚丽的辞藻和虔诚的术语，静默的认信和暗中的见证有更大的价值，并能结出更丰盛的果子。他们说，耶稣亲口说"凡称呼我主啊主啊的人，不能都进天国，惟独遵行我天父旨意的人才能进去"（太七21）。他们说，你当暗中在上帝面前认信，而不是公开叫卖真理，把珍珠丢给猪（太七6）。他们说，天国不属这世界，它不是以外在的形式降临，而是来到我们的心中。他们说，人眼是看外貌，但上帝是看内心（撒上十六7）。

这个天大的谎言和谬论在口头认信中占主导地位。与之相反的是，这一关于人心灵回转的绝对必要性的提醒是完全恰当的。一种可怕的假冒为善已经悄然混入了此嘴唇之工。有一种不应被称为正统的正统，以形式上和理性上对真理的接受作为其在上帝面前称义的根基。信靠敬虔外在行为的功德是一种罪，但信靠外在的学识和理解的功德也同等为恶。它会让人以轻蔑和骄傲的心轻看那些不懂律法的大众，并在怜悯与慈善事工中颗粒无收。因此，为反对这一虚假的正统，我们的责任和呼召总是要强调心灵，并劝勉在上帝面前的正直无伪。"说谎言的嘴为耶和华所憎恶，行事诚实的为祂所喜悦。"（箴十二22）祂断不喜悦那些嘴上亲近祂，唇上赞美祂，心却远离祂的人（赛二十九13）。上帝向每个人首先索要的就是他的心，因为一生的果效都由心发出（箴四23）。作为一名基督徒不在于豪言壮语，而在于与上帝同工，完成大事。

然而，这丝毫不贬损以下事实：《圣经》赋予嘴唇的见证以极高的价值，尤其喜悦人口中的认信。世间没有哪本书像上帝的圣言这般，无畏地揭露一切的假冒为善，却同时如此高度重视话语的意义和见证的力量。

言说正是上帝的一个本质属性，是祂永恒不变之工。父在永恒中以言说从自己的本质中生子；子本是道，就是由父言说同时又自己言说的道，祂在太初就与上帝同在，并且祂就是上帝（约一1-2）。在这道里，同时也是藉着道，上帝使万有而立，保护、治理、再造并更新它们。祂的言说就是行动，祂的道就是能力，祂说有就有，命立就立（诗三十三9）。祂提名召那些尚未存在之物，如同它们已然存在一般。

在这一方面，人也是按上帝的形像造的。他不仅从他的创造主那里领受了心思和心灵，还领受了舌头和语言。因此，他不仅要思考和感受，也要讲话和见证。他所讲的话必须要赞美和宣扬上帝的伟大之工。正如那侍立在宝座前、彼此歌唱赞美耶和华的天使，他们唱道："圣哉，圣哉，圣哉！万军之耶和华；祂的荣光充满全地！"（赛六3）正如众圣徒一同唱着上帝仆人摩西和羔羊的歌赞美祂：

"主——全能的上帝啊,祢的作为大哉!奇哉!众圣徒之王啊[9],祢的道途义哉!诚哉!主啊,谁敢不敬畏祢,不将荣耀归与祢的名呢?"(启十五3-4)《圣经》中的确一再要求众受造物都当赞美耶和华的名。"你们作祂的诸军,作祂的仆役,行祂所喜悦的,都要称颂耶和华!你们一切被祂造的,在祂所治理的各处,都要称颂耶和华!我的心哪,你要称颂耶和华!"(诗一百零三21)

在这些所有能够言说和赞美的受造物中间,作为领受了话语从而可以表达思想的受造物,人类不应保持沉默。实际上,他不当保持沉默。甚至他的沉默也可被算作一种承认。如同人心一样,人的口也不可能保持中立。不认信基督的,就是否认祂。沉默很快就会演变为怀疑、不信和敌意。"舌头就是火,在我们百体中是个罪恶的世界,能污秽全身,也能把生命的轮子点起来,并且是从地狱里点着的。"(雅三6)它是"不能被制伏的,是不止息的恶物,满了害死人的毒气"(雅三8)。如果我们不用它称颂上帝,就是父,那么我们就会用它咒诅那按上帝形像被造的人。

上帝在再造中的目的,就是人人将再一次说话、赞美并传扬祂的美德。上帝救赎心灵,也照样救赎舌头;救赎思想,也照样救赎语言。祂使人的身体和灵魂都得释放,也再一次松开人的舌头,解开人的嘴唇。祂使口中充满欢笑,嘴上溢出喜乐。思想和话语同样也是一体的,不当被拆分开来。话语是成熟的思想,是达至自由独立的思想。人心中的思想如同枝子,而话语就是它的花朵和果实,藉着人的口和嘴唇发芽并成熟。这嘴唇的果子属于我们以颂赞所献之祭,而上帝则是它的创造者和塑造者。

因此,旧约的圣徒也如此祷告:"主啊,求祢使我嘴唇张开,我的口就传扬赞美祢的话。祢的赞美,祢的荣耀终日必满了我的口。"(诗五十一15;七十一8)当神差遣祂的灵,摩西的祷告——就是所有的百姓都可以成为上帝的先知——便得到应允。那时,儿子和

---

[9] 中注:《和合本》此处为"万世之王",《和合本修订版》和《新译本》此处为"万国之王"。

女儿、少年人和老年人、仆人和使女都要开始发预言,人人都要以他自己的语言来传扬上帝的奇妙作为。那么,沉默便不可能了。口中溢出他心中所充满的:噢,耶和华啊,我要在大会中赞美祢。我要全心赞美祢。我要向至高者耶和华的名歌唱;我要一一述说祂奇妙的作为;我要在列邦中赞美祂;我要时时赞美耶和华;祂的荣耀必常常充满我的口;我要永永远远赞美祂(诗七17;九1;三十四1;三十五18;五十二9;一百零八3)。

上帝如此高度重视这嘴唇的果子,以至于耶和华在婴儿和吃奶的口中为自己得着荣耀、建立能力,以此阻挡那些藐视和嘲笑祂的人(诗八2)。倘若门徒们沉默不言,那么石头都要呼喊起来(路十九40)。上帝要求人全然服侍祂。祂渴望人以他的心思和心灵、口和舌,以及全部的力量来爱祂。当人因着罪的缘故不再爱上帝,是祂亲自在基督里,并且也是藉着基督,从全世界召聚了宣扬那召她出黑暗入奇妙光明者之美德的教会(彼前二9)。上帝亲自呼召并如此要求祂的百姓,亲自使他们有能力并且甘心乐意地去行。祂以祂的灵将他们驱赶到这里,因为这灵以真理引导他们,使他们承认耶稣是主,在他们里面为他们儿女的名分作见证,并使他们大声呼喊:"阿爸,父!"(加四6)因为他们已经用重价,就是用儿子的宝血买来了;因此,他们被召要在他们那属上帝的身体和灵魂上荣耀上帝(林前六20)。

这一认信主名的责任落在每一位信徒个体的身上。我们口中的认信可以表明我们是否人如所言,是否有圣洁的真诚,是否看重上帝的爱超过世间的友谊。它是真理的证据,是信心的基准,是上帝在我们里面工作的冠冕荣耀。上帝出于祂的恩典,藉着祂的灵在我们心中所作成的信与爱,在我们的认信中,透过我们的嘴唇又回到了上帝那里。这不是一项艰难的责任,也不是一个严厉的命令,而是一个不会使人忧虑的爱的服侍,是一项有福的特权和极高的荣耀。对人类子孙而言,没有什么工作比获准承认上帝的名,并宣扬祂的荣耀更有荣耀了。

这一认信的特权不仅赐给信徒个人，也给教会全体。她因着信，所以她说话。历世历代，她未曾不认信。不拘是敌是友，她都向他们表明自己心中盼望的缘由。她的见证犹如众水的声音。她在自己的大会和敬拜侍奉上，在自己的祷告和诗歌中，在怜悯事工和爱的施与中，显明她的信心。她随时随地都在认信。她是，也只能是一间认信的教会。

当谈到教会的认信时，单单想到或甚至首先想到的是她认信的书面表达，这是非常片面的想法。无疑，因着谬误和异端，这对教会而言逐渐变得必要。当教会在世呈现书面形式的信仰告白时，她也是作出了关于她信心的荣耀宣告。

基督的教会已经在多方面被否认拥有权利来书面表达自己的信仰和警醒保守它的完全；然而，这毫无依据。她并没有以她的书面信仰告白侵犯上帝的圣言，反而依照其信心和知识的程度阐明了上帝圣言的内容，而这是在上帝所定的时间赐给她的。她并没有因此触犯《圣经》的权威，而是单单努力维护它，不致使它遭受个人私意的摆布。她没有用自己书面认信来约束人的良知，反而是将它从人反复出现的错谬中解救出来，并竭力地掳掠人所有的心意，使之顺服基督。她并没有因着书面认信限制自身的发展，反而是努力持续让自己的发展走在正路上，就是走在建造而非拆毁的道路上。教会的认信绝非与《圣经》并肩而立，更不可能凌驾于其上，而是远在《圣经》之下。《圣经》是、也将一直是信仰和生活的唯一、完全且充分的准则。

即便一间教会从来没有书面表达自己的信仰，只要她是一间教会，她总会有自己的认信。然而，当她书面表达自己的信仰时，便会因此受益，即就她所承认的真理可原封不动地传递给后人，并可以在面对各种错谬时更容易保留。教会的认信有其巨大的教养价值。一个人在这样的认信中长大成熟，随后又自由独立地接受这样的认信成为他自己的认信。正如一个孩子在各个方面都继承他祖先的工作，一年又一年，他也活在列祖留下的属灵遗产中。没有人是从零点开始的。每个人都是站在前人的肩膀上。每个人都靠着我们的父母和祖父母留给我们的财富而活，消费它们。只是，对我们每个人的要求乃是，我们当竭尽所能掌握从列祖那里所继承的，使之成为我们自己的。如此，一个孩子也要接受教会的认信，以至于日后这成为他个人信心的自由独立的表达。

正因如此，不论教会的书面认信何等重要，都不能跟个人的信心割离，也不能剥夺它本身与教会见证和行为的一致性；正是这见证和行为使教会不同于世界，将她放在与世界相对的位置上。认信不是一份文件，因其历史渊源而捆绑我们。它对我们的权威也不在于其久远的历史。相反，正如教会其他所有行为一样，认信无时无刻不是被她的信心所孕育激发，也如此代代相传。甚至直到今日，它仍然是我们的认信，并非因为它是我们的列祖所编纂并传给我们的。这乃是因为此认信对于今日的我们，正如对先前世代的父辈一样，是我们信仰最纯正的表达，是对上帝的真理最为清晰的陈述，是对救恩的宝藏最为华美的展示；这是上帝在基督里所赐给我们的。我们从小就在教会的认信中受训，现在我们以它来宣告我们的信心。

9. 对认信的敌对

> 弟兄们，我告诉你们，我素来所传的福音不是出于人的意思。
>
> 《加拉太书》一 11

认信与肉体和血气相悖，与世界和撒旦敌对。按着本性，每个人都仇视"耶稣是基督"这个宣告。对肤浅之人而言，福音时常受到极大的反对似乎是一件怪事。它岂不是一个关乎所有受造物的大喜信息吗？它只传讲恩典、平安和救恩；它向人无所索取，却赐他们一切。然而，它处处都遭受抵挡和反对。因为，对犹太人来说，它是绊脚石，对希腊人来说，它是愚拙（林前一 23）。福音虽然为了人，却不出于人。倘若它出于人的计划和推理，那必不会如此。福音既是出于上帝，因此它就不服从于人的思想和欲望，以及他们的情欲和激情。人的心思与心灵、欲望与意志、灵魂和身体都在抵挡基督的福音。人在这个抵挡中，因外部而来的整个世界和黑暗的国度而更加顽固。

当然，人的抵挡因环境而异。在平静安稳的年日，福音所遭受的抵挡没有在教会遭受压迫和逼迫的年代那么剧烈。在一个充斥罪人和亵慢者团体中为基督辩护，比在一个亲朋好友都认信真理的环境中需要更大的勇气。与住在与世隔绝的小岛或村庄里那些平凡单纯的百姓相比，身处一群有学问的上流人士中则需要更强的信心，才能不以基督为耻。

然而，各处抵挡在原则上如出一辙。因为肉体、世界和撒旦在各处是一样的，而基督福音最强大和顽固的抵挡者就住在我们自己的心里。尽管这敌意外显的形式可能有所不同，但不论在何处，认信主名总是伴随着舍己和背十字架。对于每一个与世界决裂而跟随耶稣的人而言，不论身处何种环境，他们都有份于蔑视与嘲笑。即便信心已在我们心里作工，并驱使我们认信，然而无论这驱使有多强烈，我们在此时仍然时常一贯闭口不言，并退缩而未欢喜自由地承认耶稣的名。

请思想彼得，他在危险时刻否认了自己的主，随后在安提阿，更是因为惧怕受割礼的弟兄而犯了假冒为善的罪。然而，彼得作为最重要的使徒，因着他对耶稣弥赛亚身份那自由且大有荣耀的认信，领受了磐石的称号，并感受到自己被对救主强烈的爱所约束，以至他愿意与祂同死，也绝不愿否认他的主。如果他都能跌倒，也确实跌倒了，那谁还能站立得稳呢？"自己以为站得稳的，须要谨慎，免得跌倒。"（彼前四17）这警告对谁又是多余的呢？

基督教会的历史不仅向我们呈现了许多坚定不移的殉道者的美好榜样，也让我们看见成千上万个令人伤心的故事。他们或在试探来临时否认信仰，或以乖谬的方式收回自己的认信。当逼迫或苦难因上帝的圣言而兴起，那起初听了上帝的圣言就欢喜领受，却因心里没有根只能持续一段时间的人，就跌倒了。

信徒暴露在诸多的危险之下，众多海边的峭壁让他面临搁浅的危险。眼目的情欲、肉体的情欲和今生的骄傲（约壹二16），失去名声和名誉的危险，以及失去生命和财产的危险，这些或交互、或单独、或共同影响着耶稣的门徒，动摇他们的信心。在这所有的试炼和试探中，所谓的虚假的羞耻感可能是影响力最大的。因为甚至当苦难和逼迫已经过去，它仍旧发挥影响，让成千上万的人失脚跌倒。不论社会阶层高低，不论贫穷富有，也不论是平民百姓还是达官贵人，这一虚假的羞耻感一直都是拦阻人承认主名的最大障碍。

有一个令人感到深深羞辱的事实是，我们在内心深处以耶稣为耻。因为祂是走遍各地，广行善事，给人祝福的人；祂心里柔和谦卑，并真的死在十字架上。然而，纵然祂完全无罪，因为祂的仇敌是审判官，所以就定祂有罪，让祂以这样羞辱的方式死去。如果我们以这样的人为耻，并且不敢用我们的嘴唇承认祂，那一定是我们出了问题，我们在道德层面一定患病了。

一般而言，羞耻感是个让人不快的感受，由我们一个特定的行为或光景所致；此行为或光景降低了别人对我们的评价。有时候，羞耻感是好的。比如，当亚当因为干犯上帝的诫命而羞耻，他这样的羞耻感表明了他感觉到自己的行为是邪恶的，并且意识到自己的堕落。羞耻感不总是、也不绝对是信心的果子，因为一个自然人也会产生羞耻感，这证明了人并没有因着罪而变成动物或者魔鬼，他依然是人，仍旧保留了自己的荣誉感和价值感。

然而，除了这个真和善的羞耻感，还存在一个错谬虚假的羞耻感。当我们因一些本为善却让自己在别人眼中显得低微的事上感到怯懦和尴尬之时，这种错谬虚假的羞耻感就出现了。因此，我们常常以福音的宣讲留给我们的美好印象为耻。我们常常以良知的控告为耻。我们常常以行恶后产生的痛悔为耻。我们常常以特定环境下产生的恻隐和爱怜之心为耻。我们害怕其他人注意到这些后会藐视和嘲笑我们，害怕他们把我们看成软弱、天真和幼稚的，害怕我们因此失去坚强、勇敢和无畏的名声。

如今，这虚假的羞耻感在与十架福音有关的层面上也落在了我们身上。我们以教会有智慧的不多、有能力的不多和有尊贵的不多为耻（林前一26）。我们以那奇异和奇妙、却被饱学之士和科学主义者所拒绝和驳斥的《圣经》为耻。我们以那宣称自己是上帝独生子和父的受膏者的基督为耻。我们以那让犹太人跌倒，又让希腊人看为愚拙的十字架为耻（林前一 23）。我们以那揭露我们的本相，显明我们属灵之贫穷的上帝的全备的特殊启示为耻。

我们害怕因着选择站在基督一边，就彻底让我们自己和他人失去名声和身为人的尊荣，成为藐视和嘲笑、虐待和逼迫的对象。我们害怕因着认信基督，我们的尊严、人格和人性就因此受伤和受损。因此，甚至这虚假羞耻感的根基都源自一个昏暗的意识，即我们曾经是按上帝的形像被造，并且仍然保留了一定的身份和尊荣。简而言之，没有人不关心自己和别人当受的尊敬和赞美，因为在他最深的堕落中，他依然是人，继续承受人的名。换言之，他还是上帝的形像和样式。

然而，因着罪的影响，这个觉知（besef）如今以颠倒的次序发挥作用。因为，尽管当我们为着救恩将自己全然归于基督时，我们的确降低了我们在自己和他人眼中的评价，失去了身为人的名声和尊荣。然而，这一评价建立在虚幻的基础上，这虚幻和尊荣转而建立在想象的基础上。因为按着本性，我们自以为富足，发了财，一样都不缺。但当我们拥抱福音时，我们才开始意识到我们是贫穷、瞎眼、赤身，并样样都缺的（启三 17-18）。

因此，我们身为人的尊荣主要是无知和炫耀的果子。赢得人的心意和赞美的艺术在于隐藏我们真实的本性，并让人依照我们外在涵养来评价自己。上帝是真实和诚实的，而人人都是撒谎的。人不单总是撒谎，而且本身就是虚谎。他的存在本身就是虚假和欺骗性的。人的存有和外貌、本质和外显，内在和外在互相矛盾。有时，人的口中溢满爱的言辞，面容上也表现出完全友善，但是他的心中充满了恶念、谋杀、通奸、奸淫、偷盗、假见证和亵渎。一个圣徒，既知道他自己内在人的样子，看见自身心灵的最深处，就会在惊恐中逃离自己。因此，基督的爱大到无与伦比。祂本知道人心所存的是什么，却依然来寻找人，并为人让自己倾倒至死。

如此，我们诚然在幻想和虚幻中为自己和他人而活。对此正确细想后可知，我们并没有因为相信基督失去什么必不可少的事物，因为我们本来就没有这些事物。我们只会因为信而抛开这个幻想，即我们富有充实地活着，并且一无所缺。罪带来的最为可怕的愁苦不是我们的瞎眼，而是虽然我们瞎眼，却想象自己看得见。罪是罪责、罪污和羞耻，但不仅如此，它也是愚拙和无知。

主的圣言使我们对自己的幻想产生疑惑。如果我们渴望被耶稣拯救，那我们必须否认这一幻想。因为成为一个基督徒意味着要将自己和他人的观点看为毫无价值的，意味着要接受上帝对我们的审判，并单单盼望祂的恩典和怜悯。认信基督包括我们要失去自己和一切，失去我们的名声和尊荣，失去我们的财产和鲜血，失去我们的灵魂和生命。这正是虚假的羞耻感所竭力抵挡和抗拒的。自保的渴望在形式上强迫并驱使人尽他最大的能力和力量抵挡福音。属肉体的心思与上帝为敌，因为它不服上帝的律法，实际上也是不能服。自然人也不领会上帝圣灵的事，他也不领会失去我们自己是让我们真正得到保全的唯一方式。

10. 认信的能力

> 所以我告诉你们，被上帝的灵感动的，没有说"耶稣是可咒诅"的；若不是被圣灵感动的，也没有能说"耶稣是主"的。
>
> 《哥林多前书》十二3

"在人所不能的，在上帝却能。"（路十八27）我们一切的能力都从祂而来。所有真挚的认信都来自于心灵的信心，而这是上帝所赐的，是圣灵工作的果子。尽管基督已经成就了万事，但如果祂在升天以后没有差遣那带领人进入一切真理的圣灵，这仍然不会结出果实。因为整个世界都与基督为敌，不爱光，倒爱黑暗。但圣灵已经进入世界，为基督作见证。祂是基督唯一且全能的见证人。众人藐视基督，但圣灵荣耀基督；众人定基督有罪，圣灵却称基督为义；众人拒绝基督，但圣灵维护基督，在人的良知中为基督辩护；众人称基督为可咒诅的，圣灵却说祂是主，归荣耀于父神。

圣灵在圣道中为基督作见证；这圣道就是祂藉着先知和使徒所写成的。祂在世界中为基督作见证，使世界知罪、知义、知审判（约十六8）。祂在教会中为基督作见证，教会则承认基督为她的主和她的上帝。祂在每一个信徒的心中为基督作见证，他们因此知道自己是上帝的儿女，并呼叫"阿爸父"（加四6）。总而言之，没有人能抵挡圣灵的见证。一旦圣灵以祂的大能伴随着上帝圣言的宣讲而来到，即便最刚硬的心也要破碎，最顽固的膝也要屈服，最狂傲的口也要闭而不言。在祂的见证面前，我们一切的思想和顾虑都不再重要，都要灰飞烟灭。凡被上帝的灵感动说话的，没有说耶稣是可咒诅的；凡领受圣灵的，都称耶稣为他的主和救主（林前十二3）。

然而，即使信心已被栽种在人心中，在各种使人不忠的试探面前，那使信心藉着言语和行为而认信的圣灵工作仍是必要的。因为上帝在我们心中运行，使我们立志行事都是为了祂的美意（腓二13）。我们从祂既领受了信心的大能，也领受了认信的胆量。因此，大卫祷告上帝不要从他收回祂的圣灵，并赐他自由和坦然无惧的灵坚固他（诗五十一11-12）。当彼得和约翰站公会面前，并在被释放后将自己的经历告诉了众弟兄，众人就扬声祷告上帝说："现在求主鉴察仇敌的恐吓，并赐祢仆人传讲祢道的胆量。"（徒四30）当他们"祷告完了，聚会的地方就大大震动，他们就都被圣灵充满，放胆讲论上帝的道"（徒四31）。甚至保罗也请求教会为他祷告，让上帝能赐他口才，放胆讲明福音的奥秘（弗六19）。

传讲和见证的胆量不单单首先对牧师是必不可少的，对每个信徒亦然。它是以坚定和信靠的信心，在众人面前公开自由地为上帝在基督里的真理作无愧的见证。它建立在罪得赦免、自由地来到恩典宝座前和在祷告中凡事向祂祈求的有福确据。它也因着《圣经》和历史中众多勇敢且坚定不移的认信的榜样，在我们心中被坚固。

首先是基督的榜样。祂自己就是道，是真理，是上帝完美的启示。祂来到一个伏在罪下、被谎言捆绑的世界。无疑，唯独祂的显现是一个必然会激发世界仇恨和敌意的抗争。这个世界不能容忍耶稣，祂的存在就是对它的审判。于是，这个世界就动用一切力量，将这位义者驱赶出去。然而，耶稣依然忠于祂的父，存心顺服，以至于死在十字架上（腓二8）。祂抵挡了一切试探，忍受了众人的仇视，在犹太公会面前证实自己上帝儿子的身份，在本丢·彼拉多面前作了美好的认信。因此，祂启示自己是那真实和忠心的见证人（启一5；三14），是我们所认信的上帝的使者和大祭司（来三1），为我们留下了榜样，好使我们跟随祂的脚踪行（彼前二21）。

其次，还有千千万万的天使，信徒在基督耶稣里已进入与他们的相交中。他们同样劝勉我们在这场征战中要坚忍。因为他们一路都伴随着基督，在祂作地上客旅的一生中，他们都在人子的身上上去下来（约一51）。他们一直跟随着行走在世界中的教会，被差遣去服侍那将要承受救恩的人（来一14）。他们切望地考察着救恩的奥秘（彼前一12），因着每一个悔改的罪人而欢喜（路十五10）。因着他们完全的顺服，他们就在完美的祷告中成为我们的榜样，并且叫他们藉着我们得知上帝百般的智慧（弗三10）。

然后，还有如同云彩围绕我们的见证人（来十二1），就是全体得胜的教会。尽管他们的成员并未亲眼目睹我们的争战，但他们作为信心见证人的榜样，激励并劝勉我们去效法他们。至少他们当中有一部分尝尽了鞭打和嘲弄、捆锁和监禁的滋味（来十一36）。但他们并不以这美好的认信为耻，依然忠心到底。他们的数目天天加增；拥有完全之义的灵魂如今已经形成了极大的数目，无人能数。他们被接入天堂，在对基督忠心的认信上成为我们的领袖和榜样。

最后，同样还有在地上的争战的教会，她坚固我们持定对盼望不可动摇的认信。诚然，每位基督徒都当如此坚定相信，以至于纵使众人都跌倒，他依然要牢牢地站立不动摇。然而一般而言，人的确并非注定要如此孤寂，也没有能力承受如此孤寂。上帝的确能赐我们坚固的信心，纵使被众人离弃，我们依然能喜乐前行。但是，祂通常使我们处在圣徒相交中，并藉着这样的相交保守我们。"正如我们一个身子上有好些肢体，肢体也不都是一样的用处。我们这许多人，在基督里成为一身，互相联络作肢体，也是如此。"（罗十二4-5）因此，所有信徒都与主耶稣及祂诸般的财富和恩赐相交，他们每个人必定感受到自己有义务甘心乐意地为着其他肢体的益处和救恩使用他的天赋和恩赐。

因此，认信基督的人几乎从未孤单。有时，在特定的环境和时局下，他们也许会感觉自己在孤单中被抛弃。然而，上帝常常在随后就显明，仍然有成千上万未向巴力屈膝的人与他们同在（王上十九 18）。当他们从灵魂的痛苦中脱离，放眼全世界，纵观历史长河，就会意识到自己是那团契的一员。这团契就是从世界的开始直到末了，在信心的合一中，藉着上帝的儿子从全人类中所召聚而成的，并且也藉着祂得到保守和保全。基督教会是人类的核心，是世上的盐，是世上的光（太五 13-14）。凡是这教会中活泼的一员，在他的弟兄姐妹中间，在先知、使徒、教父、殉道者和改教家中间，当属我们族类中最优秀、最伟大和最高贵的。在他们之上，站立着"那诚实作见证的，从死里首先复活，为世上君王元首"的那一位（启一 5）。

尤其在我们国家，不论是何因由，我们都不该灰心退缩，将自己锁在默然之中。因为，基督徒不论在哪里都不是一个教党。尽管他们处处都遭受反对和抵触，但他们在尼德兰绝非如此，因为这个国家是因着宗教改革才诞生和存在的。基督教在这片土地上的特征是真正国家民族性的。改革宗信仰的认信者不是外人和客旅，而是同胞公民，是家庭成员，是那些先辈的后裔。这些先辈为抵挡错谬和对良知的捆绑，以自己的财产和鲜血抗争，直到得胜。

当我们细想这些时，就会知道在忠心的认信和圣洁的言行上，不应让自己留下何种榜样！无疑，为了逆流而上并忍受众人恶言而必须要有信心的能力，纵使他们的恶言是虚谎的，且是因着福音的缘故。大众对个人会产生一种神奇的影响力。每个环境中都充满着极大的危险，以至我们让自己屈从大众，附庸众人。

然而，为了对抗这个危险，信徒可以如此思想而激励自己：他们一同"来到锡安山，永生上帝的城邑，就是天上的耶路撒冷。那里有千万的天使，有名录在天上诸长子之会所共聚的总会，有审判众人的上帝和被成全之义人的灵魂，并新约的中保耶稣"（来十二 22-24）。因此，我们无所畏惧，因为"与我们同在的，比与他们同在的更多"（王下六 17）。

11. 认信的奖赏

> 凡在人面前认我的，我在我天上的父面前也必认他。
>
> 《马太福音》十32

对主名的忠心认信必在天上得极大奖赏。《圣经》不断提到，当基督再来时，必赐奖赏给祂的信徒。这是给耶稣的门徒在地上为祂的缘故舍己、受苦或怜悯慈惠之善工所作的补偿。《圣经》毫不犹豫地藉着这奖赏的应许鼓励信徒在他们的认信上要坚忍。

《圣经》并不担心因此会引进实践敬虔的错误原理，从而导致人为着福气而践行美德，为着属天救恩的缘故而服侍上帝。因为，尽管《圣经》不断提到奖赏，但她强烈反对奖赏是所有服侍的目的。等候那忠心士兵的奖赏，不是义务性的，不是本属于他们的权利，不是他们完工当得的报酬。《圣经》从来不曾提及这一种奖赏，并且藉着受造的人与他创造主之间的关系，从根本上切除了这种奖赏。若有人完成了吩咐他去做的一切事，那他仅仅是个无用的仆人（路十七10）。人本身一无是处，也毫无所有，因此，他没有什么能归给那位他绝对倚赖的上帝。他无所能给是因为他一切皆为领受。他并非是与上帝对立的一方，拥有自己不可剥夺的权利，能够以合约的形式为自己要付出的劳动索要奖赏或工价。

然而，上帝祂自己自愿定意要以祂恩典的诸般赏赐，作为一切行祂道之人的丰盛冠冕。这是祂在第一个约中所应许的，当人顺服祂的诫命时，祂就会打开通往永生和属天救恩的道路。这并非报答所做之工意义上的奖赏。因为对耶和华诫命轻省且理当的恪守，怎能配得在与上帝相交中非强制性的永恒蒙福生命之恩赐呢？

并且，祂也在恩典之约中应许赐永生给凡相信基督之人。然而，就该词的原义而言，谈论"奖赏"的余地就更少了，因为相信就是单单领受在基督里所显现的恩典的礼物。所以，正如一个遭遇沉船事故的船员，在即将沉入深海之际抓住了救生索，这是毫无功德可言的。然而，上帝如此良善，以至于祂不为自己，而是为基督的缘故，让信心和赦罪紧紧连于永生，并且以将来的荣耀激励信徒打那美好的仗。

这样，以下两方面皆为真：一方面，拥有盟约的诸般益处在行为之先，并且唯独跟信心有关；另一方面，善行因如此强烈的真诚而受激励，似乎诸般益处只能藉此获取。尽管信徒是从永恒中被拣选，但他们要竭力让自己的呼召和拣选坚定不移（彼后一10）。他们透过信心拥有永生，然而他们有一天要从父的手中接受它，作为他们舍己的奖赏。他们是葡萄树上的枝子，离了基督，他们就不能做什么（约十五5）。相反，他们被劝勉要住在祂里面，住在祂的圣言里，住在祂的爱里。虽然他们是上帝手中的工作，在基督耶稣里为着上帝所预备的各样善工被造的，但他们也必须行在其中。虽然他们是圣洁的，但他们必须每日让自己成圣。虽然他们已经钉死了肉体并肉体的情欲，但他们要治死自己在地上的肢体（加五24；西三5）。虽然他们确信自己最终的救恩，因为上帝的拣选是不改变的，祂的呼召是不后悔的（罗十一29），祂的约是不动摇的，祂的应许是"是"和"阿们"的（林后一20），但《圣经》也不断催逼他们要恐惧战兢作成自己的救恩（腓二12），忠心至死并忍耐到底（太二十四13）。

《圣经》鼓励的不是被动的基督教，而是主动的基督教。它渴望信徒不断地、恒久地越发成为他们要成为的样式。信徒要让自己与所承受的产业相称，要让自己越发成为那在基督里归于他们之福分的拥有者。因此，同一件事既可以是不配得的、白白的礼物，又可以作为奖赏被呈现出来。它之所以能被称为奖赏，是因为信心和信心中的坚忍是信徒能够完全得享这些益处的唯一方式；这些益处唯独靠着恩典，在基督里赐给他们的。"非圣洁，没有人能见主。"（来十二14）

藉着这一奖赏，我们有时领悟属天救恩本身，后又能明白荣耀的不同程度；此荣耀是按照信徒的行为将来要赐给他们的。地上的事怎样，天上的事也必怎样。在合一中有多样性。那么，"日有日的荣光，月有月的荣光，星有星的荣光，这星和那星的荣光也有分别"（林前十五41）。在父的家中，就是上帝众儿女居住的地方，也有很多住处（约十四2）。按照他们各人忠心的程度，每个教会从教会的君王那里领受属于她自己的冠冕和装饰。"因为我们众人必要在基督台前显露出来，叫各人按着本身所行的，或善或恶受报。"（林后五10）

人与人之间的区分终将完结。在基督初次来临时，甚至在祂的第一个应许被宣告时，这个危机和审判在世界中已然开始了。基督来是叫很多人兴起，又叫很多人跌倒。祂来"不是叫地上太平，而是叫地上动刀兵，让人与父亲生疏，女儿与母亲生疏，媳妇与婆婆生疏"（太十34）。祂迫使所有人要么选择祂，要么敌对祂。祂的圣言能辨明人心中的思念和主意（来四12）。祂的福音是活的香气叫人活，也是死的香气叫人死（林后二16）。这个区分在将来祂再来的日子要变得完全。那时，万有必在祂审判座前显露；因为父将一切审判的权柄都交给了子，因为祂是人子（约五22）。于是，每个人的命运都取决于以下事实：基督是否认为他属于祂，并在祂父的面前承认他。我们的赦罪和救恩取决于祂对我们的公开承认。

基督在祂道成肉身时并不以我们为耻。当然，祂本可以有诸多的理由以我们为耻。因为，祂是父的独生子，与父上帝和圣灵上帝同质同荣，是父荣耀所发的光辉，是祂本体的真像，却不以自己与上帝同等为强夺（来一 3；腓二 6）。我们却背负罪责的重担，从头顶到脚跟都是不洁净的，并伏在败坏之下，但是祂不以称我们弟兄为耻。不论在上帝面前，还是在圣天使面前，祂都不以我们为耻。祂取了我们的血肉之躯，进入我们的本性中，在凡事上与我们一样，只是没有罪（来四 15）。甚至上帝并不以在基督里被称为我们的上帝为耻。

因此，在将来祂的大日，祂也必不以我们为耻。可以肯定的是，在那时，祂再来不是作仆人，而是作主；祂来不是受苦，而是要得荣耀；祂来不为上十字架，而是头戴冠冕。但是，祂必不以我们为耻。因为那曾高升远超诸天的，正是那位曾降卑到地底处的；那施行审判的，是曾来寻找拯救失丧之人的人子（路十九 10）。我们的审判官乃是我们的救主。祂永不遗忘，也绝不遗弃那些属祂之人。因此，祂亲自见证道，凡在人面前认祂的，将来祂也要在祂天父面前认这些人（太十 32）。

在全世界面前，并以一切受造物可听见的方式，祂维护自己忠心的认信者。不论他们在今世遭受怎样的藐视，基督必将他们的名字放在自己口中，祂必向众耳宣告，他们属祂，是祂用自己的血所买来的，世上和地狱任何的权势都不能把他们从祂手中夺去（约十 28；徒二十 28）。

基督怎样说，事情就要怎样成就。祂的审判要在整个受造界生效。祂的承认也必关乎所有受造物；必无人能够批评，也无人可反对。祂的审判必被高举超过所有的批评，必被坚立在众人和魔鬼的判断之上。天上、地下、地狱和凡被造的，都要永远降服于这一审判。比这一切更重要的是，父将在祂儿子的这一工作中安息。正如在创造之工完成后，上帝看着祂所造的一切："看哪，都甚好！"（创一 31）那么，在末了的日子也是如此。祂必带着神圣的喜悦，垂看基督所成就的伟大救赎之工。当教会被毫无瑕疵和皱纹地献给祂（弗五 27），当那完全的国度被交予祂时，父必将接纳一切属于子的赎民作祂自己的儿女，使他们有份于与祂的相交，得享祂的同在。基督在祂天父面前对信徒所作的公开认信，必将是他们永恒救恩和荣耀的保证。

12. 认信的得胜

> 所以上帝将祂升为至高，又赐给祂那超乎万名之上的名，叫一切在天上的、地上的和地底下的，因耶稣的名无不屈膝，无不口称耶稣基督为主，使荣耀归与父神。
>
> 《腓立比书》二9-11

人的心灵深处都掩埋着这样的盼望：有一天，真理终将战胜虚谎，善终将胜恶。所有的宗教都在培养这种期望，都在讲论光明国度在时间的终了将战胜黑暗国度。所有哲学体系最终都描绘了一个理想的状态，就是人生活在未来纯净的空气和明媚的阳光中，享受和平、喜乐、真实、自由和美善。人人向往乐园，在其中人人复归无邪，享受繁荣昌盛。甚至不信者也让自己臣服于这个甜蜜的盼望，幻想着一个真善美的国度在经过或长或短的时间后降临全地。

唉！这样的盼望却无凭据。因为，若无一位真实和公义的上帝，若无上帝的受膏者基督兴起这一国度、并创造新天新地，那我们相信真理和公义得胜的凭据在哪里呢？外邦人的偶像是人手所造的，哲学家对未来的期盼是人头脑的虚构。真善美虽然是美丽的音符，但其本身没有能力夺取权柄来统管全人类。凡以此盼望救恩之人，就是强迫自己把根基建造在人的上面，并期望他们能慢慢地、逐渐地认可真理并操练美德。然而，如此行也会立即显出这盼望是何等脆弱。毫无疑问，人在物质财富上有进步，在驾驭自然的能力上有发展，自然力量越来越多地被制服来迎合人类的生活。但是所有人都承认，道德进步并没有跟上物质进步的步伐。在我们这个世纪，就是这个从高处俯瞰以往所有时代的世纪，公义被人践踏于脚下，真理被人弃之路旁，对金钱的贪婪和渴望加增，权力的虚荣也没有边界。文明、知识和科学甚至用来服务于野蛮的暴力。一方面有文化中的贪得无厌，另一方面有愁苦和哀声；似乎人类此时比以往任何时候都更远离乐园。

总之，历史清楚证明，人既不应该以人的能力和权力的运用来盼望救恩，也不应该以世界内在的自我发展来盼望救恩。如果仅此而已，那留下的只有惨淡的灰心和彻底的绝望。凡没有上帝和基督的，在世上也毫无盼望。天国过去不是以继承的方式一次性就建立在地上，将来也不会以如此方式完全。【救赎和拯救一定是从上头而来。】[10]

自然领域怎样，属灵领域也怎样。正如大地必须要从上头得光照、空气、雨露、阳光、生长和丰收，人属灵的生命也倚赖那看不见的世界和永恒之物，在那里有基督坐在上帝的右边（西三1）。因此，那世人的光、生命和救恩就从高处降下。祂也从高处召聚、保守并保护祂的教会，这教会就是祂的身体（西一18；弗一22）。因为祂已经被高举在父的右边作教会的元首，祂将凭自己成就万事，并以君王的身份施行统治，直到一切仇敌都被放在祂的脚下（徒五28；林前十五25；弗一11，20-22）。

正因如此，有一天祂要再次从天降临。祂的第二次降临要在第一次降临中来理解，并必定出自第一次降临。祂的再临不是一个任意外添的事件，而是不可分割地与祂的初次显现联结在一起。因为基督的工作在于救赎，不是打开救恩的可能性，而是完全且永远地

---

[10] 中注：英译本省略了词句，见荷文版80页。

赐下救恩。所以，在地上赚得救恩并非祂工作的完成。一位单单为我们死，却没有长远活着为我们祷告（来七25），为了我们的好处而显现在上帝面光之中的基督，于我们有何益处呢？但是"那降下的，就是远升诸天之上要充满万有的"（弗四10）。祂所赚来的，祂也要施行。祂所开始的，祂也要成全。祂不会、也不可以安息，直到祂完全救赎自己的百姓，并更新天地。

Maranatha，主必要来！（林前十六22）祂再来，要向全世界显明祂是真实和完全的救主；显明祂不是在名义上拯救，而是确实和真实的拯救；显明祂将永生赐给一切父所赐给祂的人；显明没有人曾经或将来有能力将他们夺去；显明祂"昨日、今日、一直到永远是一样的"（来十三7）。祂要再来，以燃烧的火焰报复一切不认识上帝和不顺服祂福音的人，也要因祂的众圣徒得荣耀，被一切相信之人所尊崇。作为主，作为独一真实的主，祂将要接受万有的承认和尊崇，使荣耀归于父神（腓二11）。

因此，世界的历史要终结于认信上的合一。有一天，天使和魔鬼，义人和不义的人，都要一同承认基督是父的独生子，因而是承受万有的后嗣（来一2）。那时，万膝都要跪拜，万口都要承认，耶稣基督是主（腓二10-11）。

今天，认信会遭到人的反驳与反对，因为它的内容本是那不可见的世界。要想领悟其真理，就必须拥有信心，它是所望之事的实底，是未见之事的确据（来十一1）。我们活着，凭信而不凭眼见（林后五7）。世人因着只能思想可见之物，便反对教会，以她的信心为愚拙，将她的盼望当作虚幻，甚至事物的表象也与我们反对。这样，那好讥诮的人就要问："主要降临的应许在哪里呢？因为从列祖睡了以来，万物与起初创造的时候仍是一样。"（彼后三4）

然而，一切就要改变，主必要来！约翰领受异象：

> 我观看，见天开了。有一匹白马，骑在马上的称为诚信真实，他审判、争战都按着公义。他的眼睛如火焰，他头上戴着许多冠冕，又有写着的名字，除了他自己没

有人知道。他穿著溅了血的衣服，他的名称为神之道。在天上的众军骑着白马，穿著细麻衣，又白又洁，跟随他。有利剑从他口中出来，可以击杀列国。他必用铁杖辖管他们，并要踹全能神烈怒的酒醡。在他衣服和大腿上有名写着说："万王之王，万主之主。"（启十九11-16）

当基督在荣耀中显现，没有人能反对或抵挡祂。众人，也包括那些曾刺祂的人，都必看见祂（亚十二 10；约十九 37；启一 7）。他们必肉眼看见，一切的不信和怀疑都将消散。那时，一切受造物都必承认基督是主。他们将不得不承认，若不是出于自由，也要出于被迫；若不是出于甘心，也要出于不甘心；若不是出于情愿，也要出于勉强。仅有一个声音回响在天地间，从诸天之中的宝座那里发出，贯穿整个受造界，直达大渊的最深处，这声音就是"基督是主！"众受造物将一同屈膝在祂面前，屈膝在那曾深深降卑、死在十字架上，后被大大高升、坐在父的右边统管宇宙的那一位面前。

这是怎样的将来，是何等壮观的景象！整个受造界屈膝在耶稣面前！那众口承认的独一、简要、复归尊崇却涵盖万有的认信，那曾被多人藐视、那时却被众口承认的认信，就是基督是主，归荣耀于父神！

来吧，主耶稣，是的，我愿祢来！凡得胜的，必这样穿白衣，那拥有上帝的七灵，手拿七星的，必不从生命册上涂去他的名，必要在父和祂的众使者面前承认他的名（启三 1，5）。

第三部分 基督徒的家庭

罗珍 译

Het Christelijk Huisgezin

DOOR

D^R. H. BAVINCK.

KAMPEN — J. H. KOK — 1908.

Het Christelijk Huisgezin

DOOR

Dr. H. BAVINCK.

TWEEDE HERZIENE DRUK

KAMPEN — J. H. KOK — 1912

导言：21世纪基督徒的家庭
恩雅各

略观地方性基督教书店的书架，我们很快就会发现，有关基督徒家庭和婚姻的书籍不在少数。事实上，意识到与此主题相关之书籍的数量，肯定会引发以下问题：为何这本书值得翻译，并在英文世界发行？此外，这本书写于20世纪初的荷兰，其社会处境与此译本潜在读者的社会背景大相径庭。赫尔曼·巴文克的《基督徒的家庭》对我们有何启发呢？

在主流福音派处境中，我们不乏旨在建立更好婚姻的道德"十步指南"，或意在创造更好的配偶与亲子关系的基于承诺的计划。由于马克·德里斯科尔（Mark Driscoll）对福音派婚姻态度的影响，最近的趋势将焦点转向性，尽管仍然是以相当粗糙的"如何"引导的形式进行。以愤世嫉俗的眼光来看，这种转变看起来像是福音派亚文化，在模仿世俗主文化对待性与关系的看法；后者的核心就是对世俗社会将性欲亢进视为所有人常态这一假设，不加批判的采纳。照此，福音变成了一种渠道，来获取世俗价值在性欲亢进方面告诉我们所渴求的事物：我们都应该想要更多、更火烈的性。当前福音教派对性的关注，以及随之而来将著名牧师重塑为基督教性权威的做法，冒着创造一种新的成功福音的风险：基督教可能不会使你健康或富有，但它是更好性生活的关键。这个福音允诺会满足你（本质上是世俗的）内心的肉欲渴求。简而言之，当前福音派对婚内之性的态度与当代世俗态度相比，在根本上越来越相差无几。在他们对性的填鸭式教育的进路中，二者都越来越平庸和公式化。

鉴于此背景，翻译和发行巴文克论基督徒家庭的书，就突然显得更有裨益了。这不是十步指南，也不是片面的婚姻进路，即把婚姻中的一切都简化为一个人的道德表现或性行为。相反，这是一个基督徒丰富心灵的果实。这是基督徒的婚姻和家庭**神学**。这本书是对婚姻和家庭生活的起源、罪对婚姻家庭的影响的稳妥处理，是对历史上各种婚姻和家庭的基督教进路进行深思熟虑的评估，并试图将这一神学应用于巴文克时代的基督徒家庭。

家庭在许多方面都是基础性的。巴文克阐释了家庭对经济和工作的重要性，并将其作为更广泛社会内的结构和关系的模板。这会令读者受益匪浅。纵观历史，家庭作为经济的主心骨与生产者得以幸存并取得成功，而且培养和稳定了家庭以外的社会关系。

虽然这本书是一位开创性的基督教思想家的作品，但它也是那个时代的产物。本书有许多不同的侧重点，会让今天的读者感到它们属于与自己文化截然不同的文化。当前关于基督教对婚姻和家庭的概念的一些主要争论，这本书中很少或根本没有提及；其中最显目的例子就是同性恋问题，以及与之相关的教会和公民社会对婚姻定义的严重分歧。尽管如此，本书在 21 世纪初可以让读者获益良多。

这篇简短的引文将首先提供一段简短的作者生平简介，接着会给出一些提示来解释这部作品中与巴文克思想之特征相关的各种重点。

生平简介

赫尔曼·巴文克（Herman Bavinck）生于 1854 年 12 月 13 日，荷兰小镇胡格芬（Hoogeveen），是杨·巴文克（Jan Bavinck）和玛

格达·莱纳·巴文克（Gesina Magdalena Bavinck）的儿子；玛格达·莱纳婚前姓氏为霍兰（Holland）。杨·巴文克是一个来自荷德边境本海姆（Bentheim）的改革宗牧师。赫尔曼在十一个孩子中排行第二，生于保守独立的基督教归正教会。完成高中教育之后，巴文克成为坎彭（Kampen）神学院的一名学生，他父亲是该校教授。然而在一年之后，他做了个勇敢的决定，转校到莱顿激进的现代主义神学院。莱顿所教导的神学与他父亲所在的坎彭神学院截然不同。

他为何要离开？尽管年轻的巴文克在莱顿经历了某种信仰危机（他最终从中走了出来），但他去莱顿学习的决定不应被解读为对正统神学的抛弃。确切而言，他的选择主要是为了寻求一种比坎彭当时所能提供的学习更严格的神学学术训练。

在1874至1880年间，巴文克在莱顿师从当时荷兰学术神学巨星约翰·斯霍尔滕（Johannes Scholten）和亚伯拉罕·古宁（Abraham Kuenen）。尽管他发现自己与教授们的前设和教义结论常常有严重分歧，但他仍然很喜爱教授们科学的方法。那时，他还受到亚伯拉罕·凯波尔（Abraham Kuyper）的影响。凯波尔是荷兰新加尔文主义新浪潮的后起之秀。巴文克在莱顿的基督教归正教会的牧师唐纳（J. H. Donner），将他介绍给凯波尔的抗革命党（Anti-revolutionary Party）；该党是一场基督教政治运动，对抗法国大革命对荷兰社会的反基督教影响。在莱顿，巴文克写了一篇关于瑞士改教家慈运理（Ulrich Zwingli）的伦理学的博士论文。1881年他成为荷兰北部小镇法兰内克（Franeker）教会的牧师。

一年以后，巴克文受聘到坎彭教导神学，从1883年一直任职到1901年。在这期间，他写了他最重要的著作《改革宗教理学》——一部论系统神学的现代经典著作。1891年，他娶了约翰娜·阿德里安娜·希帕斯（Johanna Adrianna Schippers）。约翰娜比赫尔曼小十岁。他们的独生女名叫约翰娜·盖齐娜（Johanna Geziena），生于1894年。在坎彭期间，巴文克与凯波尔是1892年归正众教会联会（Union of the Reformed Churches）中的关键人物。此联会成立十年后，他接受了阿姆斯特丹自由大学神学教授的职位。

他人生中的这一时期的特征，就是广泛且深入地涉猎政治（抗革命党）、哲学、教育等领域。1920 年，在教会全国议会上完成讲道后，巴文克的心脏病发作。从那以后，他的健康开始恶化。1921 年 7 月 29 日，巴文克与世长辞。

巴文克的"有机"世界观

巴文克的作品在本质上就是竭力发展以三一上帝为中心的世界观，婚姻和家庭也包括其中。奥古斯丁早期的信念说到，我们的心一直处于不安之中，直到在上帝那里得到安息。巴文克对此补充道，我们的心思一直不满足，直到我们所有的思想都被带回到三位一体那里。上帝作为圣父、圣子和圣灵的荣耀永恒之共存的实在，既是巴文克神学事业的起点，也是终点。三一上帝是巴文克思想中唯一最重要的因素：它是衡量一切的实在。

对一个聚焦于三一上帝之世界观的承诺，赋予了巴文克神学非常特殊的形态。它影响了巴文克看待一切事物的方式：宇宙、人类社会、教会，以及在此情况下的婚姻和家庭。简而言之，尽管巴文克相信上帝的三一性——即上帝是三而一（Three-in-One），因而是多样性中的合一性的最高典范——是完全独特的，无处可复制，但他也相信，由三一上帝创造的一切事物在某种程度上都回指这种神圣的多样性中的合一性。毕竟，宇宙是三一创造主的普遍启示。

因此，尽管我们只能在上帝自身中找到三而一公式，但我们到处都能找到指向上帝三位一体的指针：于统一宇宙的内部巨大多样性中，于人类文化与社会的丰富织锦中，于人类性别互补的本性中，于家庭生活中（不同性别、性格、家庭传统等，借家庭生活以某种方式成为一个单元），诸如此类。

巴文克在描写这种以上帝为中心的多样性中的合一性时，所使用的措辞是"有机的"。三位一体所造的世界，以及在其中发现的三位一体的形像（个体的人，以及集体的人类），最好被描述为有机体，或以有机性质而存在。（有趣的是，在此背景下，我们得知巴文克持续想要谈论作为三位一体的上帝与有机的被造物，在很大程度上源于他对自己在莱顿所受教育的反应。在那里，斯霍尔滕教授强调，世界沿着严格的、宿命论的、机械的、决定论的路线运行，正因如此，上帝作为三位一体的观念无足轻重）。

出于此原因，巴文克想要将一切生命都理解为以某种方式指向三一上帝。于是，巴文克在处理婚姻和家庭过程中的各种重点就凸显出来了。从这个角度来看，他坚持认为家庭应该作为一个有机单元而运行就合情合理了；家庭不是一个任意关联的个人群体，而这些个人彼此之间少有稳定的联系。同样，我们也应基于此背景来理解他对家庭单元的看法，即每个家庭单元都是社会历史和生物学历史的独特结合；这相对于以下观念，即家庭是不需要个人空间或独特生活环境的通用产物。他的育儿理念也是一个类似的有机关切。他认为抚养孩子应该把每个孩子看作是一个独特而复杂的有机体，来**了解**他们，与他们**建立关系**（而不是视孩子为可以被操控的机器），不应该用机械的程序来塑造。

这个贯穿巴文克基督徒家庭观的有机理念，应被解读为属于巴文克依据三一造物主来看待世界的努力追求。对巴文克而言，一个关于婚姻与家庭的有机观是一个敬虔的观点。

恩典复原自然

在这之后，本书读者也应意识到巴文克的恩典复原自然的信念。巴文克世界观的基本结构就是：三一上帝创造了一个美好的世界，然后这个世界堕入罪中，于是三一上帝在恩典中救赎这个世界。上帝的救赎工作是将事物复原到原初（好）的状态：上帝的恩典不会在被造物中引入新的元素，也不会消除在堕落之前就存在的事物。恩典不会提升自然，仿佛上帝最初的创造之工在某种程度上是不足的，仍需改进。相反，恩典复原了自然，使事物恢复到从前的状态，就是在罪以可怕的方式对付被造物之前的样子。恩典使我们返回上帝在堕落前世界中所看作"甚好"的状态。

虽然这一点乍听起来略显抽象，但它的实际后果相当可观。就我们的世界观而言，它的主要含义就是这个世界——上帝首先创造的世界——本身就是好的。由于这个仍旧无罪的自然无需借恩典来改进（正如很多基督公教的思想所认为的那样），那么在尚未堕落的世界中所发现的事物理应得到肯定与庆祝。基于此，巴文克肯定，作为上帝被创物的物质世界在本质上是好的，而非中立的或坏的。尽管现在受到罪的影响，但饮食、婚姻、生育和人类文化本身，以及与它们有关的，并不是罪恶的。基督教不会让我们专注于我们的灵魂，而同时忽视我们的身体或周围的物质世界。"恩典复原自然"的观念，其核心是对自然的肯定。在堕落后的世界里，恩典并没有消除我们的肉体性，也没有要求我们过苦修的生活或轻视婚姻。相反，恩典运行来将这一切复原至堕落前的美与圣洁。巴文克在书中承认，基督教会从来就没有彻底谴责婚姻。尽管如此，他批判基督公教倾向于认为已婚之人在圣洁上不如独身者的传统。该传统是基于以下信念：恩典提升自然，而不是简单地复原自然。这本书基于对"恩典复原自然"的理解，这对于巴文克支持婚姻和独身作为不同呼召而言至关重要。婚姻和独身都可以荣耀造物主。

上帝的恩典不会以某种方式提升自然，但它也不会在我们世界之外或远离我们的世界而存在。在复原自然的过程中，恩典在我们中间彰显它的存在，使我们直面我们对恩典中救赎的需要。这是一个有益的见解，赋予巴文克对婚姻和家庭生活的处理一种坚韧的现实主义。巴文克写道，通常情况下，你作为一个罪人，将是你配偶被呼召来背负的主要十字架。在这个堕落的世界里，尽管婚姻可以美好而丰富，但并没有许诺婚姻将会是一生之久的一系列不断增加的肉身愉悦。事实上，一个健康的婚姻可能更多地依赖于登山宝训，而不是所罗门之歌。巴文克对婚姻的见解都源于他"恩典复原自然"

这一洞见的各种成果。在此方面,他的见解为当代福音派对婚姻思考中的诸多失衡提供了有益纠正。

家庭、个人和社会

巴文克在新加尔文主义运动中崭露头角。这一运动最初的势头主要是反抗法国大革命对整个欧洲的影响。对抗大革命影响的斗争,对巴文克关于基督教与文化的许多思想产生了决定性的影响。巴文克有关家庭的思想中的许多重点,也应该被置于情境中来理解。

大革命企图抛弃一切旧有的阶级和权力的差别:**自由**、**平等**和**友爱**成为新的价值观。君主制、社会阶级和有神论等概念都成为过去。事实上的新神明,即理性,被置于上帝启示的直接对立面。法国大革命试图进行的变革是雄心勃勃的:这是一场再造的运动(movement of re-creation),一场被鼓动要改变法国人生活每个方面的剧变。19 世纪的法国大革命知识分子埃德加·奎奈(Edgar Quinet)认识到,只有当公民之间已有的社会相互联系的意识被打破,与整个社会系统骤然断裂才可能发生:迄今为止主要生活在彼此联系的共同文化之中的那些人,必然突然视自己首先为个体。奎奈认为这不仅是法国大革命的中心,也是所有革命运动的中心。因此,为了改变整个社会,所有旧的社会联系必须消失,"个人"必须取而代之。

巴文克和凯波尔等人认为,极具讽刺意味的是,尽管法国大革命者们得知了他们新发现的个体性,但他们实则变得比大革命前的世界更加同质化。在大革命时期的法国,所有人都被要求同样的穿着和说话,个人价值不会超越社会地位(因此是同质化社会的推动力),像基督教有神论这样支持社会多样性的体系,被视为实现这些目标的障碍。

看到这些理型(ideals)正在统治法国,巴文克便受激发而对抗它们在荷兰文化中的影响。这个处境为巴文克视家庭为一个联合社会实体的思想铺平道路。他主张家庭并不是个体的任意集合；这些个体在信仰上可能有、也可能没有很多共同点。相反，他主张家庭是由不同而互补的人组成的一个有机体，这些人共同构成了社会的基本构成要素。

当然，巴文克有机家庭之愿景的某些方面在今天很难维持。例如，巴文克政治生涯的大部分时间，都在反对个人选举权，反对妇女有选举权。相反，巴文克具有抗革命党的特征，相信父亲作为家庭的头被授予选举权，家庭作为单位来投票。后来，他的观点改变了；尽管他在原则上反对法国大革命的个人主义，但最终还是支持男女个人的选举权。

在这部著作出版七年后，巴文克愿意接受更大程度的个人主义性的社会参与。这是一个有益的提醒，即这本书虽然很有帮助，但在一个世纪之后，它对西方文化的适用性也有限。在这本书中，对个人主义的反对非常强烈，而这种反对用以巩固有机家庭单元的理型。然而，在短短的几年内，巴文克自己也开始意识到西方社会正变得越来越个人主义。他认为这是不可避免的，后来也承认《圣经》并未清楚指明应该由家庭还是个人来享有投票权。

在这部著作出版之后，巴文克自己对当时核心神学原则的应用也发生了改变。这应该成为一个有用的提醒，即对巴文克关于家庭的实际应用需要进行仔细的当代阅读。如果我们作为处于更遥远的文化背景下的读者，仅仅希望保持巴文克百年前给出的实践指导的全部，那么将会失望。作为 2012 年的基督徒，我们的任务不是维持 1912 年的做法，这种做法巴文克自己在 1919 年就已经无法维持。事实上，那些如此解读此书当中文化应用的人，肯定错过了本书的意义：这是以下事实的一个极佳例子，就是一个深思熟虑的基督徒试图按照《圣经》和基督教传统来理解婚姻和家庭，并在此基础上尝试为当时的荷兰阐明基督教的婚姻模式。我们的社会处境不同。那些在 2012 年为基督教婚姻家庭概念而努力的人所面临的挑战，是巴文克从未遇见的。然而，巴文克为我们清晰呈现了《圣经》教导，介绍教会历史中对这些教导的接受，以及进一步介绍一种适用于他自身处境的基督教神学的模式。在此过程中，巴文克已经为我们做了伟大的贡献。

在这方面，本书是一个可以效仿的例子。

第二版前言

这本关于基督徒家庭的著作的第二版比预期更快。作者认为无需在第二版中作重大改动。因此,这些更改仅限于一些语言上的改进,以及对文中那些我们要转到本章另一个主题的地方做出清楚提示。关于后者,目录已扩展。[1]

愿这本书在许多家庭中受到欢迎,愿它帮助人更好地珍惜婚姻和家庭生活!

赫尔曼·巴文克
阿姆斯特丹
1912 年 5 月

---

[1] 英注:在荷文中,章节中有意设置的空白行与巴文克添加到第二版目录中的标题相关。这个旧的风格已经在英译版中更新了,目录中的标题现在作为章节中的常规标题出现。

1. 家庭的起源

按上帝形像所造的人，造男造女

人类历史始于一场婚礼。起初上帝创造天地，之后用一个六日工程来预备这个被造界成为人类家园。天属于上帝，但祂将地赐给了人类子孙。而大地最初尚未成形，空虚混沌。经过各样区别分化——光与暗、穹苍上下的水、陆地与海洋、昼与夜、年与日——上帝结束了地的荒芜。上帝使陆地与海洋、天空与大地满了各样活物、植物与动物、鱼与鸟，使被造界被充满，无一空置。

然而，只有在上帝继而创造人与人类族群时，空洞才被完全克服。因为祂创造地，并非使地荒凉，乃是要给人居住（赛四十五18）。一次特殊的商议后，祂创造了人，是按着祂自己的形像与样式而造。祂即刻创造出不同性别的人，男人和女人。祂创造了他们，就赐福给他们，将全地赐给他们为业。

我们需知的关于人类起源、本质和命运的一切，都包含在这几个特征中。它们所包含的智慧远超过博学之见。《圣经》在后续启示过程中，甚至在《圣经》第二章中，所提供给我们的一切内容，仅仅是对第一章以简明扼要的方式所教导内容的扩展与解释。

上帝先创造了人，人的身体来自地上的泥土，灵魂由上头来的生命之气所造。动物的出现则不同；它们是凭着上帝大能的圣言，透过地土并从地土而出。天使的诞生也不同，因为它们是一同被造，即刻的，完美的，在数量上也完全。但人尽管与动物和天使都有关联，却与他们都不相同。藉着身体，人与地相连；藉着从上头来的灵魂，人与天相关。身体与灵魂在人里面如此紧密地结合，以至于人在所有被造物中拥有独特的本性与地位。在某种特殊意义上，人是上帝的作品，是祂的形像与样式，祂的孩子和族类。

此外，第一个人是直接作为一个男人而被造，既非中性，也不是雌雄同体，而是具有特定的性别。这表现为，尽管他被安置在园子里，生活所需的一切都充足，但他仍感到孤独。上帝如此创造了他。上帝对自己说，也是从自己说出，这人独居不好。在创造之初，上帝就在人的灵魂中植入了爱像自己一样之人的渴望。尽管他觉察动物的本质，区分动物的种类，给动物取名，动物却无法满足这种渴望。它们是强壮庞大的、高贵宏伟的，但它们并不共享他的样式。需求感在女人被造之先；第一个人在他一切丰富中发现了这种需求感，即使按照上帝的形像被造，也无法满足这个需求。所以，女人就是这个问题的答案，是从男人心里流露、口中涌出的答案。她就是对他祷告的应允，是上帝如此丰盛慈爱地赐予他的礼物。

她虽为男人所爱慕，却不是他所造，乃上帝所造。与男人一样，女人也是上帝特别的创造，有上帝的形像和样式。即使保罗在《哥林多前书》十一7称男人为上帝的形像和荣耀，称女人为男人的荣耀，他也没有因此否定女人是按上帝的形像和样式所造。因为此处他并非讨论男人和女人作为人的普遍情况，而是他们在其中互相影响的婚姻关系。在婚姻生活和家庭中，丈夫作头，他的外貌和荣耀都显出上帝的形像和荣耀；妻子的呼召就是顺服丈夫，显出他的荣耀。但这并非有悖于以下真理：女人本身作为一个人，与男人同等地完全具有上帝的形像和样式。

《创世记》中的创世故事在以下事实中清楚表明了这一点，即双方都是按上帝的形像所造（创一27）。不是只有一方，而是双方，也不是一方与另一方分开，而是男人和女人一起，在相互关系中，各自按他或她自己的方式被造，各自在特殊的维度上按上帝的形像被造，并且一起显出上帝的样式。故此，主既将自己比作怜恤儿女的父亲（诗一百零三13），又比作不能忘记吃奶婴孩的母亲（赛四十九15）。祂管教如同父亲（来十二6），安慰如同母亲（赛六十六13），并看顾失去双亲的（诗二十七10）。

各人都有自己的性别、本性和地位

然而，尽管女人不是**被**男人创造的，却是**从**男人**而出**。亚当首先被造，然后是夏娃。无论在时间上还是顺序上，男人都先于女人。女人的被造不仅在男人之**后**，也是**出于**男人而生。正如地为男人的身体提供了材料，男人的身体也为上帝创造女人提供了材料。男人被造的方式在人与大地之间建立了一种牢不可破的联系。女人获得存在的方式使她处于与男人不可分割的关系中，从而完全保持了人类的合一。女人被造不是为了自足，也不是要独立于男人，也不是要脱离他的调和。女人并不是人类独特的领袖和首脑，但她自己是从男人而出，由他的血和肉而形成。人类是一个整体（één geheel），是只有一个头的身体，是只有一块房角石的建筑。

在这一现实中，男人毫无骄傲的依据，因为他得着他所爱慕的女人，与他自身的努力无关，与他的知识和意志也无关，而是在他灵魂与身体的沉睡中，就是上帝赋予他的沉睡中得着女人。尽管女人确实是**来自**男人，但并不是**通过**男人而产生。女人的存在不是由于男人，而是如同男人的存在一样，完完全全由于上帝。因此，在绝对的意义上，她是上帝的礼物，是上帝可以给予按祂形像被造的男人的最大礼物。因此，男人必须接受和珍视上帝亲手给与的礼物。

这也是亚当欢迎夏娃的方式。他一看见她，就认出了她，这是由爱而生的知识。他看她并非异类，而是与他自己一样，拥有与自己一样的本性，彰显上帝赐予他的相同形像。然而，她也有别于他，她有自己的性别、性格和使命。这些话如同喜乐的呼声、婚礼的歌声，从他的嘴唇发出：这是我骨中的骨，肉中的肉，可以叫她作女人（manninne）[2]，因为她出自男人。

男人于瞬间被造，女人也在瞬间被造。她在上帝那里找到自己的起源，不仅作为一个人，而且作为一个女人。上帝是人的创造者，同时也是性别和性别差异的开创者。这差异并非由罪所致，它起初就存在，并有其创造的基础，是上帝意志和主权的启示，因而是智慧、神圣和良善的。因此，无论是在自己的身份内，还是在他人的身份内，任何人都不能误解或轻视这种性别差异。这是上帝所决意的，又以本性为基础。这过去是，现在仍是上帝所决意的。祂是性别的主权设计者，男人和女人不仅为自己的人性感谢上帝，还因为他们不同的性别和本性感谢上帝。他们都是好的，正如他们都是出自上帝之手。他们在相互团契中共同承载这神圣的形像。上帝自己本身就是合一性中的二元性的创造者。

在此合一之中，男人和女人是且仍是两个人。两者各有其独特的本性、性格和使命。女人被造之前，男人已经被安置在园中，并受召去完成特定的任务和使命。作为人类的头，他得到了试用性的命令，以至于他在遵守这一命令中能显示他对上帝完全的顺服。连同这一命令，他同时奉命耕种和保护园子。第一项任务包括开发上帝存放在地上的所有宝物。第二项任务包括保护整个被造界，使其免受任何试图毁灭被造物的敌对力量的伤害，并保护它不受毁灭性力量的暴虐。这个双重任务——完全顺服上帝，以及耕种并保护

---

[2] 英注：在希伯来文中，isha（女人）是ish（男人）的阴性形式。荷文圣经Statenvertaling中使用Manninne。这是一个原本不存在的词，由man（男人）和一个阴性词尾组成。英文单词woman在古英语中为wifmon，是wife（妻子）和man（男人）的组合。译名"女人"（wo-man，带有连字符）试图同样表明isha（女人）是man（男人）的派生词。

园子——是紧密相关的。只有作为上帝的仆人和孩子而活,一个人才能成为大地之主;只有当后者是真的,人类才能愈发在地上实行治理。那些顺服上帝旨意的谦卑者会承受地土,在对世界的统治中展现上帝的形像。

如果充满全地、征服全地、治理全地,是有上帝形像者的呼召,那么尽管他是人,是上帝的儿子,但作为单独个体的人,并没有能力践行那个呼召。为此,他需要一个帮助者,一个女人。她并不是在他之上支配他,也不是居他之下沦为寻乐的工具,而是与他比肩而立,支持他,因而也是从他肋旁处形成的。

男人和女人都是人,但在身体构造和心理素质方面并不相同。所以,尽管他们领受了同样的呼召,但各人在这同一呼召之中收到的任务与活动各异。男人蒙召要在顺服上帝旨意的过程中,使全地服在他的脚下。他必须按照大地的目的来开发它。他必须通过知识和艺术、耕作和畜牧、工业与贸易,从地上带出一切思想和力量的丰富,成果和生命的丰盛;这些都是上帝按祂不可测度的良善已经藏于大地之中。而在自愿服从与彼此依赖的合作中,女人必须协助完成这项任务。她要以自己的智慧与爱,头脑与心灵,在身体上和精神上,在最充分最广泛的意义上予以协助。协助人类繁衍,协助教养敬畏上帝的孩童,协助培育理性道德公民的王国,从而协助使大地服于从女人而出的人。

共同完成一项神圣的任务

因为上帝的形像只在人类中展现,也只有在治理全地中人类才能实现其使命和目的。正是上帝藉着人,使地服在祂脚下;也正是上帝,要在发掘一切被造界的宝藏中,彰显祂的荣耀。因此,男人和女人都以其独特的恩赐参与一项合一的神圣服侍,既履行了共同的宝贵呼召,又从事了单独的神圣工作。但是,只有当他们一起继续首先服从上帝的命令,继续尊重他们自己和彼此身上的上帝形像,并因此保持生活在最亲密的彼此团契中时，他们才能回应自己的崇高使命。为了作成这种灵魂与身体的合一、团契与合作，上帝**从**男人创造了女人，也是**为了**男人而创造女人（林前十一 8-9），但同时也是**给**男人创造了女人，如同祂给女人创造了男人。上帝从一人造了两人，所以祂也可以使二人合为一，一个灵魂、一个肉体。这种团契只有在两人之间才有可能。从一开始，婚姻因着其本质性质，曾是并如今仍是一夫一妻制的，是一男一女之间的一种本质纽带，因此也是一个不能被人的权柄所破坏的终身之约。所以上帝配合的，人不可分开（太十九 6，8）。男人离开父母，与父亲和母亲分离，与妻子联合，但从不离弃他的妻子！对妻子的爱比对父母的爱更深、更强烈。这爱比死亡更坚强。再没有任何其他爱如此近似上帝的爱，或达到如此高度。

于是，基于这爱的团契，上帝已经以一种特别的方式赐下祂的祝福。祂是男人和女人的创造者，是婚姻的创立者，是婚姻的圣化者。每一个出生的婴孩都是团契的果实，因而也是神圣祝福的果子。夫妻的二而一（two-in-oneness）随着孩子扩展为三而一（three-in-oneness）。父亲、母亲和孩子是一个灵魂、一个肉体，扩展并表现了同一个上帝形像；此形象在三重多样性中联合，在和谐合一中多样化。

这种关系与功能、品质与天赋的三而一，构成了一切文明社会的基础。父亲的权柄、母亲的爱与孩子的服从，在他们的合一中形成了结合并维系人类社会中所有关系的三重纽带。在每个完整人格的心理生活中，这三重纽带构成了主题和旋律。没有女性特质，男人就不完整；没有男性特质，女人就不完整。对于男人和女人而言，小孩子就是榜样（太十八 3）。每个社会、每个文明、教会和国家都需要这三个特征和恩赐。权柄、爱和顺服是人类社会的支柱。

某个地方，有位诗人赞美永恒的女性。他的诗也可以歌颂永恒的男性与永恒的孝顺。因为各样美善和全备的恩赐，无论是男人的、女人的还是孩子的，都是从上头来的，从众光之父那里降下来，在祂并没有因变化而来的影子和改变（雅一17）。每个人都是按上帝的形像被造，不仅作为人被造，也是作为男人、女人或小孩子而被造。每个人都是一个自我，但同时又处于彼此团契中。

2. 家庭的破裂

罪及其对女人和男人的后果

人在被造后不久所犯的罪使他应受罪责,这在很大程度上影响了家庭。《创世记》第三章告诉我们,女人首先受到诱惑。根据这个事实,加上夏娃在亚当之后被造的事实,保罗得出如下结论:女人不可在教会中作教师,也不可辖管男人(提前二 12-14;参 林前十四 34)。当然,使徒的意思并不是暗示亚当没有犯罪,是无辜的。因为他在《罗马书》五 12 说,那一个人(亚当)要为世上一切的罪和死负责;全人类都在他里面、通过他堕落了;众人在亚当里都因他的罪死了(林前十五 22)。

保罗原是想说,起初是那个女人第一个被蛇引诱,最先因为自己而堕落。她是第一个要为不信上帝和自己丈夫,却轻信诱惑者,而应承担罪责之人。她丈夫在信心和信靠上就软弱了,因他妻子引诱他,又如同他的教师。亚当与夏娃的堕落方式不同。夏娃因贪婪堕落,因为她相信吃那果子会让她如上帝一般。然而,亚当堕落是因他爱他的妻子过于爱上帝。

因此，第一宗罪立刻涉及家庭秩序的逆转。妻子不是跟随丈夫，而是作头；她没有顺从，而是主导；她不是作丈夫的帮助者，而是扮演了女主人与摄政者的角色。亚当和夏娃不仅作为个体犯罪，身为人犯罪，也作为丈夫和妻子，作为父亲和母亲犯了罪。他们是在玩弄自己的命运，玩弄自己家庭的命运，玩弄整个人类的命运。

这在他们所犯之罪的可怕后果中立即得以体现。罪咎的第一个表现就是羞耻感。在那一刻，他们的眼睛被打开了，就意识到自己赤身露体。羞耻是一种不适感，一种不安感，尤其表现为害怕失去。当我们做了或假设我们做了一些失礼的事时，羞耻就会压倒我们。失礼与许多事有关。当一些本该留在谦虚纯洁的帷幕之后的事物被他人看到时，人会感到羞耻。一些违反道德、习俗和礼仪的事也会使人感到羞耻。年轻人由于良知内生发的良善的冲动，常常在朋友面前感到羞愧。"智慧人"和"聪明人"以十字架的愚拙为羞耻，而虔诚人为自己所犯的罪在上帝和他人面前感到羞愧。

然而，在《创世记》第三章中，我们得知亚当和夏娃因为自己赤身露体而羞耻。可是，赤裸不可能是他们羞耻的最深根源，因为他们犯罪前就是赤身露体的，但并不感到羞耻。他们罪咎感确实集中在他们的赤裸上，因为他们有一种不安的感觉，一种不舒服的感觉，但这并不源于赤裸本身；它有更深的根源。他们违背了上帝的命令，不再是单纯无辜的 —— 无论是对上帝还是对彼此。他们的眼睛被打开了，再也不敢正视对方的眼睛。他们在对方脸上读出了对方的罪疚，又在四围的自然中听到罪疚的回响。他们的灵魂境况发生了可怕的改变，因而他们对一切 —— 他们自己、彼此、周围的世界、尤其是上帝 —— 的看法都不同了。他们不敢见上帝，就从上帝面前逃离，躲藏在园里的树丛中。他们的眼睛确实已经被打开了，但并不是像引诱者所许诺的那样，而是在另一种意义上。

然而，这种羞耻也是一种祝福。动物并不知羞耻，魔鬼更不知道。羞耻是人类特有的，是不顺服上帝而堕落的人类所特有的，是人类可感知和认识到的事物。羞耻是一个已觉醒之良知的一种标志，是宣判一个人有罪并给他定罪的人类能力。通过良知的功用，一个人保留了某种不苟同罪恶的层面，某种凌驾于人之上并针对人施行审判的事物，某种由于所犯的过犯而消除平安、安息和满足的事物。这人受了双重伤害，使自己的良知沉默，令自己的良知变硬、发烫；这些终将导致无良知、无羞耻地生活！即使我们的良知使我们痛苦，谴责我们，但良知使我们受不可见事物之世界的束缚，使我们不至于沉沦于兽性之中。良知在灵魂中为我们内在所做之事，羞耻就在身体上以外在方式为我们表现。羞耻一直被形容为身体的良知，这不无理由。良知与羞耻都表明了人类存在的破碎与瓦解、人类生活的不和谐、人之应然与人之实然的间距。两者都回指历史之初那次破坏性事件；那时，人类从被造时所占据的高处跌落，从被呼召的天职中堕落。

良知和羞耻共同驱使一个人掩盖自己、隐藏自己。赤裸开始成为一种障碍，因为人们已经失去了他们的纯真。失去义袍使得衣服成为必要的遮盖物。对于人类而言，良知、羞耻与衣服密切相关。它们一起提醒我们上帝创造的开始与我们最深的堕落；它们预设了我们的罪咎，并维护我们的人性；它们压迫我们，同时也解放我们。这三者都将人与天使和动物区分开来，并为人类在创造中提供了独特的地位。它们宣告了人类对救赎的需要和能力。它们为人类创造了一个介于地狱和天堂之间的领域；它们保护天堂外的人类，以待藉十字架而来的赎罪。

每个人罪的刑罚和相关的祝福

人类犯罪后对他们所宣判的惩罚也指向同一个方向。这不仅是对蛇的惩罚，带来蛇的后裔和女人后裔之间的分裂，打破人类和撒旦之间的契约，取而代之的是上帝与人类的盟约。对女人和男人的特定刑罚也是如此；这些刑罚与男女本性和呼召有关，对家庭历史造成了非常严重的后果。

夏娃不仅作为一个人受惩罚，也特别作为母亲和妻子而被惩罚——这揭示了一条神圣谕令。上帝按着他们各自的罪惩罚了人类始祖。女人引诱丈夫，致使丈夫堕落，就滥用了自己的呼召，她被召是要作适合她丈夫的帮助者。所以她是在她的呼召方面受罚。她作为一个**母亲**受罚，因为原本作为妻子的最大快乐将成为她最大的痛苦。自此以后，除了过一个身体与属灵持续痛苦的生活，她无法完成自己的呼召。可是，她无法弃置这个呼召，也不能使自己从中解脱，因为她仍是女人。尽管充满痛苦的生活将是她婚姻的一部分，但她灵魂所有的渴望都推动她去完成她的呼召。她仍然与丈夫拴系在一起，并渴望与他结合。

男人在女人所受的惩罚中已经得到了惩罚。因为就算她尊敬他，他对她的尊敬也已经失去了他的自由、独立和自制（zelfbeheersching）。作为他自身渴望的奴隶，男人便成了女人的奴隶，以便日后为他在愤怒专横中的屈辱和自我贬低而复仇。女人透过自身的欲望驱近男人，用诡计来迷惑男人，或者像奴隶一样匍伏于他的脚下。自违背上帝谕令以来，男女之间的关系被交付并暴露于罪中，就是奴役与专横的罪。

然而，除此之外，男人也得到了他自己的惩罚；这惩罚也影响他自己的特殊呼召，即汗流满面地工作。因为人的缘故，地被咒诅，因此地本身只能长出荆棘和蒺藜。受造之物服在虚空之下，不是因自己的缘故，乃是因那使其屈服之人的缘故。整个自然都变为与人类为敌的力量，并伴随压迫人类生存与生活的敌意。当人类打破了与上帝的联结时，人与自然的和谐也破裂了。因此，男人只能沿着那不断搏斗的路，前去征服大地。他必须与可怕的自然力量、狂暴的元素、伤人的动物、荒凉的地形作斗争，抵御风与天气、严寒酷暑、岩石和泥土。他必须用头脑与双手工作，充满痛苦与麻烦，日复一日，穷尽一生。他必须征服世界，使自然成为可用，一步一个脚印。唯有如此，借着额头的汗水，男人才能使自己和家人，以及全人类，存活下来。自此，饥饿与爱驱使他无休止地前进。

不过，这种惩罚对个人、家庭和全社会而言也是一种祝福。因为它首先包括，这个男人会继续活着，不会如他所当得的那样立刻沦为死亡的猎物；他将生养众多，其族类要遍满全地。带着这样的期望，第一个男人给他的妻子改了名字。之前她被称为女人（Manninne），因为她来自这个男人，并赐给他为帮助者。现在她要叫夏娃，就是众生之母；因为女人让位于母亲，她对男人的帮助因此成了生育和教养孩童。

此外，人类保留了在创世之初被赋予的任务。人类继续被呼召去遍满地面，征服大地，施行治理。尽管人类只能通过令人恐惧的斗争，部分地回应这一呼召，但这种充满麻烦的劳动本身就是一种祝福，因为它使人类保持超越自然的崇高，并在面临属灵和道德的失败时，保存了人类。最后，在这些惩罚中还蕴藏着这样的应许：上帝将陪伴人走过艰难的旅程，并会加添力量给人，扶持人完成呼召。夏娃是生命之母，她在子宫中孕育生命，人类的生命，女人后裔的生命。女人将在生产上得救，她会在作为女性与母亲的呼召中展现她最美丽、最优雅的美德，不仅如此，在众女子中蒙福的马利亚会弥补夏娃的过犯。在从她而生的子里面，女人和男人再一次达成了他们的呼召。因为在主的仆人基督里，祂灵魂的劳苦不仅复原了真理，实现了和好，还胜了世界。

约瑟、马利亚与那个孩童的圣洁家庭，是亚当、夏娃与他们的后裔的神圣对应物。

3. 万国万民中的家庭

藉罪而来的对家庭的摧残

人类的后裔来自一对父母。这包含了以下事实，即亚当和夏娃的儿女因此是兄弟姐妹，彼此结婚。那时，这种兄弟姐妹的婚姻并不是乱伦，因为他们的相互关系还不能与其他家庭的关系划清界限。只有在许多家庭成立之后，才出现这样的观念，即兄弟姐妹彼此关系要不同于由不同父母所生、来自不同家庭的孩子。当时，在上帝的指引下，通过祂护理的慈爱眷顾，对血缘关系和乱伦关系的根深蒂固的感觉（gevoel），就在人的心里种下了，成为保护家庭和消除不义的最有力的堡垒之一。因为从一开始，这就是上帝的旨意，一旦有更多的家庭出现，人就会**离开**他的父母，选择一个妻子作为他的帮助，不是来自家庭内部，而是来自父母家庭以外的另一个家庭。人类的奇妙扩张、其中无限的多样性、家家户户世世代代之间无穷丰富的关系，皆因此神圣旨意。每一段婚姻都融合了各种心理天赋和独特的身体力量，从而成为一种特别的生命丰盛的新源泉。

但罪立即实施了对家的毁灭性破坏。它已经在亚当夏娃之间引入了不合一，致使丈夫责备他的妻子（创三 12）。它使该隐对亚伯充满仇恨，并煽动他杀害兄弟（创四 8)。它带领拉麦进入一夫多妻，并诱使他在他的刀剑颂歌中，夸耀土八该隐的光荣发明（创四 23-24)。多亏了那一发明，他现在拥有了武器，可以用这些武器向任何攻击他或攻击他子民的人进行七十七倍的报复！我们从堕落之人口中听到的第一支歌，背后的灵感就是复仇与对复仇的渴望。《创世记》后续直到洪水的章节，为我们叙述了那段时间人类所屈从之罪的增长与蔓延。不敬神与不道德齐头并进。他们吃喝嫁娶，直到挪亚进方舟的那日，洪水来了，把他们都毁灭了。

洪水之后，挪亚的子孙定居在巴比伦南部的示拿地。那时，他们借着同种语言和同样的词汇联系为一个民族。但是后来，作为建造巴别塔的惩罚，他们的语言被变乱了，小小的人类族群被分裂成团体、部落或国家，并从巴比伦分散到全地。自那以后，每个国家都各行其道，自行发展。他们所有人都从他们的共同居住地带走传统与观念、道德与习俗、能力与才干的宝库，而这些宝库部分地保存在万民的文化中。但是，他们彼此疏远，逐渐变得更加孤立，终于成为彼此的仇敌。在人类历史中，有相当一部分时期涉及部落、种族与国家之间的战争。因此，各国人民家庭生活和婚姻生活的发展方式自然完全不同。一个人不能把地球上不同地区、不同历史时期的所有人等量齐观或一视同仁。有些民族的家庭生活表现出相对的纯净与贞洁，但也有另一些民族的家庭生活以一种可怕的方式发生了扭曲。时有发生的现象就是，即使在同一个民族，有利与不利的情况也一起出现，正如由于特殊的环境，一个民族经历了道德的提升。因此，一个民族通过繁荣和富足实现了高度昌盛和福利，却在宗教和道德、家庭生活和家人生活方面恶化和衰落了，这种情况也不少见。历史学家的眼光必须始终公正，并完全开放地来检视这种格外伟大的生命多样性。

进化论教导下的家庭起源与发展

然而今天，人们以最恶劣的方式违反了这一简单而又无可辩驳之律。在进化论的影响下，人们按照以下观点绘制了一条路线：整个人类，特别是每个民族，都经历了自己的发展过程，而且这乃出于必然。这条路线的沿途站点被非常精确地识别，命名如下。在人们的性生活领域里，最先只有**滥交**和**纳妾**。根据进化论者的说法，人类从动物进化而来。不能确定他们来自地球上的一对或多对，一个地区或多个地区。但无论如何，他们是动物的后代，并逐渐与他们的起源分离，超越了他们的祖先；几个世纪以来，他们仍然是半动物。这样，他们如野外动物一般生活在一起，没有婚姻，也没有家，当然也没有乱伦、卖淫、通奸之类。每个男人属于每个女人，每个女人属于每个男人。人们将这种全然由性欲支配的完全无序的性生活定为**滥交**，完全自由的性关系。

然而，从一开始，这些动物人（animal-humans）就已经需要彼此，不仅是为了满足其性冲动，也是为了提供生活必需品，并保护自己的生存免受自然的破坏力或野生动物的攻击。这样，某种形式的群体生活逐渐发展。家和家人尚未存在，父母之爱和子女之爱仍全然未知；对于那些最初的人类而言，羞耻感实际上是陌生的。但是像许多动物一样，他们成群地生活。**游牧部落**是原始、最早的群居形式；在成千上万个世纪的历史中，一个复杂、层次丰富的社会逐渐从游牧部落中形成。出生的孩子不属于父母，而属于部落，从出生开始就被纳入部落社区。性关系最初发生在同一个部落或团体的男女之间。但这种情况逐渐发生了变化。比如，可能会发生这样的情况，自己部落的女人不足，或者男人想要另一部落的女人。于是，男人们就会单独行动，或与他人联合行动，也可能整个部落的男人一起去偷另一个部落的女人。这种绑架妇女的行为经常大规模发生，战斗激烈血腥。许多民族都还保留着对于这种古老情景的记忆，以可观的数额或通过模拟买卖和嫁妆的方式购买妇女。但这种对女性的绑架，以及随后与另一部落或宗族的女人发生性关系，产生了额外的后果，即部落群体的圈子内部开始形成另一种感情，就是对**亲情**与**血缘关系**的感觉。这种感情极其重要，因为它成了一种独特新发展的源头。当这种感情产生后，人类就踏上了一条新路，即以家庭方式生活的道路，与以部落方式生活迥异。

但是，这种血亲关系最初只能通过母亲来确定。因为当时还不存在婚姻，男人满足了自己的性欲，但在那一刻与他结合的女人并没有和他共同生活。但那个女人成了一位母亲，她与孩子在一处，把孩子带在身边，至少在孩子出生后的一段时间内如此行。孩子需要母亲的喂食和帮助，不然就会夭折。这样，母亲与孩子之间的联结就比父亲与孩子的联结要更加紧密、更加亲密、更加牢固。事实上，后一种关系甚至一开始都不存在。父亲过去不为人所知，并仍旧不被人知，但孩子的母亲是谁人人皆知。这样，孩子通过母亲确认身份，母亲在家里居首，是最早塑造亲属生活与家庭生活的人，最初在一切事上都拥有权威。结果，在这一发展时期，出现了**母权制**甚至**女权制**。这一时期是女人们的理想时期，因为她们拥有此后都不再享有的权力。

但是这段女性统治时期走向了终结。曾经家庭生活的类型是女人为首，但男人仍旧缺席，还不是家庭的一员。相反，那时女人并没有一位丈夫，但有许多男人，先是一个，接着另有一个（称为一妻多夫制）。那些男人来找她，又离开她。他们的时间并不在家里度过，而是在野外开阔的大自然中，或彼此的陪伴下度过，特别是忙于狩猎和捕鱼。但是这种游牧生活逐渐过渡到了定居生活。狩猎捕鱼让位于农耕畜牧。因此，男人与家庭的联系更紧密了，他们渐渐与所接触的女人还有他们的孩子共同继续生活。如此，他们与家庭越发联系密切，并通过他们的劳动供应家庭；那时，女性的权力逐渐转移到男性身上。这些男人开始逐渐地、不可避免地，或靠着武力和蓄意，将女人推到幕后，压迫她们，使她们成为奴隶。女性统治被男性统治所取代，母权制慢慢让位于**父权制**。

父权制时期的特点是父亲掌握家庭中的一切权威和权力。妻子、孩子、奴隶、房屋、牲畜、田产等，都是他的财产；他可以随意处置，甚至有权支配他妻子们和孩子们的自由与生活。他不但可以娶任意数量的妻子（**一夫多妻制**，而不是早先的一妻多夫制），而且还可以按自己的喜好将她们打发走、卖掉、休掉。但这种情况注定不会长久。因为过这种奢侈生活的人只占少数，普通人和穷人无法养活这么多妻儿。他们受环境所迫，自然只和一个女人生活。在这个现实问题上，一夫多妻制让位于**一夫一妻制**，即一男一女的婚姻。这种做法随后在理论上得到确立，并在许多文明国家上升到法律层面。

这种解释的不准确性

简而言之，这就是进化论主义者圈子对婚姻家庭发展进程的理解。人们抑制不住地吹嘘婚姻家庭是多么天才的创造与巧妙的构建。然而，有一样事物缺失了，就是他们赖以存在的基础，他们必须依赖的实在。慢慢地，专家们再次承认了这一点。长期以来，人们顺从这种理解，是因着幻想这样就可以充分解释家庭生活的丰富历史。可是，进一步深入研究已经揭示，这种理解是站不住脚的。不久前，一位荷兰科学家声称，人们今日通常不再相信滥交是人类性生活的起源，公共财产先于私人财产，女性专治（feminocracy）是所有文明的开端，对死亡的恐惧和对祖先的尊崇是所有宗教的来源。一般而言，人们对进化论的应用已经变得越加谨慎了。他们的眼界已经越来越开阔，看到了生命的多样性。简单地按照预先确定的顺序，逐个确定民族和情况，就像博物馆里的展品一样，乃破坏了生命的实在和多元性。

在某一方面，上述理论已经产生了效益，并取得了一定成果。它通过人类学和文化史的研究，揭示了婚姻和家庭生活被罪破坏的悲剧性方式，这优于我们以前知道或可能知道的方面。我们几乎不会只是严格地在这一领域遭遇这种破坏，而是在整个人类生活中，这种破坏无处不在。如果我们认为违反第七条诫命的罪是最坏、最严重的，而违反其他诫命则不那么严重，那么我们就犯了极端不平衡的过错。甚至在我们使用**不道德**一词的过程中，也会产生这种不平衡，因为十诫全部都属于道德律，并规范我们的道德品行，但我们认为这个词几乎专指违反第七诫。然而，我们可能永远不会忘记，拜偶像、拜图腾、亵渎上帝的名和上帝的日子、破坏权威等罪，在原则上表现出比性不道德和奸淫更严重的特征。属灵的罪，如不信、否认上帝、骄傲、贪财、贪婪、志气高大、憎恨上帝和邻舍等，在主眼中应受的惩罚并不比肉体的罪要少。当我们把后者看得比前者糟糕得多，并允许我们用这种非属灵的观点来指导我们对人和事态的判断时，那么这确实证明了我们的悟性正在变得昏暗，以及我们内心的邪恶想法。

然而，对我们这些感官之人而言，由罪引起的毁灭尤其表现在性行为中。它在外在充足的光线下显得最为清楚，就像可以被我们用手触摸一样。我们无需详细探究那种破坏，以至于要提及所有违反第七诫的重大的罪和微妙的罪。上帝最初创造属于婚姻生活、亲属生活和家庭生活的丰富美好的关系，都受到这些罪的攻击和破坏；这些关系存续于夫妻之间、亲子之间、兄弟姐妹间、自由人与仆役间。恶者的全军围攻了家庭生活：丈夫不忠，妻子顽固，孩子不顺服；对女人崇拜和诋毁，专横和奴役，对男人诱惑和憎恨，将孩子偶像化和弑杀孩子；性不道德、人口贩卖、姘居、重婚、一夫多妻、一妻多夫、通奸、离婚、乱伦；男人与男人、女人与女人、男人与男童、女人与女童、男女与儿童互相之间、人与兽，行可耻的事，犯逆性的罪。用不纯洁的思想、文字、图像、游戏、文学、艺术、服装刺激情欲；美化裸体，甚至将肉体的情欲上升为服侍神明。这一切和类似的罪都威胁家庭的存在，破坏家庭幸福。

当进化论者从人类历史中提取这些事实时，他们只是揭露了这个悲惨的现实。但是，当他们声称这是人们起初在类似动物的环境中生活的结果和产物时，他们就错了。因为即使我们暂不考虑《圣经》的见证，即讲述了一个完全不同的人类开端，进化论者的这种理解也遭受历史有力而响亮的反驳。因为这些严重的罪几乎不会只在粗鄙人中以最极端的程度出现，而是在文明发达的社会中以最猥亵的形式出现。如果想在这里发现它们、观察它们，那就不能去偏僻宁静的村子，而必须去文明的中心，去文化的焦点，去充满高贵与荣耀的大城市。在那里，人们确实会在粗俗的大众中发现这些罪，但是在社会上层、宫殿、画廊、艺术走廊中，这些罪同样盛行并且形式精致。这样的罪偶尔一次会因相关的诉讼、丑闻和犯罪现场，而进入人们的视野。文明粉饰的外表下隐藏着一个多么不公义的世界，这变得显而易见。当进化论者将所有这些可怕的情况都解释为返祖现象，是动物般过去的外在呈现，那么他们就弱化了罪的概念，把邪恶变成了疾病，把罪咎感变成了幻觉，把监狱变成了医院，因而他们对待动物世界并不公正。因为动物并不像人那样，经常彼此共同生活或与他人一起生活。为了要以如此可怕而精致的方式犯罪，犯罪者就必须成为人。甚至罪的性质和犯罪方式都表明，犯罪者是一个人，起初不是按照猿的形像所造，而是按照上帝的形像所造。

维护万民中的婚姻与家庭生活，尽管它经常遭到严重歪曲

但是我们现在看到，这段悲惨的历史中出现了奇迹。尽管一个世纪又一个世纪，一代又一代，所有民族之中并在每一寸土地上，那一切严重的罪都围攻、破坏家庭；尽管有整段罪恶之流，但无论何时何地，家庭的纯粹形式或多或少得到了保存和维持。进化论的拥护者则持相反的观点，认为在人类出现的初期，甚至到今天，许多部落和民族都没有家和家庭生活的迹象。但这纯粹是幻象。对现实的仔细研究会告诉我们一些完全不同的内容，并使我们认识到这样一个惊人的事实：即使在最欠发达的民族中，仍然会出现家庭生活的基本条例。鉴于如上提及的罪，如果情况有所不同，如果某处一个隔绝的部落或民族已经完全丧失了婚姻和家庭生活的概念，也

就不足为奇了。但是，情况并非如此；而情况并非如此这件事，就是一个奇迹；并且随着我们思考程度越深，就变得越发神奇。这是上帝恩典的奇迹，是祂护理引导的奇迹。

因为我们在任何地方都会遇到不同程度的家庭与家庭生活。我们在所有民族中遇到法律、习惯、风俗和惯例，无论是已描述的还是未描述的，都在规范婚姻的缔结、夫妻关系和亲子关系。羞耻感按本性属于所有人，即便在那些衣着严实毫不裸露的民族中，羞耻也不缺席。在许多原始民族群体中，乱伦观念比文明化的国家更强。除此以外，确实出现了各种不贞洁和不道德的混乱情况，但这些情况在文明人中也能经常发现，而且没有任何说服力来反驳这种法律和规条的存在。如果有人之前认为完全自由的性关系是少数部落中的行为，并且是人类原始的生活方式，那么这种观点就是基于有误的观察和过早的结论。由于互相配对和某种社会出现于更发达的动物中，达尔文本人并不同意滥交是人类最早的情况。许多致力于教导进化论的人也加入他的行列，断定最早人类的社会可能已经很好地以婚姻和家庭开始。在某些部落中，似乎过去和现在都有这样的风俗，就是年轻男女最多可以在婚前自由地与对方发生性关系。但是这种滥交形式还远未建立，无论如何只是偶然出现，并且让位于作为一个有序社会之基础的婚姻。人类从滥交开始，随后又经过一妻多夫制和一夫多妻制的时期，以便沿着这条路线实现一夫一妻制，这个理论几乎已经普遍被抛弃了。无论整个人类，还是每个特定人群，都没有走过这一切沿路站点；在人类经验中，由这个理论所确定的情况并不是相继出现，而是始终彼此**结伴**出现。

此外，男女差异在所有人群中都是众所周知的，并且大家在实践中都会考虑这一点。大自然教导这一差异，毋需任何科学或哲学来使我们了解一点。男女在生理结构和体力上有别，在心理本性和心理强度上各不相同；因此，男女自然享有不同的权利，也被赋予不同的责任。没有一个单身的人不熟悉这一点，也没有人不据此安排生活中的实际事务。从一开始，婚前和婚内就存在劳动分工。总体而言，这种分工可以归结为：男人负责从动物界获取食物，女人则负责从植物界获取食物。男人耕种田地，女人照料家畜。男人工作要离开家，偶尔会远行，而女人在家里或附近地区工作。

各种情况都可能导致这些实践发生变化。比如，如果人们生活的地方土地肥沃，气候温暖，几乎不用劳作就能满足生活的需要，那么男人往往就会变得懒惰，把所有的工作都留给女人。又或若工作被认为是可鄙的，就像许多群体中情况一样，认为只有狩猎和捕获才对人有价值，那么女人就会沦落到被压迫的地位，被贬低为一种享乐的工具，一名奴隶，一种商品。但是，也会发生以下这种情况，在家的妇女可能因此获得了很大程度的独立和自由，学会一种能力，得到权利，从而相对于离家生活且几乎不参与家庭生活的男人，她的地位就得以加强。

然而，在形式意义上，女性专治从来就不存在于任何地方。女人天然不会缺乏对孩子、丈夫和整个家庭的权力和影响。她有时甚至被召去担任重要而有尊严的职位，所以不时有女王在不同国家执政。但这是例外，完全不同于正式的女性专治。无论何时何地，男人都是一家之主。在一些国家，或至少在某些阶级中，人们习惯于根据母亲来确定孩子的姓名、地位和家庭。血缘关系被认为比婚姻共同体更亲密、更重要；一母所出构成真正的亲缘关系。事实上，我们在《创世记》读到，男人必须**离开**他的父母，好像转而跟随他的妻子一般；在以色列中，人们十分重视母系血缘关系，甚至直到今天，这句谚语都广为流传：儿子结婚失一子，女儿结婚得一子。但这一切都与女性专治无关。即使在根据血缘关系，也就是根据母亲确认关系的地方，男人仍然是家庭的头，妻子的保护者，孩子的父亲，土地的主人，议会的代表，战争的参与者。与母权制和女性专治的捍卫者相反，为数不少的作家坚持父权制是家庭生活的最早形式。

纳妾和一夫多妻制与这种父权制密切相关。诚然，在古代和现在的许多群体中都遇到了这些问题。在那个邪恶的时刻，穆罕默德出于自身利益，在他感官享受性宗教的背景下，允许了这种行为，由此导致他的众追随者家中爆发痛苦洪流。宣教士们必须不断与这种根深蒂固的邪恶作斗争。但在这一点上，我们仍须注意，不要夸大其词。在古代，巴比伦人、埃及人、希腊人和罗马人都实行一夫一妻制；即使在法律或习俗允许男人纳妾的地方，也有一个女人继续作他的实际配偶。一夫多妻制和一夫一妻制都出现在原始人类群体中。加利福尼亚的印第安人，锡兰的维达斯人，安达曼和尼科巴群岛的居民，以及其他许多人，都知道并尊重一男一女的婚姻。即使在一夫多妻制合法的地方，女性通常仍可享有特权，而只在显贵的男子中，也就是在富人中，才有纳妾之风，因为小公民根本负担不起这种奢靡。我们经常遇到这样的现象，就是在不同人群中，我们越深究他们的过去，就越发现他们对婚姻和家庭生活的高度尊重；而随着福利和财富的增加，这种尊重就逐渐恶化，并受到各种不光彩行为的攻击和压迫。

当我们考虑到这一切时，就不会对以下事实感到困惑：各民族中的家庭生活为我们提供了丰富而光荣的诗篇。在埃及、希腊，尤其是在罗马，女性享有极高的尊荣，至少在古代是如此。中国人可以作我们尊敬父母的榜样。来自各民族历史的诸多历史，向我们讲述了丈夫与妻子、父母与孩子之间的亲密之爱。文学与艺术给我们带来了各种男性的忠诚、女性的奉献和子女依赖的景象。例如，几年前就已为人所知的汉谟拉比法典，在某些方面可与摩西律法相媲美。它包含各种规定，保护已婚妇女与丈夫的关系，在离婚的案例中尤然。在人堕落之后，上帝并没有抛弃人类。祂在夫妻心中、父母和子女心中，保存了祂种在他们心中的自然之爱，从而为尘世的生活开启了纯粹幸福和无尽祝福的源泉。

4. 以色列的家庭

以色列中有关婚姻、父权制、父权、女人和儿童的法律与习俗

　　律法的第一块法版比第二块法版更清楚地显明了以色列与别国的区别。先祖和其后裔之国所得的启示，首先包括这样一个事实，即全能者上帝以耶和华之名证实了祂永恒的信实，使自己为他们所认识，又与他们立下牢不可破的盟约。上帝既是这样在恩典中将自己赐给以色列人，以色列人就当单单侍奉那领他们出埃及地的上帝，除祂以外再无别神。虽然以色列四围的列国越来越陷于迷信之中，百姓却同时从上帝手中接受了一条律法，禁止一切偶像崇拜与图腾崇拜、一切巫术和法术、一切星灵崇拜。当以色列进入迦南地，她无时无刻不被四围列国引诱，要立一个像来侍奉耶和华，或是全民一同侍奉别神。但总是有或多或少的一群人，专心侍奉上帝与祂的律法。从这个神圣、虔诚的圈子里，出现了圣贤和先知，诗篇与箴言的众诗人。

　　但律法第一块法版之后紧跟着第二块法版；大诫命在前，但其后跟着另一诫命；爱上帝是爱邻舍的基础和支撑性的原则。这种邻舍之爱并不是在新约（太二十二 39）才第一次予以规定，而是在旧约时期就被认为是上帝的命令（利十九 18）。这样的爱不应该只是外在服侍表现，而应该发自内心（利十九 11-17），甚至应当抑制和根除对邻舍财产的一切贪婪欲望。以色列的一切言行举止，都应是圣洁的国民、祭司的国度，叫众人可以自由亲近上帝，与万民有别（出十九 6）。这一原则也为婚姻和家庭的立法奠定了基础，尽管就历史的时代（dispensations）而言，它首次在新约中完全实现。

父权制（patriarchy）在以色列人中从最早的时候就已存在，从而我们通常论及族长时期。然而，这种父权制的安排并不限于前摩西时代，而是律法假设和吸取了族长制，并在以色列后来的历史中一直延续。整个国家的组织都是沿着父权路线，按照宗谱血统的原则来安排。以犹大支派为首的十二支派被分为宗族，宗族又分为大家庭，大家庭又分为家庭。每个团体都有自己的首领、代表或王子；所有这些首领或王子一起组成了"大会成员"。当他们聚集的时候，以色列"会众"就聚集了。所以，确切地说，以色列中并不存在国家政权。后来，人们想要并有了一个王，这也并没有破坏父权制秩序，而是允许它继续存在，以至于需要把它纳入其中（王上十二章）。以色列在各个方面仍然受上帝律法的约束，因为上帝是以色列真正的立法者、审判者与王（申十七 19-20；赛三十三 22）。

故此，家庭的权柄和权力都归父亲。通过母亲而有的血缘关系被赋予了重大意义。"我母亲的儿子"这句话多次出现（创四十三 29）。亚伯拉罕娶了他同父异母的妹妹，就是他父亲的女儿为妻，所以父系血亲关系本身并不妨碍婚姻（创二十 12）。拉班对他妹妹的儿子雅各说：你是我的骨肉（创二十九 14）。亚比米勒也以同样的方式对他母亲出生地的居民说话（士九 1-2）。按照娶寡嫂的律法，人同母所生的兄弟若无后而亡，他就应该娶过他兄弟的妻来，为他兄弟生子立后。但这一切并没有导致父权制消失；父亲是家中的王、家中的主人（创十八 12）。

因此，丈夫和父亲拥有广泛的权力。除了他合法的妻子，他还可以娶一个或多个妾。律法允许这种父权风俗存在，也不禁止一夫多妻制（利十八 18；申二十一 15）。如果他发现妻子有"可耻的事"，就有权与她离婚（申二十四 1）。他有权决定儿女的嫁娶（创二十四 3；士十四 1-5），有权在一定条件下废除他妻女所许的愿（民三十章），有权将放荡悖逆的儿子带到本城的长老那里（申二十一18-19）。一般而言，捍卫家庭荣誉、管理家庭财产、增进家庭幸福、引导家庭敬畏上帝的责任都落在丈夫身上。家人和妻子、男奴女婢、牛和驴都是他的财产（出二十 17）。家长是头，整个家庭、住户构成一个有机单位。所有成员与这位头一起，整个家庭连同父亲，要么蒙祝福，要么受惩罚（出二十 5-6）。

然而，一家之主的这种广泛权力可能会使人误解，从而得出这样的结论：他的妻子和孩子都处于被奴役的状态。当然，以色列男子，正如其他国家的男子一样，偶尔也会滥用自己的权力。但这种滥用总是随时随地在发生，包括我们的社会，而法律无力改变这一点，罪恶总有脱险之道。在父权制家庭中，男人是一家之主，女人和孩子是他的财产，就像房子和奴隶一样。但是，这个说法很难证明男人与这一切"财产"都处于同样的关系中，并且可以向他们同等地行使权力，任意对待。缺乏描述妻子和儿女权利的法律，这并不能作为依据来论证事实上他们没有任何权利，或他们的权利都取决于主人的好意或恶意。

现在人们经常宣称这个结论，但这个观点由进化论出发。进化论教导的是，自然自身是混乱无序的状态，是所有人彼此的战争；在这种情况下，只有通过国家立法才能建立秩序。人在本质上被视为野兽，只有通过国家才能将之驯服，使之成为人。国家成为人类伟大的驯化者和养育者，所有权利的源头，社会的创造者和塑造者。但这个观点漏洞百出，因为它没有考虑人的理性与道德本质，人的理性与良知、头脑与灵魂——简而言之，就是未考虑上帝的创造与护理。我们不可通过数量有限的法律或者完全没有法律就得出结论，认为人们生活在没有权利的状况中。在许多情况下，我们都可以更有理由地反过来说，我们越需要法律，就越显明理性与道德的悟性、自然之爱与自然纽带正在失去其影响和力量。如果在今天，妻子、孩子、仆人和劳动者的权利必须由法律来确立，那么这当然可以解释为是因着自私自利在很大程度上破坏了社会的道德品质。

在以色列中，妻子和子女的权利，实际上也包括丈夫的权利，很大一部分不是由法律、而是由习俗确立。这些习俗赋予了妻子和子女很大程度的独立性。女儿在家里享有极大的自由，与陌生人打交道的方式也简单淳朴（创二十四 15-16；二十九 10；出二 16；士十四 1；撒上九 11 等）。丈夫是一家之主，也是妻子的主，但是在《出埃及记》二十 17 中，律法讲到邻舍之妻时，就很难说妻子是他的财产，如同他的牛或驴，好比今天丈夫谈到他的妻子或妻子谈及丈夫，或是医生谈到病人，律师谈到客户一样。撒拉、利百加、拉结、哈拿、亚比该等作妻子的，几乎不会给人留下奴隶的印象。她们是自由的女人，她们的丈夫尊荣她们、爱她们。虽然她们大部分时间在家里度过，但她们四处走动也不用戴面纱，与人来往也自由自在（创十二 14；得二 5-6；撒下二十 16），参加宴席（出十五 20-21；士十六 27；撒上十八 6-7）；有时也会带着她们自己的财产结婚，比如奴隶，这些财产后来仍归她们所有（创十六 2，6；二十四 8；二十九 24，29；三十 4，9）。

妻子在家里有她自己的任务。她要负责家务，所以一直忙于纺纱织布、缝制衣服、烤制面包和照顾羊群（创二十九 9；出二 16；撒上二 19；八 13；撒下十三 8；箴三十一 10-31）。她与丈夫一同负责孩子的喂养和抚育。由于妻子只有作为母亲才能获得完全的尊荣，所以她热切渴望孩子，尤其是儿子（创十六章；撒上一章），并将拥有孩子看作丰富的财宝，视为上帝的祝福和产业（诗一百二十七 3）。长子是男性力量的体现，是父权的继承人，是他母亲和姐妹的代言人（创二十七 29，37；四十九 3，8；申二十一 15-17）。

子女的养育，女人的地位与婚姻的神圣

所有孩子都必须按着敬畏与认识耶和华的道路来教养（出二十2；十二26；申四9等），也有义务尊敬和尊重他们的父母和所有长辈。在这方面，母亲并未被遗忘（出二十12），在《利未记》十九3[3]中，母亲则被视为比父亲更重要。殴打或诅咒父亲或母亲的人，要被处死（出二十一15；利二十9）。在《箴言》三十一10-31，利慕伊勒王吟歌赞美勤劳能干的家庭主妇。她的价值远胜过红宝石。她的儿女起来称她是有福的，她的丈夫也一样称赞她："才德的女子很多，惟独你超过一切。艳丽是虚假的，美容是虚浮的，惟敬畏耶和华的妇女必得称赞。"（箴三十一29-30）在以色列中，妻子参加安息日与节期，以及献祭和圣殿歌唱。她们并不是完全彻底地被排除在公共生活之外。米利暗、底波拉、户勒大、挪亚底在民中作女先知。王后耶洗别与亚他利雅带领百姓侍奉偶像。

此外，在以色列中，婚姻是一种公民制度，以至于律法没有提到结婚时要进行任何宗教行为，尽管这一点在实践中并不会被忽略。然而婚姻有神圣起源，由上帝设立（创一27），在原则和本质上是一夫一妻制的，不可破裂（创二18-24），是上帝所立的约（箴二17；何二18；结十六8；玛二14）。正因如此，婚姻理应保持神圣。律法确实允许一夫多妻，也允许离婚，但这些之所以发生，都是因为百姓心里刚硬，与婚姻的本质相冲突，从来都不是法规。遵照族长的榜样，王和贵族后来也使用了这种自由，但普通公民只有一个妻子。先知和诗人们的出发点乃以下观念：婚姻是一男一女之间的纽带（何一至三章；箴十二4；十八22；十九14；三十一10-31）；并且旧约希腊文译本将《创世记》二24 的 "**他们**要成为一体"，译为 "**那二人**要成为一体"，这是新约所采用的译法（太十九5；可十8；林前六16；弗五31）。

---

[3] 英注：荷文原文 "《利未记》九3" 有误。巴文克注意到这段经文对母亲的重视，它颠倒了这类律法常见的 "父亲或母亲" 的次序："你们人人都要尊敬自己的母亲和父亲。"

此外，对家庭的尊重通过一些规定得以建立。这些规定禁止血亲和直系亲属之间的婚姻关系。这些规定受到高度尊重，所以教会和民事立法都遵循和采用。同样严厉禁止的还有卖淫（创三十八 24；利十九 29；申二十三 17-18），淫乱和通奸（出二十 14；利二十 10；申二十二 22；结十六 38-41；二十三 43-49），以及其他各种不洁和败坏的行为（出二十二 19；二十八 42；利十五 18；十八 22-23；二十 13，18；申二十三 13-14；结十八 6；二十二 10）。

作为上帝与上帝子民之间忠贞之约的形像，婚姻的神圣性得到了最充分的体现。在其他国家民族中，婚姻也确实被带入与神明的关系中，但方式与以色列的截然不同。异教失去了上帝的圣洁的概念，把永生上帝的荣耀变成了朽坏之人、飞禽、四足爬行动物的形像，并把性别差异以及各种不道德的关系和行为，转移到上帝身上。每个男性神明旁边都有一位女性神明，与他发生关系，生下孩子，大部分时间与他生活在不和与仇恨中。但这一切不道德的思想都与《圣经》完全无关。希伯来语甚至没有女性神明的字眼。上帝是圣洁的上帝，是至高的上帝，住在永恒当中，但也与那些有安静谦卑之灵的人同住。祂与祂所造之物相交，在亲密的盟约中与祂的百姓同住。这约已经与族长们订立，但在西奈山首次与以色列国正式缔结并确立。凭着这约，耶和华与以色列建立关系，地上再无其他国家如此这般。耶和华是以色列的磐石，以色列从祂而出（申三十二 4，18；赛五十一 1）[4]，耶和华是以色列所轻慢的父（申三十二 6；赛六十三 16；六十四 8），是栽种以色列葡萄树的农夫（赛五章；耶二 21）。不仅如此，祂更是出于纯粹的恩典拣选以色列，并与之订婚的新郎和丈夫（赛六十一 10；六十二 5；耶二 32；结十六章；何一至三章），现在因祂的尊荣而忌妒，将祂子民的所有背道行为都视为淫乱和奸淫、性不道德和不忠（利二十 6；民十四 33；诗七十三 27；赛一 21；耶三 1；结十六 32 等）。

---

[4] 英注：荷文原文"申三十三 4，18 和耶五十一 1"有误。

5. 新约中的家庭

圣洁家庭

新约开篇就是耶稣奇迹般地由童贞女马利亚所生的故事。这在历史上绝无仅有。在异教国家中，神明与女人生子的故事五花八门；然而，一个被圣灵能力所荫蔽的童女产下婴孩是完全独特、不可比拟的。马利亚在人类历史上占据一个完全独特的位置。在尊贵荣耀上，她甚至超过先知和使徒。只有她被尊为上帝之子的母亲。她在女人中是蒙受祝福和恩宠的，地上所有家庭都称她为有福之人。

然而，她并不是因腹中孕育、怀中乳养耶稣而得救，因为只有听了上帝的圣言并遵行的人才能得救（路十一 27-28）。马利亚就是如此。当天使将感动她灵魂深处的信息报给她，她就完全俯伏："看呐，我是主的仆人，情愿照祢的话成就在我身上。"（路一 38）。马利亚是杰出的以色列人，她没有跑在前头独自行动，而是以孩童般的信心接受上帝赐予她的一切。夏娃偏离上帝的圣言走自己的路，而马利亚接受上帝的圣言，不发怨言，也不争辩。她是上帝亲自预备和塑造的，用以接受祂最庄严的启示。正如一开始，她什么也没做，只是完全**顺服**主的旨意；后来她充当母亲的角色，了解许多关于她儿子的奇事，却存记在心里默默思想。

马利亚在接到天使报信前，就已经和约瑟订婚。约瑟是大卫家族的后裔，在拿撒勒做木匠营生。尽管约瑟还没有将他的未婚妻娶回家，但订婚就已经具有婚姻关系的性质。在此之前，马利亚因圣灵怀孕被发现了。约瑟对天使的信息一无所知，他是个正直人，愿在这件事上遵行主的律法，打算只让两个证人在场，给马利亚休书让她离开，免得她公开受羞辱。但一个天使在梦里向他显现，告诉他马利亚的秘密，让他不用担心，只管娶马利亚，因为她所怀的孕是从圣灵来的。自那以后，约瑟再也没有怀疑马利亚名誉的完全。他将马利亚娶回家作他的妻子，与她同住，但直到她生下头胎的孩子后，才与她同房。婴孩出生在伯利恒，而非拿撒勒；这事是在上帝的指引下，按着应许，通过奥古斯都皇帝的命令成就的。不仅如此，约瑟和马利亚带着孩子过了段时间才回到拿撒勒。因为首先，他们要在伯利恒至少住三十一天，等到马利亚满了洁净的日子，可以在耶路撒冷的殿里将孩子献给主。其次，希律的敌意和对伯利恒婴儿的屠杀，致使约瑟带着婴孩和他的母亲，奉上帝之命逃往埃及。他们在希律王死了几年之后，才第一次返回巴勒斯坦，回到拿撒勒。

这就解释了为什么在拿撒勒和周围地区，人们只知道耶稣是约瑟和马利亚的儿子。他的父母保守着怀他的秘密，没有向任何陌生人提起。直到后来，耶稣用言行表明祂是上帝的儿子，又得了许多门徒，他们才可能向几个值得信赖的朋友提及这事。这样，耶稣成胎和出生的奇妙故事都包含在福音书中，记录在《马太福音》和《路加福音》里，为我们所知。然而，我们对约瑟几乎一无所知。有一次，耶稣的母亲和兄弟来找耶稣，要和祂谈话，带祂一起回家，却不再提及约瑟。在十字架上，耶稣托付祂的门徒来照顾自己的母亲。升天之后，只有耶稣的母亲马利亚和祂的兄弟被提及。基于这些原因，在耶稣开始公开传道之前约瑟就死了，这并非不可能。

这样，耶稣虽然是上帝的儿子，却不羞于称约瑟为祂的父，称马利亚为祂的母，称我们为祂的弟兄。正如祂在整个降卑时期顺服天父一样，因而祂在顺服父母中寻求顺服天上的父。这也清楚地表明，祂顺从自己的父母，在恩典中成长，并与上帝和人同在（路二52）。作为世人的救主，第五条诫命也属于祂要满足的义。诚然，对祂而言，属灵的亲缘性比身体的血缘性更重要。甚至马利亚也没有因圣灵的荫蔽和生育耶稣而得救，乃是靠聆听并遵行上帝的圣言而得救。同样，耶稣也将凡遵行上帝旨意的人称为祂的兄弟，祂的姐妹和母亲（可三32-35）。因此，祂地上的父母不得干涉与祂职分有关的事，也不得干涉与祂属天的神圣呼召有关的事。当这种情况发生时，祂甚至拒绝自己的母亲，不是用傲慢或轻蔑的语气，而是坚决而果断：天父的儿子以天父的事为念（路二49）。祂独自决定何时完成父的工作（约二4）。尽管如此，顺服祂的父母也属于祂的中保工作。在十字架上，祂忘却了自己的痛苦，想到祂的母亲。祂用最温柔的爱把马利亚的注意力从祂自己身上引开，并给了她另一个儿子，就是祂所爱的门徒约翰，并托付约翰照顾祂的母亲（约十九26-27）。

耶稣对女人、婚姻、父母和孩童的关注

圣洁的家庭就是基督徒之家的榜样。耶稣的言行强化了这一榜样。耶稣自己并没有结婚，因为祂的新妇就是教会，就是祂所爱的；祂也为教会舍己，好使她洁净，使她成圣（弗五26-27）。然而，他并不是一个虔诚到不看女人、也不同女人讲话的修道士。耶稣以完全敞开和自由的方式对待女性。祂最爱的门徒之中就有妇女；她们在加利利和犹太地跟随祂，用自己的财产服侍祂，见证祂被钉十字架、埋葬、复活和后来的显现。祂在叙加同一位女子说话，门徒就希奇，耶稣自己却不觉得有什么奇怪，因为在任何地方、任何时候、任何事情上，祂的食物就是遵行父的旨意，完成祂的工作（约

四 27，34）。那个在西门家里，用眼泪湿了耶稣的脚、又用自己头发擦干的女人，祂赦免了她许多的罪，因为她的爱多（路七 36-50）。祂让那行淫的妇人离开，没有谴责她，并对她说："去吧！从此不要再犯罪了。"（约八 11）论到娼妓和税吏，祂说他们要比别人先进天国。

如此，耶稣就尊荣了妇女，在她跌倒后，再次将她扶起。与此同时，祂尊重婚姻，并复原婚姻。当然，结婚并非无条件的义务。在有些情况下，为了天国的缘故，人可以蒙召放弃婚姻（太十九 12）。受逼迫的日子将会来到，那时，怀孕的和哺乳的妇人要哀恸（太二十四 19）。尽管婚姻尊贵而神圣，却是暂时的，仅限于尘世的时代（dispensation），因为人复活的时候，也不娶也不嫁，得救赎的人就像天上上帝的使者一样（太二十二 30）。但在这些界限之内，基督承认并尊重婚姻是上帝所立的制度。单论祂出席在迦拿举行的婚礼，并在那里行了第一个神迹，就是令人信服的明证。不但如此，祂还格外尊重婚姻，因为祂将婚姻追溯至上帝起初的谕令，并且保护婚姻不受各种罪的侵害。耶稣来并不是要颁布一条关于婚姻的新律法，而是要成全律法和先知，使之得到充分的实现与应用（太五 17-20）。所以，当祂在登山宝训中解释第七诫时，不仅禁止奸淫，还说凡看见（已婚）妇女[5]就动淫念的，这人心里已经与她犯奸淫了（太五 27-28）。若按祂所说，这样的人就已经与那个已婚妇女犯了奸淫，也破坏了她的婚姻。只是人不但不可拆散别人的婚姻，也不能毁了自己的婚姻。摩西确实允许丈夫给妻子休书，打发她走，但这种许可是因为人的心刚硬，并不是基于上帝起初的命令；它是合法的，却不道德，被法庭允许，但不被良知所允许。

因此，在耶稣的门徒中，事情的发展应有所不同。凡休妻另娶的，不但自己犯奸淫，也是叫那被休的妇人犯了奸淫，娶这被休妇人的也犯了奸淫（太五 32；十九 9）。罪生出罪来，奸淫破坏的不是一

---

[5] 中注：这里的"妇女"原文希腊文为γυνή，又可译作"妻子"。巴文克此段内容论到婚姻，因此特别增加了"已婚"一词。

个家庭，而是好几个家庭。有一种情况，耶稣允许离婚。在以色列中，丈夫可以与合法妻子离婚，尽管妻子无权与丈夫离婚；如果一个已婚女人犯了淫乱的罪，从而在事实上破坏了婚姻，那么丈夫**不必**也**无义务**与妻子离婚，但是他可以这么做，可以凭着自由的良知释放他不忠的妻子，视这桩婚姻事实上已经解除了。耶稣藉此并非要为离婚提供依据，让离婚被认为是有法律效力的，且包含在律之中。祂对此只字未提。祂也没有说这国或那国的立法者在离婚方面必须要规定的内容。但祂提供了一个**道德**律，约束祂门徒的良知。关于这一点，祂从最初的婚姻制度出发。就此婚姻的性质和本质而言，它是一男一女整个生命成为一体的纽带。上帝以这种方式将他们结合在一起，所以上帝配合的，人不可分开（太十九 4-6）。

除此之外，耶稣对小孩子也表现出极大的爱。天国的价值胜过一切，为着福音的缘故要撇下一切——田产房屋、兄弟姐妹、父母妻儿。爱父母或爱子女过于爱祂的，不配作祂的门徒（太十 37）。但在天国宪章之外，耶稣建立了夫妻之间的纽带，以及同等重要的父母子女之间的纽带；这纽带是牢不可破的。犹太人总是习惯许下各种错谬、肤浅的誓言，借此约束自己，在能避免这样或那样的危险，或能得到这样或那样的好处时，就为圣殿和宗教目的留出一份礼物。拉比并不反对这一恶习，而是试图规范它，从而一旦许下这样的承诺，就能按照律法予以尊重并履行（申二十三 21）。有时，这种做法会走得太远，以至于为了履行这些誓言，要牺牲儿女对父母的道德义务，而这正是耶稣所反对的（太十五 4-6；可七 10-12）。如果有人说："我本可以用来奉养我父母的，已经作了各耳板（Corban）[6]，也就是说，我已经立誓要为圣殿捐献。" 文士若说，不可因着应归于父母之荣耀的缘故而违背这样的誓言，那么他们的全部解释无非是要确保一个孩子无法再为父母做任何事。那时，上帝的命令就因人的规条变得无力了。

正如耶稣在这里一般性地复原了第五诫的力量，祂在别处也多

---

[6] 中注：各耳板，即祭物，指献给上帝的供物。参见《马可福音》七11。

次表明，自己对父母与孩子之间那种柔和脆弱的关系，有深刻的理解。祂很同情那个孤独的患癫痫病的哑巴孩子，人群中的一人将那孩子带到祂面前，祂就治好了那孩子的病（太十七14-20）。祂救了那个大臣的孩子脱离死亡（约四46-54），心里怜悯那为独生子送殡的拿因寡妇，动了慈心，叫他复活（路七11-15）；没过多久，祂又叫睚鲁幼小的女儿从死里复活（路八41-56）。耶稣爱孩子们，对孩子们的爱宏大又深厚。祂准许孩子们直接到祂那里，又放手在他们身上为他们祝福（太十九13-15）。祂在门徒面前，以小孩子为简单、正直、谦卑的榜样（太十八3），又因那些信祂名的小孩子而欢喜（太十八5）。甚至在祂荣耀地进入耶路撒冷的那天，圣殿的小孩子向祂高喊和散那时，祂也认为这是应验了旧约的说法，从幼儿和吃奶的婴孩口中，主建立了赞美自己的力量与方式（太二十一16）。

使徒的教导

使徒的一切教导都符合基督的话语。值得注意的是，除了保罗，包括彼得在内的所有使徒，都像主的弟兄一样，很可能结了婚（太八14；林前九5[7]）。像耶稣一样，保罗认为在某些情况下，不结婚更好（林前七1-17），但他绝不是反对婚姻、不许结婚，或认为婚姻关系不纯洁。相反，他反对那些要求禁止婚姻，又禁戒各样食物的人，坚称凡上帝所造的都是好的，若感谢着领受，就没有一样可弃的，都因上帝的圣言和人的祈求成了圣洁（提前四3-5）。婚姻不仅是荣耀的（来十三4），而且就其本质而言，从设立之初就一直是基督与教会之间亲密团契的象征。地上的婚姻是天上婚姻的形像，为了预备天上的婚姻。因为历史的最终目标，就是一个新人类会从以基督为元首、上帝在其中充满万有【的教会】中浮现（弗二22-23）。[8]

---

[7] 英注：荷文原文"林后九5"有误。
[8] 中注：此处荷文原文"弗五32"有误。巴文克在这句话中并未提及"的

因此，婚姻并不是一项基督教制度，就是说婚姻的起源和安排并非归于基督教。婚姻可以追溯到创造，在那时就已经有了婚姻的准则和律法；尽管它经常败坏，却仍然出现在所有民族中。新约也一再回到最初的婚姻制度，从中衍生出今天应该如何安排婚姻的规条。亚当首先被造，然后是夏娃；男人是头，是上帝的荣耀，但女人是男人的荣耀；男人不是从女人造的，而女人是从男人造的；不是亚当被引诱，而是那女人被引诱落入罪中。这一切考量都基于以下告诫：妻子必须承认且支持丈夫作家庭的头（林前十一 7-9；提前二 12-14）。以创造为基础的谕令不会被特殊启示削弱或摧毁，反而会因此得到建立和强化，并通过特殊启示获得更丰富、更深刻的意义。

如果婚姻象征基督与祂教会之间的团契，那么这应首先表现在夫妻双方都在主里订立婚约这一事实上（林前七 39）。一般而言，使徒对信徒的警告是不要与不信的人同负一轭（林后六 14）。但使徒并不是想就此切断与非信徒的一切联系；若然，基督徒实际上就要离开这个世界（林前五 10；十 27）。相反，他的意图毫无疑问是，信徒们不应与非信徒进入这种相交的关系，以致他们自己的自由被剥夺，变得不忠于基督徒的责任，并可能会被带到非信徒的轭下。尽管保罗此处只是泛泛而论，但将之应用于异族通婚也并无不可。因为这样的婚姻蕴含着极大的危险，就是信主的配偶会安于生活中与基督王权相冲突的一些事。而这种情况可能并不会发生；即使一方已经归信基督，而另一方仍旧不信，那么信主的一方应该定下基调，就像在保罗时代经常发生的那样。这两夫妻的家庭应该成为基督徒家庭，不信的丈夫因着信主的妻子就成了圣洁，孩子们也成了圣洁（林前七 14）。

因为一个基督徒家庭就是在主里的家庭，就是与基督团契的家庭，是按着祂的榜样和命令，在祂的灵里合一的家庭。认信基督并

教会"。参考上下文以及《以弗所书》二22-23，为了中文通顺之故，此处予以补充。

不破坏自然秩序；丈夫仍然是丈夫，妻子仍然是妻子，孩子仍然是孩子，正如归信的奴隶并不会因此就不再是奴隶。但是，尽管丈夫与妻子的关系、父母与孩子的关系，都被罪腐蚀破坏，但基督将之复原更新了。所以，丈夫仍然是一家之主，因他有上帝的形像和荣耀；妻子仍要顺服丈夫，因为她是在他之后造的，又是从他而出且是为他造的，她是丈夫的荣耀。然而，他们彼此关系的更新与圣化是多么奇妙啊！在基督里并不分男女（加三28），都是一样承受生命之恩的（彼前三7），同享一信、一洗、一圣餐，都领受了同一位圣灵，共享同一条到父那里的道路。

尽管夫妻之间的自然差异与原初关系仍然存在，但一切事物都获得了不同的特征。丈夫必须爱妻子，为她而活，并把自己交给她，就像基督爱教会，为她舍己一样；而妻子必须在主里顺服她的丈夫，如同顺服主一样（弗五22-33；西三18-19；彼前三1-7）。同样，孩子也仍然有义务按照诫命顺服自己的父母（弗六1-3）。双方并非彼此对立，乃是在主里结成合一的团契。同样，孩子们也是圣洁的，应当在教会领域中无拘无束，作盟约应许的后嗣（徒二39；林前七14；提前二15）。父母必须用主的教导和劝诫来养育儿女，儿女也要在主里爱自己的父母，顺服父母（弗六1；西三20-21）。尽管丈夫、妻子和孩子之间有种种差异，但他们一同构成了被拣选的一代、圣洁的族类、君尊的祭司（彼前二9）。

最后，如果婚姻是丈夫和妻子如此亲密的团契，以至于它可以被称为基督与祂的教会联合的象征，那么婚姻显然就是一男一女余生的纽带，只有死亡可以解除。就连保罗也像基督一样，说丈夫要爱他的妻子（林前七2；弗五31，33），尤其是长老和执事，不能娶多位妻子同住（提前三2，12[9]；提多一6），而且二人要成为一体（弗五31；林前六16）。这样的纽带会一直持续，直到死亡。即使一方皈依基督教，产生了宗教差异，也不会使婚姻解除；已经信主的一方，不可离弃自己的另一半（林前七12-14）。如果这种情况的

---

[9] 英注注：荷文原文为"提前三2，22"，但22节是笔误。

发生违背了上帝的命令，那么离婚的人必须要么保持单身，要么回头与另一半和好（林前七 11)。然而，倘若配偶仍旧不信，又已经离婚，那么责任就落在那不信的配偶身上，不能强迫那信主的配偶重建破裂的婚姻（林前七 15）。这信主的配偶被自己的另一半抛弃，并非出于自己的过失，至于是否可以进入另一段婚姻，保罗对此没有回答。他仅仅满足于指出，信主的配偶可能永远不会解除婚姻。

基督教对家庭生活的祝福

借着这一切规定和指示，基督教已经成为家庭生活的丰富祝福。在古罗马人中，婚姻受到高度尊重；在家庭生活中，家庭主妇占据非常重要的地位。但是，当希腊和东方的风俗习惯渗透罗马社会，财富和繁荣导致罗马社会丧失从前的简朴时，道德的堕落就逐渐出现了；根据保罗在《罗马书》一 26-32 的描述，在他那个时代，道德堕落已经达到了可怕的地步。婚姻往往只是一种双方都能接受的暂时同居，离婚是当时的风尚。当时男人并非完全出于懒惰而逃避婚姻，也不是通过其他方式来满足欲望。但实际上，男人并不忠于一个妻子，而是与娼妓和妾保持关系，从而把合法妻子越来越推到幕后。孩子的数量被任意限制；为了孩子的养育，孩子被托付给奴隶，至少在社会各个阶层，几乎没有任何证据表明丈夫和妻子之间、父母和孩子之间有家庭生活。伴随这一切恶相生的，还有所谓非自然的罪，与妻子的自然关系因而变成了逆着本性的行为，男与男行可耻的事。有时，这仿佛洪水前的日子，以及所多玛、蛾摩拉的可憎之事，又回来了。

认信基督出现于当时那个不道德的社会。人们可能不会忘记，认信基督起初常常给家庭带来巨大分裂。基督来本不是要带来和平，乃是要带来刀剑，使人与父亲相争，女儿与母亲相争，媳妇与婆婆相争。基督教会最早的历史提供了很多这类例子：丈夫和妻子、父亲和儿子、母亲和女儿、兄弟和姐妹，经常因为信仰相互对立，视对方为敌人；许多信奉基督教的人不得不放弃一切，以配得基督，作祂的门徒。为了抵挡来自父亲的压力、恳求和眼泪，为了对自己的认信忠贞不渝，贝坡图（Perpetua）[10]付出了何等大的代价啊！

但面对所有这一切，我们发现基督教信仰为许多人的心灵带来平安，也使爱回归千家万户。基督教并没有推翻自然的谕令和制度，而是在其中注入了一种新的灵，从内部改造它们。它并没有使妻子脱离丈夫，或使孩子脱离父母，没有从主人那里解放仆人，或从雇主那里解放工人，或从国家那里解放臣民。但是基督教造就了更好的妻子和孩子、男仆女婢、工人和公民，并引导他们回归各自的关系。基督教提供了属灵的解放，也正是以此方式重建了属世的关系。蒙召时作仆人的，仍旧作仆人，但成了主所释放的人；蒙召时作自由之人的，就成了基督的奴仆（林前七22）。正是通过这种对顺服和爱的宣讲，基督教行了神迹。

基督教从起初就在妇女中被接纳。耶稣不仅在加利利和犹太地之旅中有许多妇女跟随，而且在耶稣升天之后，这些妇女也和门徒们聚集，一同领受圣灵的恩赐。在使徒或他们的同工建立的教会中，女性扮演着重要角色，屡次作为重要成员出现。我们知道耶路撒冷教会的许多妇女（徒一14；五14），不仅有耶稣的母亲马利亚，还有马可的母亲马利亚（徒十二12）。我们也知道，在帖撒罗尼迦和庇哩亚，许多显赫的妇女也归信了主（徒十七4，12[11]）。《使徒行传》和使徒的书信让我们知道了约帕的大比大、腓立比的吕底亚、雅典的大马哩、以弗所的百基拉、坚革哩的非比、歌罗西的宁法、腓立比的友阿爹和循都基。并且，保罗在《罗马书》十六章提到，除了十八位弟兄，他还特别问候了至少八位姊妹。

---

[10] 英注：贝坡图和一些同伴一起被捕，这些人中最有名的可能就是菲利西塔斯（Felicitas）。在监狱里一段时间后，尽管贝坡图的父亲请求她放弃基督徒身份，她还是和同伴们一起在角斗游戏中殉道了。这最有可能发生在公元202年的迦太基，在塞普提米乌斯·西弗勒斯（Septimius Severus）统治时期。

[11] 英注：荷文原文为"徒十七4，20"，但20节乃笔误。

这些妇女中的许多人还在教会承担重要事工。她们在家里接待（徒十二 12；林前十六 19；西四 15），协助使徒的侍奉（罗十六 3，6-15），偶尔带领信徒聚会，虽然不是为了教导（林前十四 34；提前二 12；彼前三 1），但一定会祷告和讲道（林前十一 5），也许偶尔在会众中被委以这样或那样的职务，而不担任特别的圣职（罗十六 1；提前三 11；五 3-16）。我们从之后的一段时期得知，传讲福音也在妇女中兴起，妇女们自己也为福音的传播做工。她们在学习《圣经》和明白真理方面常常超过男人，在行为信心上也与男人不相上下。许多妇女因承认基督而殉道，在教会中备受尊崇，也常受到异教徒的敬佩。

妇女属灵上的提升也有益于家庭。可以实实在在地说，基督教再次显露了女性灵魂生命的美丽与丰富。基督教确实将女性排除在教会圣职之外，并没有将她们提升到女祭司的级别，但基督教确实引入了信徒皆祭司的制度，女性也参与其中，而且在很大程度是如此。女性在教会获得的重要性也影响了她在社会中的地位。在罗马世界，女人逐渐被贬为奴隶或男人享乐的工具，而现在因为基督教的缘故，她又成为有独特、独立人格的人，有自己的思想和意志。她仍是男人的帮助者，但与他一同承受同样的恩典。在基督教信仰中，丈夫和妻子向彼此复原，各样淫乱、不洁、通奸和离婚的罪，都不得不屈服于把他们重新结合的爱。基督教圣化了婚姻，将婚姻从各种罪恶中解放出来，并再一次在神圣诫命的基础上建立了婚姻。

正如基督教再次将夫妻拴在一起，它也同样将父母还给他们的孩子，把孩子还给他们的父母。妻子再次成为真正意义上的母亲，不仅生下孩子，而且养育孩子。孩子也同样获得权利，比如在出生前不被戕害的权利，以及出生后不被杀害或抛弃的权利。在这个堕落的社会里，事实上已经不存在任何父亲、母亲、配偶和孩子。但是现在，他们又再次被捆绑在一个圈子和一个家庭里，而这个家庭不仅是国家的一部分，还获得独立存在，成为整个公民社会的基础。

6. 家庭面临的危险

基督教会内部的禁欲运动

基督和使徒所宣扬的婚姻家庭原则，在任何时候、任何地方都能得到充分纯粹的应用，这几乎是不可能的。基督教经常被指责在过去整整 18 个世纪，未能使社会摆脱贫穷、贪婪、卖淫等一切邪恶。这样的抱怨使人们忽略了这样一个事实，就是人类始终保持不变，依然生来就有一颗邪恶的心。因为从心里发出恶念、凶杀、奸淫、苟合、偷盗、妄证和谤渎（太十五 19）。这些罪一发现机会，就爆发出来，蔓延至整个社会。因此，在这个时代（dispensation）中，完全的胜利永远遥不可及，完全的安息也永远无法获取。从一代到另一代，从一个世纪到另一个世纪，与罪恶的斗争必须继续下去，每个人也必须重新开始精神和道德培养。

故此，了解和承认良善的原则是不够的，必须日复一日，时时刻刻，不断地发展和应用这些原则。一旦应用时出现懈怠，敌人就会自我提升，再次夺回失地。因此，基督教内部的家庭历史是一个故事；这个故事不仅关于赐给家庭生活的、源于基督徒认信的不可计数的丰富祝福，也关于在家庭生活领域中反复上演、为要破坏和毁灭婚姻生活的各种畸变与邪恶。

苦修运动就属于后者，并很快就在众多基督徒当中表现出来。[12] 各样的原因使人们有了这样的观念：克制各种自然之事，禁食禁酒，不休息，不放松，尤其是不结婚，是一种讨上帝喜悦、值得高度赞扬的努力。基督教会从来没有错到如此谴责婚姻和家庭生活的程度，不过教会至少承认，放弃这些尘世的关注是一条通往属天救赎的更短、更安全的道路。正如奥古斯丁所说，婚姻和未婚状态并不像疾病与健康那样互不相关，而是像短暂的健康与永恒的不朽之间的关系。按照屈梭多模（Chrysostom）的想法，婚姻生活可能是白银，但未婚状态是黄金。

这种苦修运动逐渐导致了隐士生活与修道生活。这些做法不能无条件地加以谴责，因为修道主义极大地祝福了基督教的传播、慈善工作、文明的保存与发展。此外，耶稣特别谈到那些为着天国的缘故禁绝婚姻与性关系的人。保罗也说，一个没结婚的人不碰女人是好的，是道德上许可的，并且未婚的人专注于主的事，而已婚的人专心于世界的事。自愿禁欲不仅是被允许的，而且在特殊情况下，为了特定的目的，甚至可以是强制的。但在基督教会中兴起的苦修运动逐渐开始怀有这样一种观念，认为不婚状态本身总优于结婚，忠于终身独身的坚贞誓言是一项功德。在这过程中，苦修运动就偏离了基督和使徒的教导；他们的教导从未囊括对这种不婚状态之功德和终身誓言的认可。

对人的良知施加这种非正式的压力，往往会产生最可怕的反响。我们可以完全承认修道主义在基督教和文明方面所取得的成就，但不必对它所造成的极其不道德的情况视而不见；尤其在宗教改革前的几个世纪，这种不道德已达到令人惊恐的程度，并在每一个基督

---

[12] 英注：巴文克批判贬低已婚状态、婚姻家庭重要性与家庭作为一个首要文化机构角色的各种形式的基督教敬虔主义，无论这些形式是有意或无意而为之。然而，他有时夸大了这一点。

教国家中扩张。教会忘记了使徒保罗的话，就是嫁娶总比被欲火攻心要好，各人从上帝那里领受了自己的恩赐；这人是这份恩赐，那人是那份恩赐（林前七 1-9）。

对于属灵阶层，教会尤其忘记了这一点。因为尽管包括彼得在内的大部分使徒都结婚了，并且在初代教会的使徒中，婚姻是准则，但是管理属灵之事与婚姻家庭生活不相容的观点开始大行其道。此新伦理特别随着教宗格列高利七世兴起，服务于基督公教会的等级制度。如果教会要保持独立，不讨好普通信徒，不受世界强权的影响，不受国家的支配，那么第一要务就是教会神职人员要与女人、婚姻、家庭、后代分离，并且必须单单依靠教会。这样，等级利益推动了属灵阶层的不婚状态，并且无疑也从中得利。但是，这给基督公教司祭的良知戴上了难以言喻的沉重枷锁。

基督公教与宗教改革

同样的想法也导致基督公教教会将婚姻提升为圣礼。这似乎是一个直接的矛盾：一方面禁止属灵阶层结婚，另一方面婚姻具有恩典媒介的特征。但这两种观念都出于相同的考量，是一树生两枝。就婚姻本身而言，如果将其严格地视为一种自然现象，那么婚姻不过是肉体的共融，并不值得基督徒去行；或者说，比起一个人借着信心被提升所至的状态，婚姻总是属于更低的秩序。但是，如果允许基督徒结婚并维持婚姻，那么就应该通过超自然的恩典，将婚姻提升到信徒们现在已经到达的地位。

这正是基督公教将婚姻理解为圣礼所表达的观念。由于婚姻是在创世时所立，而且至今仍存在于基督公教教会之外，于是婚姻只不过是夫妻之间一种"自然的"共融。但是，基督通过祂的功德，完善了世俗的婚姻，使之圣化，并将之提升为祂超自然恩典的工具，如同洗礼和圣餐一般。如果合法地进入婚姻，有司祭在圣坛前，且至少有两位见证人在场，奉父、子、圣灵的名进行，那么婚姻伴侣就共享超自然的恩典；这恩典要使他们不仅生活在合一与爱中，而且生养孩童，繁衍人类的同时也繁衍了基督的教会。

对于基督公教而言，基督教的婚姻神圣性并不在于婚姻通过上帝圣言和祷告而得到内在更新、从罪里得释放、得洁净。相反，婚姻的神圣性在于它被加添和赋予了超自然的恩典。自然的婚姻，虽然不是特别的罪恶与不洁，但仍属于较低的等级，并带有世俗的特征。基督教成分并没有浸透自然之物，而是继续在自然之物的上方盘旋。自然之物没有被恩典更新，而只是被抑制。缰绳套在那按本性理应属肉体的欲望之上，而肉体本身从不更新；面酵也确实洒在了生面团上，但从来没有揉捏进去，好使全团发起来。

在过去几个世纪，许多基督徒作家使用贬低性语言表达自己对婚姻和女性的看法，证明了这一评述的正确性。当学者们争论女人是否可以被称为人时，这主要是一个语言学问题，即"（男）人"（man）这个阳性词是否适用于女人。但提出这个问题就已经暴露了一个观点——女人不如男人有价值。而这样的观点在古往今来杰出人物之中反复出现。犹太拉比梅尔（Meir）建议男人每天三次感恩祈祷，第一次为上帝没有将他造为外邦人，第二次为上帝没有将他造为女人，第三次为上帝没有将他造为愚人。同样，男性基督徒也常常认为自己的地位比女人高。在教会的神父中常常有这样的忠告，不要和女人吃喝，不要同女人讲话，倒要逃离女人的道路，如同避开毒蛇的注视。男人视女人为男人最大的诱惑，是罪的网罗，特土良称呼女人为"魔鬼之门"。有了这些指控，男人们忘了在自己的软弱中寻找罪咎。这种对女性的蔑视，在两名道明会修士于1487年出版的著作《女巫之锤》（De Malleus Maleficarum）中达到了顶峰。由于这本书认为女人比男人更容易受到恶魔的影响，所以激起了对女巫的猛烈迫害，并且焚烧女巫。

然而，轻视女性并没有像人们一时所想的那样导致禁欲，而是导致了纵欲。如果婚姻被诋毁，如果女人被认为不如男人，如果婚姻关系被认为是不洁的，那么这一切就只能有一个结果：在婚外寻求肉欲的满足，而女人被滥用为享乐的工具。当苦修主义与宗教结合，迟早会导致生活放荡；当本性长期被压抑，它很快就会强制行使它的权利以作回应，并摆脱一切束缚。在中世纪，特别是第10世纪以来，对妇女的诋毁还伴随着卖淫。放纵的女人周游乡村，或定居在城市，形成一种行会，都是为了肉欲而牺牲名誉。在国王和贵族的宫殿里，在富人的住所里，放荡没有限度。文学和艺术在回应人们对古希腊的日益熟悉中，抛弃了中世纪的野蛮，并经常服务于对自然人的颂赞。例如薄伽丘（Boccaccio），他的小说《十日谈》（*The Decameron*）就为道德的堕落做出不小贡献。大量属灵与修道阶层也被这污秽的潮流席卷。

那时，宗教改革确实在一定程度上遏制了这股潮流。尤其是在加尔文的领导下，日内瓦爆发了强大的道德变革，并从此在各个国家爆发，产生出一系列美丽的家庭与公民美德，后来在我们自己的国家，在卡茨[13]那里找到了对此充满热情的诗人和讴歌者。然而，除此之外，破坏的力量仍持续发酵。自由的灵魂欣然抓住这个机会，不仅践踏教会的传统，而且把宗教与道德的每项规定都踩在脚下，宣扬肉体解放的福音。自然而然地，16-17世纪蹂躏各国人民的分裂和战争，有力地增强了人心的麻木与道德的堕落。后来，和平与安宁降临，商业与工业（nijverheid）带来繁荣，生活在王族宫殿和贵族府邸的人就放纵无度，沉迷享乐。法国皇室的道德败坏为许多国家定下了基调，同时，不信之人越来越多，这些都为法国大革命铺平了道路。卢梭是法国大革命的精神之父。作为无约束情感宗教的宣传者，他与情人同住，抛弃自己的孩子。在法国大革命中，公众女性扮演了重要角色，婚姻则被剥夺了基督教和神圣的性质。

---

[13] 英注：这里指的是雅各布•卡茨（1577-1660，Jacob Cats）。他的《婚姻》（*Marriage*；1625）一书聚焦女性，包含关于女性生命的六个阶段的章节。

性问题与尝试解决的方案

卖淫现象从古至今一直存在于每个国家，似乎无法将其根除。但在19世纪，由于种种原因，它具有了异常恶劣的特征，并且可怕地增长。首先，智性的混乱状态在很大程度上助长了不道德。因为当宗教感减弱时，善恶的概念就被抹去，责任感和罪疚感就被压抑，以致激情和情欲脱缰，心中的邪恶以无耻恶行的形式公然爆发。其次，这还要加上娱乐和享乐的精致化，物质商品被夸大的价值助长了这种精致化；这一切都引起了许多人对婚姻和家庭负担的反感。最后，当今社会状况往往具有一种性质，就是阻碍许多青年男女结婚，并诱导他们以一种罪恶的方式为自己的需要寻求满足。财富与繁荣，以及贫穷与苦难，铺就了羞耻之路。这条路是宽的，行在其上的人也多。

在以前的几个世纪里，妓女只是一个相对较小的群体，但今天在大城市里，她们的数量成千上万。这种情况更令人恐惧，因为它是社会中传播的各种性病的根源；丈夫传染给妻子，父母传染给孩子，危及家庭和几代人的健康，甚至危及全体民众的健康。正是这些疾病，它们秘密爬行，破坏许多人的身体健康，造成不被谈起的隐藏的痛苦，带来占比很大的精神病、失明、失聪和畸形，以致社会最终承受了更重的负担。因此，对性问题的调查研究正在从方方面面进行讨论。怎样才能抵抗侵蚀人类身体的性罪的毒瘤呢？它的成因是什么，该用什么方法予以对抗？对于这个复杂问题，答案自然是众说纷纭。无论是关于这种恶的成因、性质，还是处理办法，都莫衷一是。

有些人期望规范卖淫可以完全解决问题，或者至少在最大程度上解决问题。他们的出发点是假设卖淫在任何时空中都存在，不可根除。它很可能是一种恶，但无论如何，它似乎是一种必然的恶。他们恳求我们不要再徒劳地试图根除这种罪恶。相反，要接受并默许它，设法使它尽可能避免通常由此产生的有害后果。确保卖淫安全，让卖淫接受国家的监督和管理，把它纳入社会有机体中，给妓院办执照，并给妓女发许可证。人们不能再将卖淫视为一种罪加以反对，而要更多地将其视为一种疾病，需要医疗卫生行业的关注。

与此同时，也有一些人站出来，想把婚姻更多地置于国家监管之下。任何人都可以结婚、有孩子、生育，即使他们患有可怕的不治之症，他们认为这种做法是不负责任的。在他们看来，由于这个原因，今后婚姻要服从国家监管，服务于繁衍强大的后代。人工育种在动植物身上成果喜人，将来也会用在人身上。现今，立法者已经确定了结婚的年龄要求和血缘要求。让他们继续沿着这条路走下去吧！让每一个想结婚的人都接受义务医检，在某些特殊的情况下，甚至禁止特定婚姻，因而进一步挽救和壮大人类吧！

与此直接对立的，是那些把性行为中的一切痛苦归咎于古老婚姻制度的人。他们找不到足够尖锐的言辞来谴责这种制度和教会及国家对此问题的所有立法。没有任何一种制度永久是好的，所以他们推论以下做法也欠佳：用婚姻的约定将两个人终生捆绑，甚至当激情已逝，爱已被冷漠取代时，还强迫他们生活在一起，而冷漠还会使妻子受制于丈夫的任性和肉欲。解放必须是唯一的口号！国家和教会必须完全退出这个舞台。法律、准则、约定、与婚姻有关的障碍，统统都不复存在！让所有事情都听凭人的倾向吧！让他们在爱中，依着激情和奇想，自由地结合。也许到那时，就如一些人所期待的那样，自由会逐渐实现强迫所不能实现的。许多人将被爱捆绑，直到死亡。但如果情况并非如此，那么离婚总比被迫住在一起要好。如果自由的婚姻不能带来持久的结合，那就让自由之爱像人类诞生之初那样盛行吧！孩子对这一理型不构成任何障碍，因为如果没有其他合适的安排，就让国家来照顾他们吧！

还有一些人期望妇女解放会带来全部解脱。在从前的时代，女人总是男人的玩物或奴隶，永远不能按照自己的本性自由而独立地发展。这就解释了为何经过了几个世纪的各方面压迫之后，女人如今在体力、智力和科学能力上都落后于男人。但当女人在婚姻内外都完全独立于男人时，当她被平等看待和对待时，这一切就都会随之改变。让每一份职业和工作，每一个职位和部门都对女性开放。人们不仅为她打开教室的门，让她能够教学，也为她开放医院的走廊，让她可以施行怜悯。现在，让人们为她开放学院和大学、讲坛和读经台、法官席和议事厅。让她在国家、教会和各种组织中拥有选举权！那时，女性就会显示她们的能力；她们要么自己会养活自己，否则就会被迫进入卖淫的罪中。她们独特的女性美德将平衡男性的粗俗和野心，在家庭、社会和国家中，她们将展示一种改革的、有益的力量。

最后，也有人将所有罪恶和苦难归咎于糟糕的社会组织，以及社会内部，尤其是资本主义和产品的不均分配。贫穷是各种疾病、卖淫、醉酒、抢劫和谋杀的成因。如果社会以不同的方式组织，那么这一切痛苦都会突然结束。假设社会以这样的方式来组织，每个人都能适时享受休息和放松，这样每个人都能从公共财政中获得与其需要同等的工资或津贴，那么所有的嫉妒、憎恨、罪与邪恶的成因都会消失。人们就会像兄弟姐妹一样一起生活，完全平等将会是手足和睦的保障。个人和家庭的自由的确会受到些许损害，也许父母不得不在孩子出生后，就把孩子们交给国家接受公共教育。但是平等友爱定然值得付出轻微的自由的代价！

这样，我们就不会缺乏针对现代社会的弊病拟议的补救措施。然而，目前提出的这些补救措施，在很大程度上与这些弊病同等伤害了婚姻和家庭生活。家庭从来没有像现在这样，面临如此严重的危机。许多人不满足于改造，想一拆到底。

7. 婚姻与家庭

按照基督教原则的改革

所有良好、持久的改革都从我们自己开始，以我们自己的内心和生命为出发点。如果家庭生活在今日的确正在遭受各方威胁，那么对每个人而言，最好立刻开始在自己的圈子内进行改革，并且用事实本身来驳斥当下就婚姻和家庭而提出的尖锐批评。这种改革马上就有这样的好处，就是它不会浪费时间，也无需等待任何事。任何人若想要通过国家寻求解脱，都必须经历一个漫长的过程——组建政党、举行会议、全民公投、议会辩论和民事立法。而通过这些活动是否能取得丝毫成功，仍然未知。但是内部改革任何人在任何时候都可以进行，而且可以毫无阻碍地向前推进。

内在的、精神道德的改革还可获得一个更大的优点，就是与自然本性（nature）[14]并不冲突。目前，为了解决有关性的问题而提出

---

[14] 中注：巴文克神学和新加尔文主义对自然与恩典之间的关系尤为关注。他们强调的是"恩典复原并更新自然"。这里的"自然"（nature）一字亦可译作"本性"。巴文克此处意思毕竟宽泛，所以译作"自然本性"，但在文章其他地方，会根据语境不同而分别译作"自然"或"本性"。

的大多数改变，不仅与基督教原则抵触，而且与事实和现实的要求冲突。开放式婚姻和自由之爱，妇女解放，以及社会的社会化，都没有考虑现实是否健全或病态。他们都苦于一个幻象，认为通过外部措施，通过废除旧的法律或实施新的法律，就可以改变人性或转变邪恶的人心。他们都是从外到内的路径，将人视为环境的产物，会在不同的环境中逐渐得以更新。

将这些针对改革的现代尝试与基督教所建议和实行的改革相比较，对后者愈发由衷的惊叹就会充满我们。因为摩西和先知们，基督和使徒们，以一种无法超越的方式，区分了安全的现实与病态的现实。在其他宗教和哲学体系中，这两个领域总是彼此混淆或相互混合。然而，在基督里临到我们的特殊启示把它们泾渭分明地予以区分；尽管它全面而充分地承认自然本性（nature），但仍在整个现实的范围内与罪恶搏斗。无论何时何地，特殊启示总是在寻求对自然生命的改造，但只有以此方式并借此手段，自然本性才能从不义中得到解放。基督来只是要摧毁魔鬼的作为，但祂更长远的目的确实是要再一次沿着这条路线来彰显和荣耀父的作为。

这就解释了为何《圣经》从男女差异出发。这种差异既不是人类的发现或发明，也不是环境的产物，亦非缓慢逐渐进化的结果，乃是从一开始就存在，由自然本身所规定的，因此是由上帝呼召而存在。上帝把男女差异作为一个不可否认的事实摆在我们面前。我们确实可以与约翰·斯图亚特·密尔（John Stuart Mill）一样论道，女人的本性并不是一种不可改变的现象，而是由于对她的压迫逐渐形成的；我们或者可以和他人一起幻想，最初的人类是一个无性的或雌雄同体的存在。[15] 但这样一来，我们的推论就与现实大相径庭。

---

[15] 英注：这一观点最早可能来自前基督教时期阿里斯托芬（Aristophane）在柏拉图的《会饮篇》（189c–193e）中的一篇演讲，尽管两性（hermaphroditic）可能比雌雄同体（androgynous）更为准确。阿里斯托芬称，最初的人有三种性别，全阳、全阴和阴阳人或者雌雄同体，分别源自太阳、月亮和大地。最终宙斯出于愤怒将他们每个人一分为二，于是现在每个人都在寻找他或她的"失落的另一半"。全阳人劈成的一半寻找其他男性，全阴人寻找其他女性，只有曾是阴阳人或雌雄同体的，追求异性关系，他们

文化当然可以带来一些变化，但这只有在特定范围内、基于自然本身才能实现。不同时间和不同环境下的人与民族，彼此有很大不同；但男人始终是男人，女人始终是女人。这个事实没有任何变数，我们只能予以接受。这不是魔鬼的工作，要被毁灭，而是天父的工作，要被承认。

男女差异

然而，我们可能低估和高估这种差异。在先前的世纪，低估男女差异常常困扰着人们。在实践中，人们常常把女人看作比男人低等的存有；在理论上，人们又常常否认女人是完全的人。只有《圣经》解释了人类的本质和起源；借助《圣经》，我们必须反对这种观点，坚持男人和女人都是按着上帝的形像所造，因此都是最充分意义上的人。《创世记》第二章特别提到，女人是适合男人的帮助者，但我们不要忘记，这章前面就是《创世记》第一章。在第一章中，我们读到上帝按照祂的形像创造了男人和女人，女人之所以能成为适合男人的帮助者，只因她和男人是平等的，并且和男人一样，反映了上帝的形像。过去偶尔提出的问题，即女人是否可以被称为人，是完全不恰当的。女人是毫不亚于男人的人，因为她也是按照上帝的形像所造，不逊于男人。《圣经》以一种非常人性化的方式

失去的一半是相反的性别。这篇演讲是为了喜剧效果还是严肃思考并不清楚，但是一些早期诺斯替主义者接受了人类最初是雌雄同体的观点。类似的观点可以在犹太的卡巴拉学派（Jewish Kabbalah）中找到，如亚当·卡德蒙（Adam Kadmon）或最初原始的人。类似的观点在近代德国大受欢迎，包括早期路德宗的雅各布·博姆（Jakob Böhme，1575-1624）、作家约翰·沃尔夫冈·冯·歌德（Johann Wolfgang von Goethe，1749-1832）、基督公教哲学家和神秘主义者弗朗茨·克萨瓦·冯·巴阿德（Franz Xaver von baader，1765-1841）、浪漫主义者卡尔·威廉·弗里德里希·施莱格尔（Karl Wilhelm Friedrich Schlegel，1772-1829）等。巴文克很可能想到了这些人或类似人群。这个观点经常与《创世记》一27联系在一起，今天仍然颇受欢迎。柏拉图《会饮篇》的英译本，参见 Plato, *Symposium*, trans. Benjamin Jowett (Upper saddle river, nJ: Prentice Hall, 1956)。

讲述了上帝的本质，但从来没有把性别差异转移到上帝身上。上帝从来没有被描绘成或表述为女性。但是，如果说女人是按照上帝的形像与男人一同被造，那么这就包括了这样的事实：女性特质的独特性与丰富性并不亚于男性能力的独特与丰富，且在神圣存有中找到其起源和范例。上帝是一位怜恤自己孩子的父亲，但也安慰孩子，如同母亲安慰自己的儿子。

由于人性（human nature）的合一，这句名言并不完全正确：没有女人，男人就是不完整的半个人；没有男人，女人也是如此。只有在分别看待男人或女人自身的特殊性时，这个说法才成立。但是，当人们想到男女共有的人的本性时，这种表述就不那么正确了。作为一个人，男女各自都是完整的。男人和女人有各自的灵魂和身体、心思和意志、心灵和良知、精神和人格。没有单一的身体能力和单一的灵魂品质，是男人或女人所独有的。二者都有完全的人性，都有独特独立的人格。故此，女性在某些活动和职能方面是否不如男性有天分，这个问题难以回答。因为，尽管男女的悟性和理性、头脑和双手无疑按不同方式发挥效用，但这丝毫不意味着天分不同或低劣，也完全不等于无能。

与此相关的是难以清晰明了地描述男女差异。判断的范围很广，把那些对人性有深刻理解之人的矛盾意见排列在一起，无需任何技巧。几个世纪以来，在所有国家、哲学家和不加思考的大众中，仇恨女性的人与崇拜女性的人互换了位置。人们几乎无法持守自己的判断，而是经常从一个极端走向另一个极端。有时，女人是天使，有时是魔鬼；有时是女王，有时是母夜叉；有时是鸽子，有时是蛇；有时是玫瑰，有时是荆棘。女性等于神圣，女性又等于恶魔。男人跪在她面前，对她顶礼膜拜，然后又把她踩在脚下。通常的结论就是：女人是个谜。男人不理解女人，却又常常比女人更了解女人自己。

尽管如此，男女差异还是存在的，而且是根据其主要特征来确定。男女之间就身体及其所有器官而言，都有外在差异。头部的大小，大脑的发育和重量，皮肤的颜色，毛发的生长，乳房和腹部的形状，手脚的形状，都不相同。其他存在差异的方面还包括：肌肉的力量和强度，神经系统的敏感度，运动的优美度，血液的颜色，眼泪的流动，脉搏的频率，声音的音色，需求的多样性，对痛苦的承受力，身体的重量和力量等。在女性整个发育过程中，女人比男人在身体上更接近小孩子，比男人更早成熟。

同样重要的是存在于灵魂生命中的男女差异。人们都说灵魂没有性别差异；可是，即使男女灵魂的本性和能力相同，它们的功能却不同。凭借观察，女性比男性更快获得感官印象，并保留得更久、更深。女性想象力的特点是更活泼生动，有更迅速的连接性。女性的思考和评估更具视觉性而非分析性，比起抽象的原则和规定，她更重视生活的便利。她更合意地沿着理想化的实在观，而不是通过概念分析的方法，来寻求真理。就男性而言，意志力则更具有逻辑性，也更有毅力，更能坚持不懈地追求目标，但女人在忍受力和耐心、受苦能力与适应能力上，都比男人更胜一筹。

赋予男人和女人的人性是相同的，但在他们各自身上以独特的方式存在。而且这种区别作用于他们的全部生活和所有活动。女人的外表给人的印象完全不同于男人，外貌对女人和男人的意义也完全不同。衣服和首饰对男人而言不太重要，对女人而言却是她生活的重要部分。因此，人们常常称呼女性为"更美的性别"。只要不是要将男性描述为"丑陋的性别"，这并不含侮辱之意。因为，正如形容女性为"软弱的性别"（彼前三7）并不意味着所有形式的软弱都结合在女人身上，将女性描绘为"更美的性别"，也并不意味着所有的美都被赋予了女人。男人也是美的。只有与美和艺术有关的不健康的思想流派，才认为没有比赤裸的女性身体更高的美，一次又一次地以各种诱惑和丑恶的姿势虐待她，仿佛她只不过是一件装饰品。

这种不健康的思想流派也意味着人们不再关注男人的美。然而，这种美也是存在的。毫无疑问，这是一种完全不同的美，但十分肯定的是，同样有价值。男人的美就是他所体现的崇高之美，正如女人所拥有的优雅之美。男人和女人都是美的，都显示出上帝形像的特征，他们就是按着上帝的形像被造。男人体力强壮，胸膛宽阔，目光威严，髯须浓密，声音雄浑；女人身材纤巧，皮肤敏感，胸部丰满，体型圆润，嗓音柔和，一头长发，仪态优雅，动作柔软。他使人产生尊敬，她使人心生温柔。就美而言，米开朗基罗的摩西像并不逊于拉斐尔的圣母画像（Madonna）。

同样，在宗教、理智和道德方面，女人的构造也与男人不同。同样的逻辑和道德律，同样的宗教和道德，对于两者都适用。男人并非在智性上优于女人，女人也并非在道德上优于男人。但他们每个人对宗教、道德、艺术和科学的理解真是完全不同啊！男人认为宗教首先是一种责任，女人则将之视为一种乐趣和特权。对于男人而言，善更多以正义的形式发挥作用；对于女人而言，善的形式是爱。男人要正义和法律，女人要同情和参与。男人寻求一种观念的真理，女人追求生活的现实。

据此，每个人都必须警惕特定的一系列罪。男人必须对付的是强推自己的原则，并将一切可能的后果强加于人。女人则必须持续不断地与她在逻辑上的短板做斗争。这种逻辑短板不仅表现在僵硬固执和无可救药的任性上，也表现在善变方面，蔑视一切形式的争论。男人容易陷入怀疑、不信、理性主义和僵死正统的危险，而女人则同样面临外表虔诚和迷信、神秘主义和狂热主义的危险。女人的活泼健谈与男人的沉默寡言形成鲜明对比。女人的虚荣心并不比男人的粗鲁冷漠更恶劣。男人的不忠匹配女人的固执。诚然，男女没什么好互相指责。各自都有相当荣耀的优点，也有比较严重的缺陷。二者都没有可以被贬低或神化的余地。

未婚状态

因此，男女的独特性令彼此对对方而言都是不可或缺的。他们各自按自己的方式都是不完全的，不是作为一个人不完全，而是作为一个男人或女人是不完全的。男人在女人身上发现了对自己的补充和纠正；反之，女人在男人身上也找到了同样的事物。若没有女人，男人容易变得麻木、放荡、自我中心；若没有男人，女人的温柔很容易退化为软弱，她的爱也变为多愁善感。正如她离不开他的独立和力量一样，他也离不开她的依赖和温柔。所以婚姻是基于双方的本性。人类并没有发明婚姻，婚姻也不是由国家引进，亦非由教会强加，而是由上帝自己在创世时所制定，并连同人性一同赐予。"那人独居不好"（创二18），上帝从起初就说过，因而现在如此，将来**也是如此**。出于这个缘故，《圣经》没有**禁止**婚姻，没有禁止任何人，任何牧师或先知、使徒或教师结婚。《圣经》谴责那些禁止结婚的人，在这方面，《圣经》直接反对各种苦修主义。有形实物、身体、性别差异都起源于上帝。女人不是起源于堕落之后，而是作为女人与男人一同被造，在真知识、公义、圣洁中，按着上帝的形像被造（西三10；弗四24）。《圣经》中没有**反对婚姻的禁令**，只有**结婚的命令**。

但是，就如其他道德诫命一样，这条命令以普遍的方式建立，不受一切人类规条的影响。尽管如此，它是赐给理性之人，因而需要合乎理性的应用。一人独居固然不好，但并不意味着一个人可以草率结婚。上帝通过年龄、一夫一妻以及不同程度的亲属关系，限制对祂命令的执行；这一切都限制了婚姻。上帝还通过节制的恩赐来限制婚姻，这是祂偶尔托付与人的特殊呼召。耶稣自己没有结婚，但有论及那些为了天国的缘故自行承担节欲义务的人（太九12）。保罗也说，在有些情况下，让一个人保持他原来的样子会更好。

因此，我们不能说，也不可以说，婚姻对每个人而言都是达至自身天命（destiny）的必要条件。正如婚姻常常会有孩子，但没有子女的婚姻并不因此就毫无益处，漫无目的；所以成年男女进入婚姻是正常的道路，但若有人婚姻之路受阻不畅，他们也并不会因此就失去了自身天命。那些将天命局限于此生，局限于种族繁衍，局限于感官享受的人，确实会持这样的观点。但那些持守基督教根基、相信人类永恒天命的人，不可能、也不会持这样的观点。男人和女人在成为丈夫和妻子之前首先是人。婚姻并不属于**生而为人**（being human）的本质。尽管未婚，耶稣仍是一个真正完全的人，毫无瑕疵地完成了天父交托给祂的工作。无数男女放弃婚姻，把他们的全部力量奉献给使命和慈善，献给科学和艺术，献给人类最宝贵的服务。在天堂里，人既不娶也不嫁。因此，婚姻是一个短暂、临时的制度；在婚姻中，生育子女只限于生命的一部分。

因此，人们不能说，若有人不能结婚，就会失去自己的天命。我们也不能捍卫那样的宣讲，即声称考虑到人的肉欲本性，婚姻对每个人而言都是必须的。改教家们在他们的时代着重强调了这一点，以回应属灵阶层和修道院普遍存在的不道德。在这过程中，他们与保罗所说的并无二致，就是每个男人都该有自己的妻子，每个女人都该有自己的丈夫，以免淫乱，因为嫁娶强如欲火焚身。故作正经使人对肉欲性的巨大力量视而不见。

然而，我们必须防止矫枉过正，认为婚姻对每个人都是必要的。因为那样，我们很容易冒着危险得出以下结论：一个没有机会结婚的人可以通过另一种方式满足他的欲望。多年前，许多医生都同意他们的反对观点，认为对年轻男子来说，这种满足是必须的，或因考虑到他们的健康，至少是被允许的。但是随后出现了强烈的反对声，抵制这种对犯罪特许。如今，许多医学专家都承认，节欲既不会对人的健康造成丝毫损害，也不是不可能实践的。此外，宣扬婚姻的绝对必要性是提前剥夺了一个人对抗自身激情所需的武器。这非但没有强化他，反而削弱了他，诱使他在开始抗争之前就放弃了，甚至在敌人发动进攻之前就放弃了堡垒。

然而，一个人当然可以被呼召去进行这样的抗争。这样的例子在历史上，尤其是在现代史上，数不胜数。耶稣要求人为祂的缘故撇下所有，为祂的缘故恨恶甚至丧掉自己的生命。在执行祂护理的过程中，上帝常常呼召许多男女在进入婚姻时舍己，将肉体连同肉体的情欲钉在十字架上。上帝给人履行天职和追寻人生目标的责任，不是通过婚姻，而是在婚姻之外。当然，上帝放在他们肩上的十字架是沉重的。没有被呼召这样舍己的人，常常对未婚的人横加羞辱，选择未婚的人作为他们冷嘲热讽的对象，从而把事情弄得更糟。

然而，上帝也知道那些苦难，将苦难与祂的怜悯混合，使得苦难在信仰的力量中可以被忍受。因此，基督公教会的错误不在于让独身与婚姻共存而留出空间。如果基督新教能为独身找到一些空间，那将是非常可取的。可是罗马公教的错误在于，她认为未婚的状态，连同顺服和守贫的誓言，是通向完全（perfection）的更快更安全的途径，因而吸引了大量男女远离家庭生活，而那些人本来更适合家庭生活，本可以在其中得到远超独身的丰盛祝福。因为婚姻和独身同样荣耀，婚姻本身也不是抵达完全的更艰难、更漫长的途径。这两条途径中哪一条对一个人来说是最适合的，是一个人必须走的，只取决于他自己，或者说取决于他心中所感受到的上帝的呼召。因此，这个决定取决于他的良知。任何国家和任何教会都无权以其自定的条例来侵犯这种良知。

作为规范的婚姻

然而，尽管在特定情况下独身是被允许的，也是必须的，但对于男女而言，婚姻仍是他们在世上履行他们的呼召和工作，为要改善自己的惯常途径。一般而言，一个人结婚与否并不取决于他的选择。每个人都受自己的本性所驱使。从意识（bewustzijn）被唤醒的那一刻起，两性差异就逐渐成为那种觉知的一部分，并随着程度的增加，获得了关注并占据了内心的想法；它占据了人们一半的思考、感觉和行动。

无论性的生命（sexual life）的发展在哪个显著阶段发生，都朝着一个方向前进，不断地表现出一种独特、无可比拟的倾向，并在婚姻的完全相交中第一次找到了安歇之处。当爱被唤醒，充盈整个生命，再没有比这更令人瞩目的时刻了。诗人歌咏过，圣贤思考过，艺术和文学从中提取了它们最丰富的母题，每个人的内心都充满了它。花园里玫瑰的盛放、四季中春天的到来、大自然中太阳的升起，都不比人向爱的丰盈敞开心扉更美。从灵魂生命的隐秘深处，升起一个动人心魄之美的世界。情感压倒了感官，赶走了其他一切冲动，并在亲密和力量中超越了其他一切冲动。这令人享受的经验，在温柔与深度上，任何事物都不足以与之比较。一切生命的丰富都为理型（ideal）的形成提供了质料。珍惜对未来的期待，它远超最疯狂的梦想。所有这些经历中，婚姻摘得桂冠。它是人类生命的顶点，是年复一年努力的至高目标，是长久奋斗的凯旋，是漫长预备的终点。当新郎带着新娘回家，爱就庆祝它最美的胜利，天地都高唱祝歌。

小说通常会在这里结束整个故事，至少在更理想主义的时代，小说曾是如此。如今，既然实在主义占据了艺术的主导地位，怀有一种幻觉，以为实在主义比浪漫主义更能看清和理解实在，那么人们就乐于将婚后和婚内生活描绘成一种巨大的失望，一种无法忍受的同居，一种痛苦和压迫的绝望处境。于是，诗歌借着罪恶的激情、禁忌的情感和不正常肉欲的途径，被引入这种处境。这一切便都被闪光美化和掩盖了，以婚姻中的爱和忠诚为代价。诗人、艺术家、小说家和剧作家争相竞逐，诋毁婚姻，向公众的敌意低头。他们扼杀了千万人心中对理型的信念，扑灭了他们心中纯洁高尚的爱。

这个艺术流派中有些许真理：婚礼之后，生存的严肃性首度出现。一旦夫妻拥有彼此，那么他们是否会彼此相守的首次考验就开始了。如果说早期浪漫主义对此视而不见，那么它就如同新式艺术一样，有偏颇之过，因为后者也只是从片面、同样狭隘的角度来预想实在。诚然，不幸的婚姻很多，超过我们所能想象和所知道的。成千上万的人终生被绑在一处，与其说是对方的祝福，不如说是咒诅，置身他们的婚姻，已经是活在人间地狱。最好的事物腐败了，就会变成最糟糕的；凋零的爱就成了恨，消散的感情为厌恶所替代。当婚姻失去欢欣时，就变成了难以忍受的苦闷。

人们对这些事实的看法过多，声音过大，以至于在相关的看法上并无分歧。但是，在尝试改革的过程中，我们可以从两个方向择一推进。人们可以尝试证成这些事实，为它们是正常的而辩护。于是，所有指责都落在婚姻制度上，而在婚姻中犯了淫乱和通奸的人获得自由，还因他放荡的激情荣获头上的冠冕。接着，离婚、开放婚姻、自由恋爱就是解决问题的办法。科学和艺术、讲台与舞台，必须合力破坏和推翻现有的婚姻。

但人们也可以相信，尽管打着实在与科学、美与诗的旗号，这种治疗比疾病更糟糕。这种信念在每个人良知中都得到支持。在现代，罪的概念正在消失，所有痛苦的罪责都在个人之外，定位于制度、社会环境和国家组织中。所有解脱都自然地寄望于社会和政治变革。但是，每个认真自省并敢于面对这一道德现实的人，他们的良知会有不同的说法。这样的良知不是把责任推给社会和国家制度，而是归于人自己。你就是那人！先知和使徒就是这样说的，这就是基督的教导和榜样：与整个道德律一样，婚姻是智慧、圣洁、美好的，有神圣的起源和对人类丰富的祝福，但人类已经发明了许多方案。

择偶与求婚

在结婚和择偶之前，人们已经想出了这些方案。有些人在婚前就已经贪恋情欲，如同无法离开水一样，怀着肮脏之心进入婚姻，身体也常常不洁。让我们忽略他们吧！对于一桩早已被各种罪玷污、人最好的精力已耗尽，并且只基于算计而缔结的婚姻，我们必须期待什么呢？又能期待什么呢？但如果我们弃绝这些滥用婚姻的美好甜蜜的人，那么在择偶上又会暴露出何等的肤浅与愚蠢啊！在古时，结婚是父母、家人和部落的事。寻找配偶由父母发起和指导（创二十四20；二十八1；三十四11；三十八6）。这种情况冒有的风险是父母没有考虑儿女的意向，在他们的青春期就已经支配他们的心灵和双手。然而，儿女们今日往往已经变得如此独立和明智，不再被父母和朋友的希望与建议所困扰，并经常朝着相反的方向前进。

为了一时激情，其他所有利益都被牺牲了。

在择偶时，我们首先必须记住，婚姻是一项**道德**制度。它不是由我们发明，也不由我们管控。它乃因上帝的谕令而存在，包含它自身的律和准则。在这个意义上，婚姻是从我们之上和我们之外加在我们身上，并且我们需要回答这样一个问题，即我们自己将如何按照那些神圣律法进入婚姻。就这一决心而言，我们在各方面都受约束。我们受限于生我们的父母，受限于我们所属的家庭，受限于我们生活的社交圈、所居住的村庄或城市、所从事的职业，受限于我们所属的教会、我们的认信、我们的能力、我们所选择的人生道路。正因如此，进入婚姻并不是一个自由意志选择的问题，让人遵从自己的幻想、欲望的建议。我们必须考虑上帝将我们置于其中的所有环境，并从中推断出上帝要对我们说的话。

出于这个原因，以前道德律的阐释者们强调，在择偶时应当考虑这一切情况，并反思上帝在其中的心意，这种说法完全正确。内心情感当然被赋予了重大的意义，只要它是真诚的，并非一时冲动的迷恋。但这种情感并未不考虑一个人的认信与个人的虔诚、年龄、地位、健康和合适性。总之，根据使徒的劝诫，基督徒只能在主里嫁娶，就是要在与基督的交通中、按照祂的意思、在祂的认可下嫁娶；基督是我们唯一的夫子、唯一的主。彼此委身的青年男女必须正直地感谢主将他们结合在一起。丈夫对妻子忏悔，妻子对丈夫忏悔，这才是合宜的婚姻：我不是出于自己的理解选择了他或她，而是上帝把他或她赐给了我。上帝将这个男人、这个女人带给我，如同亲手牵引。

最初的承诺之后就到了荣美的订婚时刻。婚约远不是"正式确定恋爱关系"（going steady）这句话所能表达的。这个短语实际上是指为了得到某人的青睐而进行谈判，试图通过礼貌的方式获得他人的好感，使得这种好感具有通过努力获得成功的特征，是竞赛中必须赢得的荣誉。女性对婚姻的承诺也具有这样的特征。她独有的羞涩、退缩背后的矜持，并非不自然的自我控制，也不是如雅各布·

卡茨（Jacob Cats）所赞许的博学的"谦逊艺术"，而是对纯真的天然保护，对荣耀婚约的宝贵保证。因为在我们国家，它的特点一方面是交往的自由，否则一对青年男女之间的交往是不可想象的，也是不可能的；另一方面则表现为对自由的限制，需要耐心和自制。婚约是圣所的前院，提供了神圣的权利，同时也规定了持久的责任。如果在准备期间，他们经过双方同意，有充足的理由必须分手，当然很好；毕竟走到一半折返，总比一路走错要好。但是，许多年轻人在订婚之前或订婚期间，像玩骰子一样玩弄女孩子们的心，这是不负责任的。

只有为婚姻的团契而预备的订婚才合乎其目的。这绝不只是一个了解对方优点的机会，同等重要、甚至可能更重要的是，这是一个开始学习容忍彼此缺点的实验室。它使对婚姻的期待和幻灭得以平衡。当两个人即将携手一生的时候，他们不能想象永远都是玫瑰和阳光，晴空无云，路无荆棘。那些不知道人心罪恶的人，实则就是不知道自己内心罪恶的人，很容易臣服于这种幻象。但是基督徒应当防备这一点，在订婚时亦然，因为他通过《圣经》的见证和自己的经验，更好地了解这一点。订婚证实了这一事实，它帮助年轻人提前明白，婚姻不仅是一份礼物，也是一份职责，不仅是一项特权，也是一个呼召。

一个在订婚期间已经学到这一点的人，是为婚姻的祝福和重担做了准备。对于这样一个人，改革宗仪式的婚姻仪文中提到的各种形式的不幸与十字架，对他而言并非不和谐的音符。对于是否应在这么早的阶段就提及这些风险，人们可能意见不一，但这些风险属于礼拜仪文的规定是毋庸置疑的。这表达了《圣经》中健康的实在主义，与当代文学和艺术所表达的不健康的实在主义恰好对立。[16]

---

[16] 英注：婚姻庆祝仪文首次出现在1566年版的荷文赞美诗中，由荷兰改革宗教会的主任牧师佩特鲁斯·达西纳斯（Petrus Dathenus，1531-1588）编辑。在创作这个仪文和其他仪文时，达西纳斯大量借鉴了基于加尔文日内瓦礼拜仪式的现有礼拜仪式。改革宗教会于1568年在威瑟尔修道院（Convent of Wesel）采用了这些礼拜仪文。巴文克上文提到的关于婚姻

现实还是一样，一切都取决于透过什么样的眼光来看待它。现代实在主义者视婚姻的风险为婚姻制度自身的结果和后果，因此他们反对婚姻，诅咒婚姻。基督徒在婚姻中看到因罪而胜过我们的不幸与十字架，并接受它们作为实践信仰的一种方式。没有一位基督徒会说，人因婚姻而堕落，但他承认婚姻因人而败坏；现代实在主义者指责环境、制度、法律、条例，最终指责上帝本身，而基督徒在自己内心找到了一切不洁的根源。

夫妻在婚姻生活中暴露的罪

那些打败已婚人士的不幸与十字架，不仅包括生命的各种风险、灾难、意外、疾病与死亡、贫穷和痛苦，也包括已婚者需要彼此容忍的缺点与罪。通常夫妻是彼此的十字架。如果妻子不是丈夫的十字架，或者丈夫不是妻子的十字架，那么每个人都有这样或那样的特质令对方失望或恼怒。谁曾找到一个完全符合自己的期望，或者完全符合自己所想象的理想类型的丈夫或妻子？美德在婚姻中得到格外合适的机会来予以呈现和发展，但是也没有任何地方比亲密的家庭圈子更能清楚地曝光缺点和弱点。许多丈夫在旁人眼里高大强壮，在自己家里却软弱小气、心胸狭窄。许多妻子拜访别人的时候宛若天使，在家里丈夫却避之唯恐不及。谁能理解这种婚姻生活中和家庭领域里的彷徨？谁能数算夫妻频繁对彼此所犯的罪呢？

就此而言，《圣经》是唯一道明真相、看清现实的书。它比最有力的艺术实在主义更能看清现实，也更充分地准备好应对现实。但《圣经》的进路完全不同，因为它没有对那些已婚人士大声疾呼："继续在罪的道路上前行吧！不用理会任何法律或规定。"《圣经》

中的侵蚀困境，所暗指的段落可能如下："尽管如此，正如使徒所说，那些即将结婚的人在这种状态下会面临麻烦，并且由于罪的缘故，会经历许多困难。然而他们依然可以相信上帝的应许，就是他们作为承受生命之恩的，会一直得到上帝的帮助和保护，即使在他们最不期望的时候亦然。"英译自加拿大和美国改革宗教会的婚姻庆祝仪文。

却要追究那些已婚者的责任，管教他们的良知，呼唤他们转向律法和见证。《圣经》对丈夫和妻子，对他们任何一人，都指示了一个特别而严肃的告诫。

丈夫在婚姻中暴露的最大的罪是**不忠**。蜜月期一晃而过；当结婚礼服和面纱脱去，美丽的幻想也随之破灭了。许多人都是这样，爱被冷淡取代，冷淡变成冷漠，冷漠变成无视。曾对自己的爱情发过最珍贵誓言的丈夫，在酒吧或俱乐部找另一个女人寻求消遣，满足欲望。妓院里大多是已婚的顾客。《圣经》知道这个危险，经文着重又反复向丈夫们强调：你们作丈夫的，要爱你们的妻子，不可苦待她，要按着情理与她同住，因她是比你脆弱的器皿，要给她合适的荣耀。在这方面，《圣经》令丈夫看向基督祂自己的榜样。祂完全甘愿、出于祂完全的权柄而爱教会；教会自身并无可爱之处。祂以永远的、不变的爱爱她，完全舍己，以自己为代价，直到死亡（弗五 25-30；西三 19；彼前三 7）。

只要丈夫不是以此为榜样，以心甘情愿、坚定不移、自我牺牲的爱来爱妻子，只要他没有遵守律法，他就不能向她提出任何要求。只有这才是真正意义上的爱——因着基督的缘故去爱，甘心、自由、忠贞、坚定不移，直到死亡。而这样的爱不会无果。基督爱祂的教会，以祂爱的力量获得她，赢得她。祂将她洁净，使她成为毫无斑点和皱纹的教会。照着这个榜样爱妻子的丈夫就会赢得妻子，会把她提升到自己的高度，平等地对待她。因为没有一个妻子可以抗拒这样的爱。但即使不是这样，丈夫也会通过他庄严坦诚的爱来记录这昂贵的收获，叫他的祷告没有阻碍（彼前三 7）。那行禁路求禁果的人，就不再能祷告了。他不再能谢饭祷告，也不能独自祷告。他可能还会嘟囔几句，但不再祈祷了。他的祷告不再从心发出，因而不再能上达天堂。他的祷告没有灵魂，是死的，死在他的嘴唇上，找不到上达的路。妓院里的人不祷告，只诅咒。

妻子极易犯的、必须努力对抗的最大的罪就是**固执**。妻子同意结婚意味着她宣告自己已经被得着、被赢得了；在最充分的意义上，她正在将自己给予那个她所选择的男人。但是，这个许诺所包含的比许多妻子在结婚之初所认为的要更多，也更难兑现。它要求巨大的、不断的舍己，而且她很容易认为丈夫的愿望和要求是不公平、不合理的。如果选择这个丈夫不是出于爱情，而是为了他的地位或职务，或者更糟，一个女人为了在社会中获得地位而结婚，这个危险的威胁尤甚。那么这个丈夫基本上就排在家务、孩子、家具和衣服、美容的魅力以及取悦他人的渴望之后。尽管外在形式保留，内在却已产生距离。她将自己可以掌控的、关于自己身体和灵魂的一切，都向丈夫隐藏，把丈夫向罪恶和羞耻的路上越推越远。

鉴于这种危险，《圣经》就反对这样的妻子，叫她从过分的事上转回，并当面告诫她：你们作妻子的，要顺服自己的丈夫；要记住男人是上帝的形像和荣耀，他是首先被造的，女人是从他而出，也是为他而造；不是他，乃是妻子先悖逆，而且妻子必须顺服自己的丈夫，如同顺服主基督，这在主里面是相宜的（林前十一 3-9；弗五 22-23；西三 18；提前二 12-15）。

这一告诫藉两点补充说明得以强化。第一，妻子必须向丈夫表示顺服，以免上帝的圣言因她被毁谤（多二 5）。既是吩咐妻子要顺服，同样也命令孩子要顺服父母，仆人要顺服主人，婢女要顺服主母，公民要顺服政府。妻子若不听从上帝的话，就是成为她孩子和仆人的坏榜样，也是在激发他们的不顺服。这种恶从家庭的小范围蔓延至整个社会和国家，并破坏了二者的基础。另一个补充说明指出，那些按照主的命令顺服自己丈夫的妻子，可能会因着她们的行为，赢回她们那些听道而不信从的丈夫，使他们归向主（彼前三 1）。当丈夫们在妻子的生命中看到圣言的力量时，他们也会降服于圣言，荣耀上帝的名。

丈夫与妻子顺服上帝的命令

人心总是反对《圣经》这些训诫。尤其在今日，我们看到对上帝谕令强有力的反对。丈夫拒绝尊重爱的命令，说他不能爱一个有这么多缺点的妻子。妻子拒绝顺服一个有如此无理要求、如此专横的丈夫，因为她已经了解他。双方都施压去增加离婚的几率，使其变得更加容易。对享受开放婚姻和自由爱情的要求，或者至少从根本上改变婚姻法的呼声，越来越高、越来越响。"我们需要摆脱这个观念，即妻子必须跟从丈夫、服从丈夫，离婚只能在特殊情况下发生，特别是在那些被提到的情况下，才能离婚。"成千上万人已经活得仿佛没有管理婚姻的法律。他们同自己想要的男人或女人，以一种开放的关系生活在一起；他们从不理会丈夫当爱自己的妻子、妻子也当顺服自己的丈夫这个命令。为了能够离婚，并与其他人进入不被许可的关系，他们甚至对法官撒谎，一方指控另一方，或者容许自己被指控犯有通奸罪。

我们此时在这里要处理的不是国家关于婚姻的立法。也许就像主自己在以色列中所做的那样，立法者需要适当考虑人内心的刚硬。《圣经》并不是一部给政府的现成法典。但有一点是肯定的，同样是这本《圣经》，从一种完全不同的理解出发，规定了一种完全不同的行为模式。它不叫丈夫继续走在自己罪恶的欲望与激情之路上，而是止步回头。《圣经》论道，如果你继续在这条路上走下去，就会自取灭亡；你会摧毁你的家庭，断送必需的养育，腐化社会，破坏国家；沿途没有安息与平安，只有死亡与审判。相反，如果你离弃这条路，重新遵上帝的命令而生活，如果丈夫再次爱他的妻子、妻子再次顺服她的丈夫，那么合一、和平与爱将回归，婚姻将得以建立，家庭会更新，妻子会恢复荣誉，社会得到改革，国家可以重生。祝福和繁荣由家庭自内向外，将再次遍及全国。

一个人可以拒绝《圣经》的这一教导，但不可反驳的一件事就是，如果丈夫们和妻子们都按这一准则行事，他们就会享受比世上一切团体和社群更美丽、更光辉的婚姻与家庭生活。我们不能主张以下反对意见来反驳《圣经》：《圣经》为丈夫规定了一种甜腻无味的爱，容忍妻子的一切，同时又指示妻子要顺服，使她只成为丈夫的奴隶。因为首先，《圣经》是写给那些理解其信息的人，而不是滥用《圣经》

之人。其次，这样说的人暴露了他们既不明白爱的本质，也不明白顺服的本质。真正的顺服包含公义，真正的顺服是自由的表现。再者，《圣经》论道，丈夫爱妻子，妻子顺服丈夫，必须要"在主里面"，且"这在主里面是相宜的"（西三18）。

在这样做的过程中，《圣经》举了一个例子说明爱与顺服必须具有深切与力量的特征，但同时也指出二者必须显示的界限。在上帝与祂子民的约中，在基督与祂教会的关系中，二者都有自己的榜样，但同时也有自己的尺度。它们不是绝对的，而是相对的、有条件的；它们不是至高，而是从属于至高的。因此，基督虽极力谴责离婚，却仍然要求人为了祂的缘故，撇下丈夫、妻子、父母、儿女、房屋、田地去跟从祂。婚姻中也是一样，人必须服从上帝而不是服从人。因此，丈夫的爱和妻子的顺服都只限于正确公平的事。事实上，婚姻的相交是人与人之间可以想象到的最高、最亲密、最温柔的相交。这种相交预设了人格的相互独立和自由。只有在婚姻中，丈夫和妻子的人格，也是根据他们本性的人格，才能完全展现。

为了这个目的，婚姻首先被建立，以便他们可以"在今生和来生的万事上彼此忠诚互助"。[17] 即使婚姻没有孩子作为祝福，仍然可以满足这个目的。在孩子出生之前，婚姻已经是一个生命的团契，直至死亡才终结，甚至在孩子长大离开了父母家之后，仍是如此。婚姻的本质在于丈夫与妻子之间身体与灵魂充分完整的相交，一生之久。因此，婚姻是一夫一妻制，是一男一女的结合。一夫多妻将女人贬低为感官欲望的对象，败坏家庭。像婚姻这样完全的联合，二人成为一体一灵，只能是一夫一妻。丈夫对妻子的爱，妻子对丈夫的顺服，都是不能被他人共享的。就这种深度和全面性，这种亲密、力量和持久存续而言，婚姻的团契要有别于人与人之间一切其他团契，有别于一切友谊和情感，有别于一切合作和交往。

只有上帝与祂子民的圣约、基督与教会的团契可以比拟婚姻。婚姻从一开始就是这样一个充分而完全的团契。若是真品，团契就

---

[17] 英注：参见前文注释提及的加拿大婚姻庆祝仪文和改革宗教会。

必每日加添。上帝藉着婚姻的礼物所赐给人类子孙的福益可以不断被人品味，且愈发深切，愈发丰富。刚开始，人们丝毫没有意识到这一点；但随着时间推移，年复一年，在生命的冒险与失望中，夫妻的灵魂一起生长得更亲密，直到婚姻越来越被认为是这个罪恶、荆棘密布的土地上上帝所赐最珍贵无价的礼物，婚姻的产业成为人们敬拜和感恩的理由。

那么，人们怎能说婚姻是可以随时终止和撕毁的合约呢？婚姻就其本质、按其本性而言，就像母亲与孩子之间的纽带一样牢不可破。这是最亲密、最深沉、最温柔的爱，在各方面都维系着丈夫与妻子，终其一生。婚姻是滋养、丰富和完善夫妻双方的道德机制。教会和国家并没有发明婚姻，也没有建立婚姻，而只是在上帝和人面前见证婚姻。婚姻本身起源于上帝，祂为婚姻设立了律法，一部约束所有人的律法，包括教会和国家。祂创造婚姻，为要反映祂在基督里与教会同享最亲密的团契。祂指定婚姻为神圣之境，人们在其中为上帝的国而互相培育和预备。

8. 家庭与教养

性的问题

婚姻首先在夫妻之间建立纽带，以便他们可以在今世生活和永恒生命的一切事上彼此帮助、相互扶持。但其次，婚姻的另一目的是要繁衍人类，扩张上帝的国度。因此，随着婚姻的设立，上帝立刻宣告了生养众多的祝福。上帝从起初造人就是造男造女；如此，他们就可以繁衍，并以此方式遍满地面，治理全地。因此，性别差异和性关系取决于上帝的安排，要被上帝认可。

《圣经》通过关于婚姻起源与目的的观念，从根本上切断了一切苦修主义。我们在这一背景下来理解此思想流派：他们禁戒各种自然事物，如饮食、婚姻、性关系等，将巨大的内在道德价值归于这种禁欲；他们还认为这种节制比专注于各种属世关切更直接、更安全地臻于完美。这种思想流派总是来自于一种更强或更弱的二元论，即来自某种精神与物质的对立。该流派的指导观念就是，物质即使不是特别罪恶，至少在本质上是不洁的，属于较低等级。

然而，《圣经》从另一原则出发，教导的是地与天一样，都是上帝所造，物质、灵魂、身体都源于上帝，所以并非在本质上不洁。它们只透过罪而不洁，但如此就不仅是物质与肉身，连同灵也不洁净了。或者不如说，首先是灵不洁，因为罪是一个道德现象，首先存在于灵魂中，存在于人的意志内。但除了罪，没有一样是内在不洁的。凡上帝所造的，都是好的，没有一样可弃的，只要感谢着领受（提前四4）。

因此，《圣经》常常如此简单公开地谈论性的问题。《圣经》既不详尽阐述，也不深入细节，当然也不像现代文学艺术那样，沉醉于对性的反复描绘。《圣经》也没有任何过分拘谨，假体面和假谦卑。当事情发生时，《圣经》就直呼其名。《圣经》采用了一种健康的实在主义的姿态，被称为"爱之书"并无不妥；因为那是在最充分、最丰富意义上的爱，将所有受造物联结在一起，已经被罪破坏的爱，又被上帝的爱恢复了。

但是另一方面，《圣经》也避免放荡主义（libertinism）；放荡主义致力于使肉身独立于灵且高于灵。当苦修主义在宗教、道德和文学艺术上一度占上风时，迟早会出现另一种美化自然生活的思想流派，而且很容易走向另一个极端。那时，性不单恢复了其应有的地位，而且常常脱离了所有道德约束。人们高举解放肉体的口号，放纵一切欲望。性冲动被提升为人类最崇高的欲望，性器官被视为不可抑制的生存意志的焦点，人类的种子被尊为一切权力的精髓；生殖被美化为唯一真正的圣礼、至圣的活动、至高的释放。性关系被看得如此崇高且至高无上，以至于它无需受任何法律的管辖，可以摆脱一切常规的约束。

几乎不需要论证就可以看出，《圣经》直接反对这种放荡的性生活。性关系以各种方式被限制，通过根植于每个人良知中的天然厌恶，通过禁止近亲结婚，通过将人的生育力限制在一生中的特定年数，通过一男一女结合的一夫一妻制，通过在原则上管控整个婚姻生活的第七条诫命。因为这诫命教导我们，凡不洁的事，都是被上帝所咒诅的，所以我们当从心里藐视它，无论在圣洁的婚姻殿堂里，还是在婚姻之外，都当纯洁谦卑地生活。在新约中，这条诫命对信徒的影响甚至更为强烈。他们被提醒，他们的身体是基督的肢体，是注定要复活的，是圣灵的殿。所有的奸淫，所有言行举止、思想欲望中的淫乱，都永远与圣洁相争，不仅灵魂，身体也参与这圣洁之中。婚姻完全是上帝的神圣制度；在婚姻中，性关系也受道德律的约束。

家庭中的生育、合一性与多样性

生育的崇高道德意义也表现在赋予人以生存这一事实上。欲望的狂喜与最崇高的庄严交织在一起。因为，如果人们仔细思想，片刻的激情赋予了一个人存在，而这个人从受孕那刻起就被罪和死所支配，从出生起就活在一个充满烦恼和悲伤的世界，并将继续无休止地存在，那么每个玩笑都会在我们唇边止息，我们心里会对生命的奥秘深怀敬意。因为尽管有一切科学研究，生命现在和将来都是一个奥秘。诗人吟咏，他秘密被造，在地的极深处受匠心之艺的设计，何等奇妙，这仍是所有智慧的顶点（诗一百三十九 13-16）。

生命的起源与本质是隐秘的，灵魂的起源与其所有力量是隐匿的，源自父母的有效活动是隐蔽的，生育与不育的原因是隐藏的，父母子女之间、以及子女内部之间对应一致与彼此分化的原因是隐藏的。整个遗传性状的领域仍然是一个巨大的谜。生育所涉及的人只是工具，透过他们，一个更高的创造力正在运作。上帝就是透过人的工具性来创造人的那一位，并将他们每个人以独特的个体性放在这个世界舞台上。丈夫和妻子给彼此的爱也同样神秘，这爱使他们与对方结合，又是使孩子从他们的结合中诞生的力量。孩子们表现出一种主要的类型，但在不同方面又彼此各不相同。

但是，通过这种创造力，上帝的艺术品以家和家庭的名义产生了。就其自身而言，这即刻拥有了最重要的意义，即在离开父母、与妻子连合之前，每个人都已经在家庭中生活了多年，而且也是从这个群体中出生的。从你最早的存在，从你被孕育的那一刻起，你就是相交的果实，只有在这样的群体中，并通过该群体而存在。[18] 这个群体并不凭你的意志产生，而是在你出现之前就已存在，给你生命，滋养你，维持你。这个群体的成员有父母和子女，有兄弟姐妹，他们因上帝的意志共属一体，也共同生活。在这个群体中，我们是成员和参与者，出于同一个神圣意志，与我们的意愿无关。我们没有选择他们，他们也没有选择我们，我们无法增加或减少成员，无论之后我们同意与否，也不能改变分毫。我们的血统，我们的祖先和父母，我们的兄弟姐妹，我们的国家和我们的人民，我们的家庭领域和居住之地，这一切都早已为我们确定了，而这些对我们的整个生存与生活产生了最强有力的影响。我们从这个群体中获取我们肉体和属灵生活的基本形态；就这种基本形态而言，后续的任何发展都不会带来改变。

家庭的合一性显露出最丰富的多样性。由于此事实，家庭对个体的重要性进一步被加强。每个家庭都有自身特点，具备自身的特色，而家庭成员都有一些共同特征。他们之间有一种血亲的群体，同时也是一种灵魂生命的分享。我们并不知道这如何发生，但有这样一条律，父母的特征借此被子孙后代继承，甚至代代相传，百年相继。子女与父母不会相差甚远，好孩子会效仿他的父亲。一个在血缘与灵魂、性情与兴趣、各种物质财富与精神财富上相交的群体，使家庭成员凝聚一处，纵然其成员偶尔会因距离而分离；这群体使自己有别于其他家家户户。家庭的每个成员身上，都有我们自身某些东西。别人给予家人的荣辱，我们也归给自己。过去，这种家庭意识比现在要强烈得多，是各种责任义务的来源。然而，它仍然存在于我们中间，在我们的血液中，即便不是十分明显，但仍隐约可见。甚至在它偶尔所转变成的对立面，也会暴露出它的力量。家庭观念

---

[18] 英注：荷文gemeenschap 既可以指communion（相交、团契），也可以指community（社群、群体）。

所遭受的创伤比其他任何创伤都更令人痛苦。没有什么仇恨比兄弟间的仇恨更强烈了，也没有什么争吵比家人间的争吵更可悲；这样的争吵会硬化成仇怨。以下谚语表达了这种痛苦：一个人可以选择朋友，却无法摆脱家人！

然而，这种合一性还是包含了显著的多样性。家庭群体带来了关系和品质的宝库。丈夫与妻子、父母与子女、兄弟姐妹之间的关系，都难以穷尽这个宝库。因为丈夫享有的与妻子的关系，不同于妻子享有的与丈夫的关系；父母与子女的关系也不同于父母与子女的共同关系，也不同于每个父母与每个子女之间的关系。这样，随着成员人数增加，同样的家庭生活会越来越细化。

不仅家庭成员间的关系如此，而且每个家庭成员的特质也是如此。男性和女性的特质，肉体和属灵的力量，智性、意志和情感的天赋，年龄与青春，力量与软弱，权威与服从，亲情与爱情，兴趣的合一性与多样性，这一切都汇集在一个家庭中，相互联合又彼此区别，融为一体。多样性既互相吸引又互相排斥，既团结又孤立。有时家庭是一个自我分裂的小王国，但这种分裂可能是激烈的，因为家庭的合一普遍如此深刻与牢固。日复一日，这种多样性中的合一性是由父亲，尤其是母亲，得以维系。共同的语言、宗教和道德，共同的传统、关系和利益，共同的爱和苦难、欢乐和悲伤、疾病和康复、死亡和悲伤的经验，都能维护合一，并使之与多样性保持平衡。

家庭对父母的培养力

这一切无价的特质构成了家，令其成为地球上所存的第一所，也是最好的育人学校。诚然，有一些可悲的家庭，只能说培养了罪恶和不义。当然，我们应该感谢民政当局，在某些情况下，将儿童从这种父母的影响中解救出来，并委托公共机构来养育。这种做法的确可怕，但在儿童需要保护，免遭他们的父母——他们的天然保护者——的伤害时，就很有必要。然而，我们必须期望并努力争取使这样的情况成为例外。因为没有任何一个机构，无论是通过特定个人或社会的努力，还是通过教会或国家建立的机构，可以取代或补足家庭。

没有任何地方能像在家庭领域那样，合一与群体、多样性与交互、形成要素与养育力量如此丰富的交会。在这方面，没有任何艺术能改进自然，没有任何科学能提升生命。所以，当有些人以家庭条件恶劣为由，要求逐渐将子女的养育权从父母手中夺走，移交给国家时，就让所有家庭的捍卫者和朋友们携手，团结一致，维护和改革家庭生活，因为家庭生活构成了社会、教会和国家的健康与自然的基础。让我们共同强烈抗议所有通过不道德的娱乐、低俗的艺术、廉价的小说和刺激感官的表演来破坏婚姻尊严和家庭基础的人吧！

我们必须认识到，将子女从父母身边带走，不仅对子女、也对父母造成无法估计的伤害。大多数男女在进入婚姻时，根本没有为养育孩子做好充分准备，但他们只有在结婚后才获得最丰富的经验。许多丈夫在第一个孩子出生时都是一副笨拙的样子，而许多妻子在将第一个孩子紧抱在怀里时，又哪里懂得照料和养育呢？然而，二人都是在生活这所学校里学习，家庭的经验能更好地培养他们，胜过任何教育机构。在过去缺失抚养的情况下，烹饪学校和家庭班可以提供很好的帮助。但是，最优秀的家庭主妇和最优秀的母亲都来自于家庭，而且是由家庭自身塑造的。家庭是孩子的学校，但首先是父母的学校。

当今世界，丈夫仍然是一家之主，尽管他的权威在许多方面已经被更改了。幸运的是，他的权威不再是对妻子和孩子的绝对权力，也不再是基于体力；它也不是在于丈夫是家庭的祭司，礼拜的主事，行使宗教仪式之人，更不在于只有他一人是子女的老师和主人。这乃因着国家、教会、社会和学校，已经开始从各个方面限定和约束家庭的权利和义务。如今的家庭不再是自给自足的工业公社了。即使在财产方面，丈夫也不再像以前那样享有这种主权，不能随心所欲地使用财产。无论如何，生活、习俗和民事立法都朝着限制丈夫在这方面的权力的方向发展。

然而，丈夫仍然是一家之主，并拥有权力，这不是因为妻子和子女的认可，而是因为他自己，出于上帝赋予他的权利。婚姻伴侣的选择，生育的权力，以及建立和维持家庭的权力，都是由丈夫开始。他仍然是祭司，这在于他带领祈祷和阅读上帝的圣言，并关心家庭宗教信仰的益处。他仍然是指导者和教师，这在于他以更大的智慧、更广的经验和更清晰的判断力，来领导他的妻子和孩子。他仍是妻子的头，这在于他与妻子同住，不是君王对臣民，也不是主人对奴仆，而是理解她，尊重她为弱小的器皿，视她为更强大的人，并服侍这位弱小者，爱她，保护她，就像基督对祂的教会一样。他仍然是他儿女的父亲，不仅因为他生了他们，也因为他在子女前面引导、鼓励、坚固、警诫、管教他们。他仍然是家庭对外的代表，这在于他赋予家庭以姓名、地位和荣誉，以家庭的名义行事，为家庭的利益服务。是否只有家庭领袖才通过政治投票来行使参政特权，对于他是否配得上此身份来行使特权，人们可能有不同意见；但当丈夫这样做的时候，他不是作为个体，而是作为一家之主在行使权力。总而言之，在我们的社会，丈夫与父亲的权威已经发生了重大变化，变得更为合理、道德和私人化，但它仍然以此修正形式持存。就其本质而言，它坚不可摧。

妻子在家庭中的地位和任务不同。如果说丈夫是头，那么妻子就是家庭的心。丈夫带回劳动成果，妻子照各人的需用分给各人。丈夫给予，妻子接受；丈夫建立家庭，妻子保护家庭；丈夫育儿，但孩子生命与母亲生命的亲密无间，远胜父亲。丈夫生活在社会中，妻子生活在家庭里；丈夫"主外而影响内部"，而妻子"主内而影响外界"。正如丈夫在工作中是独立的，然而必须为家庭利益而劳作，妻子在家庭中也是独立的，但她也仍然在道德关系上与丈夫保持联结。丈夫根据自己的职责带回维持家庭的辛劳报酬，妻子则收下这笔报酬，并根据每个人的需要进行分配。她整理家务，布置和装饰家庭，提供家庭生活的基调和质感。凭借无与伦比的天分，她神奇地将冰冷的房间变成舒适的地方，将微薄的收入变成可观的资本。尽管有各种统计预算，她用有限的手段来创造伟大的事物。

她维持家中的秩序与和平，因为她了解每个人的性格，知道如何满足每个人的需要。她保护弱小，照顾病者，安慰悲伤的人，使骄傲的人清醒，约束强者。她和所有儿女一起生活，远胜丈夫。对孩子们而言，她是痛苦中的安慰源泉，是需要时的忠告之源，是白天黑夜的避难所和堡垒。她丈夫心里倚靠她，她的儿女都称她为有福（箴三十一10-28）。夫妻彼此熏陶，他们所生的孩子也塑造他们。无子女的婚姻并非因此变得没有目的，正如未婚者的生活不一定没有益处。对夫妻而言，婚姻是有意义的，是满足他们属世与属灵呼召的一种方式。但正如结婚在一般意义上是受倡导的，有子女的婚姻同样也普遍被形容为习惯的、正常的婚姻。由父亲、母亲和孩子组成的家庭，是按照美丽对称的美学原则而被建立。

《圣经》对生儿育女的评价与现代人完全不同。《圣经》教导，蒙上帝祝福的婚姻服务于人类的扩张、征服和治理全地。因此，《圣经》将子女视为上帝的祝福和主的产业。对妻子而言，通往天国救赎的路由家庭铺就。在抚养和培育孩子的过程中，她展现了她的基督教信仰的真诚与力量（提前二15）。对丈夫来说，使徒的话也具有同样的意义。

因为儿女是婚姻的荣耀，父母的珍宝，家庭生活的财富。他们从父母那里培养出一整套美德，如父爱与母爱、奉献与克己、关心未来、参与社会、养育的艺术。孩子们与父母一起，约束好高骛远，调和反差，缓和差异，使他们的灵魂更加紧密，为他们提供了他们身外的共同利益，并使他们的眼睛和心灵向周围环境和子孙后代开放。他们就像一面活镜子，向父母展示着父母自己的优缺点，迫使父母改过自新，缓和父母的批评，让父母知道管教一个人是多么艰难。家庭向父母施展了一种改造的力量。谁会在明理尽责的父亲身上认出曾经那个无忧无虑的青年呢？谁曾想轻松快乐的姑娘，后来会因她的孩子变为甘心做出最大牺牲的母亲呢？家庭把野心转化为服务，把吝啬转化为慷慨，把弱者转化为强者，把懦夫转变成英雄，把粗鲁的父亲变成温顺的羔羊，把温柔的母亲变成凶猛的母狮。想象一下，如果没有婚姻和家庭，用加尔文的粗俗表达来说，人类族群将变成猪圈。

近代教育理论误解下的家庭对孩童的教养力

家庭对孩子的影响更大。孩子是一种祝福，也是一种丰富，但他们也给父母带来重大责任，并使父母多年为他们担忧。在某种意义上，孩子的未来取决于对孩子的培养。为此，人们可以欣喜地看到，在这个研究儿童的世纪，儿童获得了如此全面的关注。如今，儿童在文明人的思想、生活和行为中所享有的地位远超前几个世纪。在所有国家、所有民族中，不仅教师和神职人员，而且医疗和精神病学专业人员、法学家和社会学家，都在研究儿童问题。各种组织和协会、议会和代表大会、教会和国家，都关注儿童利益。家庭和学校已经不能满足儿童的需要，人们还在推动其他各种机构和各种形式的社会援助：安全屋、游乐场、度假胜地、游泳池、膳食、衣服、教养院、专门机构、儿童法庭等。人们渴望国家通过立法形式，负责保护和照顾各类贫困儿童。人们正在从各个方面为儿童的未来做出值得称道的努力。

然而，为了家庭养育的益处，在这种改善儿童命运的社会行动中，我们不要忽视几件事，这并非没有益处。首先，这种积极行动主义（activism）正有意或无意地被导向越来越系统化的儿童教养。人们正在走向这种立场，即科学技术必须使工作摆脱大自然的双手。诚然，至少在这方面，人们在一定程度上已经摆脱了智性主义的片面性。人们以为智性发展本身就会导致道德提高的日子已经过去了。在这方面，教师和育幼师的观念已经发生了显著变化，如今他们注重身体和运动技能、感受和想象力、美感和意志力的发展。在广泛的领域里，智性主义的教养已经为卫生、审美和道德的教养，在广阔的圈子里腾出了空间；人们甚至可以到处听到一种呼吁，要求更多地欣赏教养中的宗教因素。尽管如此，原则和方向却没有任何改变的痕迹。前前后后都在继续努力，把孩子整个身体和灵魂的教养都置于技术专家的指导下。人们比之前更多地谈论实践，但还是试图把实践的重点同样放在理论上。

现代科学进一步主导了教养理论。可以说，它已经背离了抽象思维和学术沉思，转而只面向现实。对事实清晰中立的观察，必须为建立科学结构提供基础。可是，人们在这方面很容易忘记，除非用自己的眼睛，否则永远无法观察到这一切事实；除非运用自己的悟性，否则人们永远无法排列和分辨这些事实。因此，所有观察和反思似乎总是被不同理论所支配。这在对人的研究中表现得尤为突出。一般来说，今天占主导地位的观点是，人是从动物逐渐进化而来。在生命最初的几年里，每个人都要经历之前类似动物的一系列发展阶段。在发展的道路上，人已经走了相当长的路，而且还可以走得更远。因为发展永在进行，人尚未完成，总在创造中；事实上，人并非**是**人，而是**成为**人。

如果我们研究人自身的"成有"（becoming），如果尽可能准确地探查人们如何逐渐由过去的动物进化而来，尤其是每个人如何在自己的实存中复制这种种族的发展，那么根据许多人所持的观念，我们就可以因此了解引导这种发展的规律，也就由此可以指明教养必须坚持的方向。教养必须建立在心理学的基础上，基于有关人类灵魂起源的确切知识；心理学又必须基于生物学和生命发展起源的科学。生物学转而依赖于人类学；根据人类学，人类的发展是活细胞和有机体这一漫长过程的分段和分支。直到现在，这种发展都是无意识的；大自然手握其缰绳。但如今，文化人已经进化了，他的意识和意志、领悟力与天资能力都进化了。他有使命解除大自然的工作，用他的科学洞见支持人类进步。今天，人为选择在继续，已经取代了自然选择！因此，我们应该让科学来监督和控制夫妻的配对、孕妇的生活方式，以及从孩子出生之日起就对孩子进行身体与精神上的照顾。让成为人（becoming human）的过程被置于技术专家的指导下，因为那里有未来的最佳希望。人会逐渐变得高尚，就像花草、马和牛一样。他**曾是**动物，已经**成为**人，并且在科学的训练下，他肯定还会**成为**天使。

从这个理论可以很自然地得出结论：属于家庭的教育受到了质疑，各方面不再被人信任。人们指出，在许多不幸的家庭中，由于父母的无知、不情愿、残忍和社会贫困，孩子被忽视、虐待，甚至被培养成罪犯，过着牢狱生活。他们不止于此，还继续指出普通中产家庭的所有毛病和缺点。父母没时间、没机会，也没天资能力培养自己的孩子。他们从不学习怎么培养，对卫生、生理学、心理学都不甚了解。只有在孩子出生后，立刻把抚育工作委托给专家，交给专家来做，这方面才能彻底改善。如此，对人类未来的期望就会越来越集中在国家身上。

家庭无法满足科学教养的要求，就让这些越来越成为政府的关切吧！人们十足严肃地捍卫国家是儿童的天然监护人这一主张，不仅是贫穷、贫困、被忽视、受虐待和未得充分照顾的儿童，也包括有钱人和富人的孩子。只有当所有儿童都属于国家时，理想才能实现。有人提出反对意见，认为在很大数量和程度上，父母会滥用这种对国家的呼吁，把全部负担转移到政府肩上。每当此时，人们就会问心无愧地回答道，这还不错。因为首先，国家会把它所产生的成本全部转回给公民；其次，国家本身对数量如此庞大的孩子极其关注。国家的首要职责是维护人类。儿童是一个国家民族最昂贵的财产，是国家民族最大的财富，也是国家民族最大的力量。照顾好儿童，国家就能维持自身。这样，一切事物越来越多地被安排妥当，以至于家庭提供的自然教育正在通过国家或以国家的名义，被系统化、人工化的教养推翻。

在这方面的意见分歧并不涉及国家对其公民的健康和福利、教育和教养是否有任何利益。同样显而易见的是，在社会无法救助的特殊情况下，政府提供支持，保护弱者，并救助被欺压者。如此一来，保护儿童的法律无人不同意，无人不赞许。然而，一切都取决于一个问题，即人们如何看待和评价国家对教养的干预。这项活动属于国家的自然使命，还是仅仅因为现有的需要没有满足或不能以任何其他方式满足，所以才召唤和接受国家的援助？政府在其学校和机构中提供的教养是儿童所需要的全部教养，还是仅仅为了作为家庭教养的补充？教养的任务首先属于谁，家庭还是国家？父母还是专家？实践还是理论？生活还是科学？

一股强大的、持续增长的潮流正朝着技术专家性和人工性之教养的方向发展。正如自由恋爱的倡导者对许多不幸的婚姻津津乐道，为了使合法正当的婚姻声名狼藉一样，政府育儿的捍卫者也急切抓住家庭育儿的所有悲惨与缺点，从而加强他们的理论，将之推广为唯一真正适切的解决方案。他们以不幸家庭为例，不是为了推动家庭生活的改革与改善；相反，他们是为了破坏作为教养机构的父母之家，并在家庭的废墟上建立一种新的养育儿童的体系。

这些理论的失衡

然而，幸运的是，与这些国家专制主义（state absolutism）的鼓吹者相反，许多人正在努力保护家庭，使其免受当前所受的攻击。他们向我们大声疾呼："谈论教养时不要忘记家庭，在家庭中尤其不要忘记母亲！"关于这一警告，他们掌握了自然和历史、人的理性理解和宗教道德原则。

贬低家庭所提供的教养，通常伴随着对教养力量的过分高估。人类已经在进化之路上奇妙地走了很远，在这个假设的影响下，人们臣服于幻想，以为人类还可以做无限多的事，可以将人类变为我们想要的一切。只要充分利用已经取得和将要取得的科学研究成果，教养就不仅能提供外在培养和智力发展，而且还能在道德上改善人，消除仍在内部起作用的残暴倾向，更新人的心灵，并终结罪恶和犯罪；这些不是一蹴而就，而是逐渐完成。若人们把对于教养的这种期望作为准绳，来衡量如今在基督教原则指导下所捍卫的家庭教养，那人们自然会得出一个非常不满和令人失望的结论。家庭教养几乎没有达到这种期望；虽然它已经活跃了多个世纪，但是基督教对人类的进步少有宝贵贡献。罪恶并没有减少，犯罪并没有递减，监狱也和以往一样人满为患。

然而，这种教养乃无所不能的观念，与从观察中得出的全部事实，发生了不可调和的冲突。它在以下令人清醒的现实中轻易崩溃：每个人生来都是弱小、无助、贫穷、罪恶、不洁的，因此必须从每个人开始，重新启动所有的教育和教养。文化当然可以在外在形式和社会环境方面做出推动改善，而且基督教也在其中发挥了重要作用。然而，人的本性保持不变，其能力和力量不断地在平均水平附近徘徊，从人的心里不断产生同样的恶念和想象。几个世纪以来，儿童已经学会了阅读、写作和算术，但目前没有人一出生就拥有这些技能，每个人都必须从头开始学习这些技能。把人类没有进一步发展的事实归咎于（需要）这些技能教育，这种做法是愚蠢的；把每个新生儿都是在罪恶中孕育和出生的事实归咎于家庭教养，这也是毫无意义的。教养不是万能的。虽然教养具有重大的意义和深远的影响，但它受限于人所获得的人之本性，无法内在地改变人性。教养必须完善人性的要求，是让父母背负了难以承受的重担；这令他们灰心丧气，而非支持和鼓舞他们，只给他们带来苦涩的失望。

毕竟，技术专家型教养方案的倡导者可以夸夸其谈。他们不费吹灰之力就能把家庭教养的诸多弊端集合在一起，然后向那些为他们所倡导的理论买单的人，许下画饼充饥式的承诺，而这些理论他们从未实施过，也将永远无法实施。这可以归结为与我们从社会主义福利国家的写照所获取的完全一样的内容。如果有人批评这种福利国家，表明它不可能存在，那么这种批评就会被一种避实就虚的说法所反驳，即社会主义不赋予这种写照以任何价值，并将福利国家的组织留给进化。如果有人反对，并提出社会主义并不知道它要把我们引向哪里，因此不会哄骗我们接受其理论，那么他们对未来的梦幻图景就会再次瞬间在大众面前呈现其绚丽色彩。同样，许多人期待从一种抚养孩子的新方法中，可以获取人类有力的、道德的进步。然而，当这种期望被更仔细的研究时，人们就会发现它建立在沙土之上。

毕竟，正如人们所说，这种新的、系统的教养，借着科学落实到位。现在，我们当然不能对科学这样的恩人说三道四。从古至今，科学不仅增加了我们的知识，还扩大了我们的治理范围。尤其在近代，科学为实际生存提供了无价的服务。科学成果为家庭和学校中的教养带来了诸般益处。谁会不乐意听从科学提供的明智建议呢？这些建议涉及：孕妇的生活方式，健康和护理生病的孩子，营养和穿着要求，充足的阳光和新鲜的空气，工作和休息，课桌和教室的安排，过劳的大脑、过度刺激的神经，肌肉的锻炼，以及其他数以百计的事情。但是科学永远无法取代生活。科学可以强化生活，指导和改善生活，但不能取而代之。农业的许多改进要归功于科学，但仍然依赖于自然、土壤和气候，依赖雨水和阳光、播种和收割。同样，育儿可以得到科学的帮助和支持，但永远不能被科学所占有，也不能被指派给科学。况且那些与育儿有关的科学仍有缺陷，而且一再改变自己的结论。例如，在心理学中，关于灵魂生命的起源和性质、能力和力量、发展和功能，有多少心理学家就有多少主张。任何儿童保育，但凡希望从科学中获得原则和方法，都会因其不得不遵循的选择而感到尴尬，而且每天都会动摇信念。

任何希望以严格的技术专家型方式进行，并且希望纯粹依赖一种科学基础的育儿工作，自然会具有显著的人为特征。这也适用于每一所小学。人们可以把学校组织得和以往一样友好，教育像以前一样贴近现实生活，知识储备充足的教师对孩子们充满爱心。它仍然只是一所学校。在固定的课时内，按照规定的课程，对特定数量的孩子进行教学，与先前发展而成的方法对应。这不可能有任何不同。学校的本质、教学的特点、学校劳动的成果都包含在内。

家庭作为卓越的教养机构

但是，如果儿童的全部生活都必须遵循科学所设定的路线，那么这整个规定就更加是人为性的。这样一来，儿童本身和他的个性就会为体系而牺牲，育儿就会沦为训练。就事论事，这种训练有其好的一面，有其有益之处。在当今社会，考试、考核的要求众多、种类多样，这种训练是必不可少的。一个人需要一定的理智和意志、记忆和判断力的训导，以及体育锻炼和运动发展的训练。但正因如此，我们更重视这样一个事实：就重要性而言，家庭甚于学校，实践甚于理论，生活甚于教导。

家庭是且仍然是最优秀的教养机构。家庭比其他任何机构都更具这一优势，即它不是由人建造、人为组合的。一个男人选择一个女人作妻子，一个女人选择一个男人作丈夫，如果事情进展顺利，与其说他们是选择了对方，不如说他们是被对方选择；借着一种秘密纽带的渠道，以一种难以言喻的方式，他们被带到彼此身边。孩子在他们的亲密团契中出生，但是被赐给他们的这些孩子拥有不同性别，不同天性，不同性情，或许不同于父母所希望的，也不同于任他们决定所要赐给孩子的。家庭不是人手所捏造出来的，而是上帝的礼物，是照祂的美意赐予的。尽管家庭已经存在好几个世纪，我们却无法创造一个相似物；家庭过去是，现在是，将来也将继续是一个礼物，一个只有上帝自己才能维持的机构。

此外，家庭并非由一些需要我们填写的空白表格组成，而是充满了生命力。丈夫和妻子来自不同的家庭，各自贡献自己的基因、传统、天性、性格、性情和生命。他们所生的每一个孩子都是人类的一员，是一个具有和其他人一样能力的人，但又区别于其他所有关系或近或远的人，具有独特的存在与性格。丰富的人际关系，多样的特性，天赋的宝库，爱的世界，权利与义务的奇妙结合——再次重申，这一切不是藉人的决定，乃是藉上帝主权的决定，而结合在一起。一个小说家、剧作家或诗人，可以塑造多种类型的人物，但会穷尽可用的选择。后续作品中所描述的人物，往往是其早期作品中已经出现的人物的翻版。但是，现实中的人，其多样性是无止境的，因为所涉及的是一种全能、无所不知、创造的力量。就此而言，家庭是最主要、最卓越的启示。

因此，发生于家庭内的教养具有非常特殊的特征。正如家庭本身无法被模仿，人也无法复制家庭教养。任何学校、寄宿学校、日托中心、政府机构都无法取代或改善家庭。孩子们从家庭中来，在家庭中成长，他们自己也不知道自己是如何来的、如何长大的。他们无法解释自己的形成与成长。家庭所提供的教养与学校所提供的教养全然不同，前者不受任务时间表的约束，也不以分钟和小时来分配其益处。家庭教养不仅在于指导，还在于建议和警告、引导和训诫、鼓励和安慰、关怀与分享。家中的一切都有助于教养：父亲的双手、母亲的声音，哥哥、妹妹、摇篮里的婴儿，生病的兄弟姐妹，祖母和子孙，叔叔和阿姨，客人和朋友，成功和挫折，庆祝和哀悼，礼拜天和工作日，谢饭祷告和读上帝的圣言，早晚的灵修。一切都可以用于日复一日、时时刻刻的彼此照顾，无需事先设定好的计划、预约和技巧。任何事物都有进行教养的力量，而我们不用分析和计算这种力量。万千事件，无数琐事，千万小事，都发挥自己的影响力。生命本身孕育滋养了丰富无尽、多姿多彩、宏伟华丽的生命。家庭是生命的学校，因为家庭是生命的源泉和炉灶。

这种教养涵盖全人。在学校里，生活被切割成若干部分。我们在学校里发现对智力、记忆力、意志、性格、情感、想象力的培养，还有其他形式的培养。另一方面，在某种程度上，一个部分要么被偏爱，要么被忽视，人们被迫或是放弃或是限制，要么补充或扩展某一特定的教学主题。家庭却不是这样分配注意力；一切事物都是整合统一的，如含苞的花朵。孩子们是在家庭中学习，接受指导；孩子们在自身周围的环境中逐渐有了方向，认识自己的小世界，表达众多的观察、情感、想象、语言和思想。从比例上看，孩子在幼年时期学到的东西比之后的日子更多。但这一切都在不知不觉中，自动、渐渐、不间断地发生；这正是生命培养生命，并且是透过生命且为了生命而培养生命。观察力、记忆力和判断力得到了锻炼，同时也锻炼了想象力、意志力、良知、性格和内心的力量；肌肉和神经，以及头、手、脚也是如此。如固执、自私和嫉妒等恶习被抵制，如纯洁、有序、顺服、合作和同情等美德得到培养；这是其他学校无法相比的。人是在家庭中成为人。他们在家庭中被奠定了基础，得以成为未来的男人女人、未来的父母、未来的社会成员、未来的公民、上帝国度中未来的子民。

9. 家庭与社会

社会的概念

人类的历史不是以原子的方式始于一群孤立的个体，而是以有机的方式，从一段婚姻和一个家庭开始。从一开始，这一切关系就以种子的形式根植于家中，之后会以最灿烂的方式在人与人之间生长。我们目前在人类社会中随处可见的不均等（ongelijkheid），在原则和本质上并不是早期和晚期的许多人所认为的那样，乃罪的结果。相反，不均等从起初就存在，甚至在罪进入世界之前就存在。这种不均等是上帝为祂所有的造物所定的旨意，是基于祂的美意。

在第一个家庭中，男人和女人、父母和子女、兄弟姐妹之间的差异就已存在；连同这些一起在种子中的，还有权柄与顺服、协调与服从、平等与博爱这些关系。现在这些关系以各种不同的表现形式和具体方式，仍然支配着人们的社会生活。即使这颗星与那颗星的亮度不同，所有躯体也各不相同，但可以分为人体、动物、鱼或鸟；在荣耀状态中，也会有各种不同的天赋与力量，以及不同程度的祝福[19]。人类也按照上帝的旨意，在地上展现了无穷的多样性，包括人与权力、关系与能力、才干和天赋、财产与物品。从第一个家庭中发展出了氏族、部落和国家；这些国家中形成了丰富的群体联合，就是我们一般所说的社会。

社会一词与法文 societe 和拉丁文 societas 有关，而 societas 本身就是以 socius 为基础，意为**同伴**。因此，**社会**一词指的是共同生活在一个有序社区中的一群人。当个体之间彼此认同、互相支持、共同合作，一起追求普遍或特殊的利益，因而共享互信的交往时，就形成了一个社会。人们近来常说昆虫和动物之间的社会，例如蜜蜂、蚂蚁、甲虫之间的社会。在动物世界里，我们发现了真实的社会与合作的特征，这些特征让我们感到惊讶，并显示出明显与人类社会相似的痕迹。但是，正如动物和人在许多方面相似，但仍属不同物种，他们各自群体行为的形式相似，也不能证明任何行为的同一性。无论有何相似之处，仍有重大的本质区别。语言、宗教、道德等心理精神特征（psycho-spiritual traits），这些人类社会的首要构成要素，在动物界完全不存在。动物之间没有制造工具的行为；它们既不知道，也不创造历史。所以，当我们讨论**社会**这一概念时，不妨以人类社会作为起点。

现在，社会可以通过协议与契约的方式在人与人之间产生，不同于俱乐部、协会或公司。建立社会是为了共同维护一些利益，有些是物质的，有些是精神的，完全依赖于人的自愿决定。因此，我们可以说是农牧业协会，也可以说是工商业团体，还可以说是文学俱乐部和慈善组织、艺术和科学组织，甚至可以说是代表公民的社会。

社会一词不仅指人们通过自愿联合而产生的联盟，也指为达成

---

[19] 英注：巴文克认为在荣耀的状态中，会存在各种各样的恩赐、才干和对忠心顺服的奖赏，他在《改革宗教理学》第四卷的末章中发展了这种理解。他并不是教导某些信徒比其他人享有更高程度的救恩。Herman Bavinck, *Reformed Dogmatics: Holy Spirit, Church, and New Creation, volume 4: The Renewal of Creation*, ed. John Bolt, trans. John Vriend (Grand Rapids: Baker Academic, 2008), 715-730.

一致目的而建立的联盟。这个词也经常被用来指向，在相互交往的各种生活关系中自发出生的人群，这既非人为的、也不是法律上的，而是一个有机的社会实体。这种有机社会可以从广义和狭义两方面来理解。我们可能会想到生活在某一特定国家、属于某一民族的一群人，然后会说希腊社会，或罗马社会，以及法国或英国社会。我们可以把这个概念进一步扩大，包括有组织的人群联会。这些人生活在一个大陆上、受某些特定历史影响，或者遍布全球，因而我们会说西方社会或东方文明，基督教文化或穆斯林文化，欧洲社会或美国社会；这些指的是一般性的各种社会。

就社会的有机性和社会意义而言，人成为社会的一员不是通过自愿协议，而是按着本性通过出生与生命而如此。没有人仅仅是个体，一个单独的个体并不是一个人。人类历史的开端写着这句箴言："那人独居不好。"（创二 18）自受孕之后，人就是团契的产物。每个人都生自团契，在团契中出生。人在这种团契的环境中得到照顾和教养，一生都在某种团契中延续，直至最后一息。尽管有隐士与单身人士，但人是乐于交友的生物，且一直如此。

但这个有机社会可以朝不同方向发展，并且表现为不同形式。当有机社会由丈夫和妻子，并他们所生的孩子组成时，就被称为**家庭**。尽管不可避免地存在规模差异，但每个家庭都是一个微观社会。当有机社会出现在政治舞台上，并确定其目的是为了维护、保护和巩固一个民族时，它就被称为**国家**。当有机社会参与传讲和应用上帝的圣言时，它就作为**教会**而运行。但与所有这些形式的联合体不同的是，在语言和风俗、法律和习惯、科学和艺术、事业和商业、种姓和阶级中，通常使用狭义的**社会**一词来表达这种人际群体。因此，社会就有别于家庭、教会和国家，且拥有自己的存在与生命，涵盖了人类思想和行为整个广泛的范围。

关于家庭、教会和国家的社会边界

关于如何界定这个社会，各种看法迥异。有些人将家庭排除在外，因为家庭是社会的基础，不只是社会的一个要素。另一些人则认为社会只是家庭生活的发展和扩大。一种意见认为，社会与国家有本质的区别，社会的存在与发展完全不需要国家。另一种观点则认为，社会是国家的产物，通过国家的宪法和立法而产生，社会的延续依赖于国家。有些人认为宗教和教会不过是人类文化的产物，而另一些人坚称宗教和教会的独立性，认为它们属于社会的基础而非组成部分。最后，有些人把社会限制于物质产品的获取与分配，而另一些人将之扩大到精神产品的生产与分配。经济学家通常理解的社会，只是指家庭关系的总和与国家的组成部分，而社会学家通常尽可能广泛地理解社会，力求把所有人际关系和现象都囊括其中。这些重要的科学问题不必在这里讨论，更不必解决，我们在这里只需两方面的评论即可。

首先，出于对自身利益的考虑，每一门科学都必须将自己限制在其领域内。因此，经济学完全有权只研究人类社会的家庭关系和组织活动。当社会学试图在同等程度上把一切事物都划入自身范围，当它对所有事物发表意见，当它通过哲学概括性而失去焦点时，社会学也就失去了它的科学性。其次，人们应该牢记，社会并不局限于物质资料的获取和分配，尽管人们将这作为独特的研究对象。因为人由身体和灵魂组成，由精神本质与感官本质（wezen）同时构成，所以社会也总是拥有许多理想的、精神的产品，与物质文化密切相关，但具有独立的价值。在最广泛意义上的征服地球，是文化的内容和目标，但这种征服只有通过人的知识和能力才有可能，而这些只有在宗教和道德原则的指导下，才能朝着正确的方向进行；治理地球是上帝的形像在人身上的体现。因此，必须从更广泛的意义上理解社会。它指的是上帝决意的，以自然为基础的，在历史中逐步发展的人类联合体的全部形式；它体现在所赐予人的天赋和力量的结合与合作中，目标是保存和生产、分配和享受各种精神和物质产品。

在此意义上表述，人们可以合理地说社会是近代的一个发现。只是逐渐形成了一种观点，即人类的社会生活不限于家庭、国家和教会。在这些体制之余，历史的进程中还出现了一个无比丰富的人类生活和人类活动的舞台，这就需要越来越多的关注。以前，历史叙述主要关注皇室和贵族，以及国家政治事件和战争，而现在人们更愿意关注民众、社会环境和文化元素。人们对文化的兴趣，觉醒得相对较晚，这并不奇怪。就我们所面对的丰富生活而言，社会本身就是漫长历史的产物，只是逐渐取得了独立地位。

诚然，社会在原则上已经有机地嵌入家庭；人类起源于家庭中。然而，这一事实并不等于说家庭等同于社会。即使橡子包含了种子形式的橡树，其生长仍需要多种因素（土壤、气候等）。社会也是在各种环境的影响下才逐渐脱离家庭而产生。还有一些重要的事必须提及。人类的发展并不正常。如果罪没有进入世界，人类社会很可能已经按父权制发展，并扩大为一个巨大的家庭联合体。然而，罪进入世界后，如果人类要生存下去，教会和国家的体制机构就是必需的。

自从有了关于女人后裔的应许，原则上就设立了教会；女人的后裔要与蛇的后裔相争，并要伤牠的头。这教会存活于族长的家庭，在以色列民中形成了一个国族，在五旬节独立于国家和社会而存在。同样，按原则建立国家是洪水之后，上帝赋予人类权利，同时也赋予人以死亡惩罚凶手的责任。谋杀是被禁止的，因为人与动物不同，人是按上帝的形像被造，即使在有罪的状态下，人也继续展现残余的形像。上帝并没有亲自惩罚凶手，而是将之转交给了人类。这样，人就披上了权柄的外衣，处理那些亵渎上帝形像的人。从现在起，国家在原则上就作为持正义之剑的机构而存在。

家庭、国家和教会都有一个共同的特点，就是彼此独立，各有其起源和目的，并没有哪一个产生于另一个。不同之处在于，家庭是最古老的制度，从人类第一对夫妻被造就立刻有了家庭，而堕落之后才建立了国家和教会。教会的存在是由于特殊恩典，国家的存在是由于普遍恩典。社会与家庭的关系最为密切；即使没有罪，社会也会从家庭发展而来，社会中所展现的关系是家庭中所发现关系之基本形式的扩展与标志。权柄与顺服、独立与从属、平等与不平等、符合对应与差异变化、本性的合一与恩赐呼召的多样，这一切从起初就存在于家庭中，绝非因罪而来。

即便如此，我们也不能说社会无非是一个或大或小、彼此相伴生活的家庭群体。因为当不同人之间不仅发展出家庭关系，而且发展出经济（庭户）关系时，当人被所赋予的各种天分与权力联系在一起，且人的产品进入流通时，社会就首度出现了。然而，这样的联合体、合作与交流，是逐渐形成的。因为人们一起生活的最古老形式是父系家庭，这种家庭不仅有父母和孩子，还有祖父母和孙子孙女，以及其他家庭成员，此外还有仆人和女佣。这种家庭具有很大的独立性，因为其生存和延续所需的一切都可以自给自足。它以自己的手段和力量获得饮食、毯子衣服、住宅和家具、武器和工具。当时还没有任何独立职业与独立专业，没有木匠和瓦工，没有面包师和服装师。每个家庭都得自顾自己，因而在很大程度上独立于其他家庭。

友情的需要与工作导致的社会变化

有两个关键原因导致了逐渐的变化。首先，男人特有的友情需求促使他们走出家门，为各种目的与他人联合起来。妻子按本性依附于家庭，祖辈与后辈之间的生活对她而言具有更重要的地位。家务和照顾孩子完全占据了她的生活。这样一来，家就是她的世界，家庭就是她劳动的焦点。丈夫的生活安排则完全不同。他的交友方式与妻子全然不同，他从来没有在家里得到完全满足，而是出去寻找其他饶有兴趣的事。他寻找与他年龄相仿和性情相近的人交朋友，一起组成俱乐部或协会，以便在约定的时间一同游戏或娱乐、打猎或钓鱼、追求政治或社会利益。

除了家庭纽带，相似类型的男子之间也逐渐产生了其他自愿联系。家庭关系通过亲属关系建立，这种关系是自然存在的，妻子是其最有力的保护者，妻子家庭意识的发展比丈夫要强烈得多。俱乐部却并非天生就存在，乃经过选择而形成，而且一般而言，俱乐部不是产生于女人之间，而是产生于男人之间。[20] 这种男人的团体或协会在所有民族中都有出现，对社会关系有重要影响。在家庭与社交聚会之间，对立和冲突并不少见。一个总是在家的男人，没有任何社会或政治利益，也不是任何外部团体的成员，很容易成为一个"宅男"或"厨房中的忙碌者"。而一个在婚后几周就回到朋友身边，规律性参加俱乐部和小团体聚会的男人，以后就会有完全忽视妻子和孩子的重大风险。然而，无论这两种组织关系之间会发生多么严重的冲突，它们都是不可或缺的，都建立于男人和女人不同的天性，而且都有助于生活变得丰富，以及社区的发展。

社会发展的另一个原因是工作。最初的人类受命耕种照料他们所居住的园子，充满全地，征服并治理全地。治理与上帝的形像不可分割，而人是按上帝的形像受造。罪确实给上帝的形像带来了巨大变化，但只要人类仍然展现上帝的形像，他们就仍保留征服全地的呼召与权力。所以《诗篇》第八篇的诗人可以颂赞上帝的荣耀充满世界，尤其在渺小的人身上，他们被造比天使小一点，以尊贵荣耀为冠冕，看见上帝的手所造的一切都服在他们手下。因此，作为罪的后果，工作当然变得更加困难和繁重；许多语言用同一个词来表示"工作"和"困难"或"麻烦"。然而，工作在堕落之前就已经存在了。按上帝的形像受造就包含了工作，工作就是以现在所谓的文化的方式来治理大地。就最广泛的意义而言，文化不外乎征服大地，用精神浸润物质，对我们周围的世界行使和运用人类的知识和能力。

---

[20] 英注：关于社团生活（associational life）的社会学维度的当代文献非常丰富，都可以挑战巴文克的观点。欧洲和北美的社团生活的基本结构也有重要差异。关于这一点，可参见托克维尔（Alexis de Tocqueville）的《论美国的民主》（*Democracy in America*，1835-1840）。

当人们没有持续地关注工作与按上帝的形像受造之间的关系时，就会误解工作的这一特质。工作根植于人类作为理性的存有，是上帝通过创造和护理所成就之工的样式。现在的解释则完全不同。人们认为人是逐渐从动物发展而来，被需求和痛苦驱使而做出更高尚的努力。按照这种观点，文明和文化的每一个组成部分，不仅是知识与艺术，而且还有宗教与道德、理智与意志、理性与良知，都是劳动的果实，于生存斗争中获取。这种观点确实包含这样的真理，即斗争和需要常常迫使人类发挥他们的一切力量。正如《箴言》所说，没有什么比需要更能教导我们去祈祷。因此，一人也可以说，困境使人明智，英雄出于斗争。然而，人们不能忘记，虽然斗争和需要确实刺激人们使用他们所拥有、但往往不知不觉处于休眠状态的天赋，但他们不能创造出原本不存在的事物，也不能发明新的天赋和能力。工作并不能**制造**一个人，成为理性、道德和宗教的存有，而是预设了一个人**是**这样的存有。一个人的人性在工作中显露出来。

因此，所有的工作都表现出精神方面和物质方面。人由灵魂和身体组成，这一点在人所有的工作中都有体现。当然，有的工作是精神方面最重要，而有些工作是物质方面占主导。哲学家却认为，即使在最具精神性的工作中，一个人也或多或少地使用了身体，但只使用大脑。白日工人用他的双手工作，但也需要他的灵魂，他的心思聪慧。故此，令人遗憾的是，"工作"一词获得了这样一个片面的含义，通常仅指用双手工作。《圣经》对此说法不同，说到主的仆人，他心灵的劳苦（赛五十三11），说到工作要凭智慧、知识和技巧（传二21），并且常常把使徒的活动等同于"工作"。没有单独的工人阶级，而是所有人都是工人，按上帝的形像被造，受命去服侍。所有工作都承载着，也应当承载一个人的理性和道德特征。

这解释了为何宗教与文明、教派与文化、基督教与人性以如此亲密的关系共存。文明和文化的一切进步都取决于人类的宗教道德生活。整个历史都证明了这一点。当一个民族的宗教和道德败坏时，最优秀、最高雅的文化也会被拖垮。智力发展、物质繁荣、财富和豪华自身本是极好的事物，但当它们与宗教的根基割裂时，它们对恶的助长就远大于对恶的抑制和约束。没有健康的宗教和道德生活，就没有持久的文明。那些背弃上帝的人都需要惧怕痛苦而痛苦，而那些信靠上帝，单单信靠上帝的人，将被祂的慈爱围绕。

劳动力与劳动材料

从劳动的角度来看，我们可以说人是与劳动相关的各种力量的整合中心。这些与工作有关的力量，在人与人之间几乎是不平等的。同样在这方面，有穷人和富人，首先不是因为罪，而是自然的结果。在男人和女人之间，父母和孩子之间，存在工作力量的差异。灵魂的恩赐和身体的能力也有分别，一人有四项才干，另一人得到五项，而第三人只有一项。但是，每人都得到了一份恩赐；而总的来说，一个人是人力的总和。他可以用他的灵魂工作，也可以用身体工作，用他的观察和感知、记忆和想象、智力和理性、头和手、臂膊和脚、肩和背来工作。在这点上具体而言，灵魂主要通过**理智**运行，而身体主要通过**手**发挥作用。这些都是与工作相关的非常特殊的力量。通过理智，人把自己提升到动物之上，他知道并"理解"，在自己的意识中领会自身以外的事物，使之成为自己灵的财富，并获得支配权、知识和力量。通过手，他同样把自己提升到动物之上，抓住某些事物，抓牢它，把它举起又放下，在自身之外的世界中实现自己的想法和愿望，把它变成自己灵的作品，并烙上自己个性的印记。一个人用手就可以"着手处理"，并"得心应手"。手是与人类治理有关的器官。

但是，有了理智和手，人就可以拓展和加强他的灵性和感官本性中所蕴含的工作力量。他通过理智获得知识、洞见和智慧；他用手使用工具。他通过理智让科学为他的劳动服务，用手让技术工具为他的劳动服务；在最广泛的意义上而言，艺术诞生了。人是一个思考的存有，善于使用工具；这两者并不分离，而是彼此结合。追溯到人类最早的起源，科学和技术相互关联，彼此交互发展。

认为我们当前时代将是科学技术的第一个纪元，这种想法是不正确的。当然，我们在这两个领域都看到了显著进步，但这只有在前几个世纪的基础上才成为可能。孩子在早期学习基本的思想和概念，然后运用这些思想和概念去工作。同样，人类在初始阶段也有非常丰富的发展。人类并不是赤身露体、赤手空拳地被抛到这个世界，而是从最初就藉大量的能力和才能而操作。纵观历史，在知识、艺术、科学和技术方面，总有一些复兴时期。当我们研究人类最早的历史时，我们在巴比伦和埃及、中国和印度所遇到的不是野蛮民族，而是高度文明的国家，拥有丰富的科学和巨大的科技才能。对本世纪的大肆颂扬，在很大程度上基于对早期时代的无知。

通过科学技术，一个人可以扩展自己的工作能力。科学延展人的灵，技术延展人的身体。有人已经正确地注意到，我们所有工具都是我们身体器官的延伸和改进。尤其是手，这一人类的杰出工具，就是一个很好的例子。锤子模拟前臂，杯子模拟手的中空，铅笔延长手指。我们的十进位制源于我们的十个手指，而脚代表我们的计量单位。我们的眼睛是眼镜和望远镜的模型，耳朵是电话的模型。被称为管风琴的乐器相当于我们的肺，泵类似于我们的心脏。我们的神经是"贯穿我们身体的电缆"，而电报电缆是"人的神经"。一言以蔽之，一个人用他自己的灵魂、思想、生命来发明工具。在技术上，人们模仿自己，但同时提升、激发和扩展自己的工作能力，甚至他的工作节奏也展现出他自己灵魂的诗歌。

但工作能力和工具不足以获取有些事物。人类不能创造任何事物，也不能像上帝那样从无创有。人与大地紧密相连，属于大地，来自大地，因此需要一个物体来施展他的工作能力，从而形成新的事物。人们不仅在开始工作时需要地球，甚至在开始工作之前就需要地球来维持他们的工作能力和生产工具的能力。人们灵魂和身体所拥有的劳动能力不是一成不变的实体，而是必须不断得到补充和加增，就像壁炉不加木柴就不能发热，人不吃东西就不能生存。为了饮食、遮盖和衣服，抵御酷暑严寒，人们需要这个世界，需要世界的植物王国和动物王国，需要世界的土壤和气候、日与夜、光明和黑暗、雨露和阳光。同样，人们需要大自然来生产他们的工具。当人类令自然力量服务于自己的欲望时，其智慧是惊人的。矿产王国出产煤炭、泥炭和金属，植物王国为人类提供蔬菜和各样木材，动物王国为他们献上牛羊、田间的走兽、空中的飞鸟、海里的鱼。人们让这一切都各尽其用，同时也增强了自己的力量。阳光、新鲜空气、风、天气、蒸汽和电力都是人们手中的工作工具。他们征服了整个自然界，大自然的力量取之不尽，用之不竭。太阳每秒钟向地球发送三百六十亿马力的光[21]，其中一半蒸发到大气中，另一半供地球及其居民使用。

　　但正如我们所说的，人们需要地球维持和增强自己的工作能力，不仅如此，地球也是行使这种能力的必要条件。一个人必须有一个对象，可以将他们的工作能力、做工的材料、要操控的物质转移到其上。人不能生活在真空中。在他的智性、道德和宗教生活中，他与世界紧密相连。他必须有事物可以去思考，否则就会迷失在无谓的猜测中。他要想看到什么，就必须有光和色彩；要想听到什么，就必须有声音；要想宗教和道德生活有真正的内容，就必须有神圣启示。同样，为了使用自己的力气，人也要用物质的事物来完成体力工作。他烤面包需要谷物，盖房子需要木头、铁、石头和玻璃。人类永远不能创造任何事物，而只能再造和重塑。在这过程中，他们再次展示了人的灵的独创性。因为在他手下，整个自然界都是他工作能力的对象。他甚至利用那些看似无用和无价值的事物来实现他的目的，利用废品肥沃土地，并回收新闻报纸制成书写用纸。

---

[21] 英注：巴文克使用的是过时的计量单位"马力"（paard 意为"马"，kracht意为"力量"）来表示太阳向地球输出的巨大能量的范围。用于计算太阳辐射或日照的标准现代测量方法是兰利（Langley）单位。兰利(Ly)是一个区域能量分配的单位。一兰利是每平方厘米一卡的辐射单位。在国际单位制中，一兰利等于41840.00 J/m2（或焦耳每平方米）。1947年，该单位以塞缪尔·兰利（Samuel Pierpont Langley, 1834-1906）的名字命名。

对社会及其不平等的控诉

通过人们在世界上所从事的一切工作，产生了不可估计的商品财富。这些商品的质量和价值千差万别，却共同构成了人类的财富和资本。这包括更具理想特征的事物，比如科学和艺术；还有其他更具物质性的，用作人们生活必需品的物品，比如食物和衣服，房子和家具。有些商品是即时消费和享受的，比如食物和饮料；有些则用于生产新商品，来扩大它们的用途，如机器和工厂。同一件物品可以立即消耗，也可以用来扩大其他物品的用途，如炉子可以用来取暖和做饭。

因此，我们可以扩展商品的概念，扩展到包括用于生产其他商品和代表重要资产的劳动手段和工具。因此，我们可以把新鲜空气、阳光、风、水都算在其中，虽然它们不是通过人类劳动产生的，但是人人都可以得到。加在人身体与灵魂之中的劳动力，反过来也是商品，是丰富完全的恩赐，是从众光之父那里降下来的（雅一17）。即使是人与人之间基于农业、畜牧业、商业、制造业、科学、艺术等劳动而产生的多方面、无限多样的关系，也是不能用货币来计算价值的商品。简而言之，社会建立在家庭的基础之上，并连同家庭是一个巨大的整体和不可估计的善，是从万物的创造者和维护者而来的无价之宝。

然而，现如今如此理解社会甚为少有。相反，它受到四面八方的攻击，被视为一切苦难和疾病的根源。如今，人们把所有指责都从自身转移到糟糕的社会组织上。他们说社会进步了，人自然就幸福善良！当然，现今社会发生许多暴虐，没有人愿意为之辩护。但是，人们不应忘记，这些暴虐不是单单存在于我们当前的社会，而是在所有时间和地点都存在，而且往往比现在更加严重。人人都同意社会环境相比在过去几个世纪和非基督教国家中所遇到的情况，已经在许多方面得到改善，所以应得更多喜爱。此外，暴虐不仅存在于社会中，也存在于国家、教会、家庭以及人们所生活的任何地方。

即使在无生命的自然中也能发现暴虐，自然经历了最严重的暴雨和雷暴灾害。世界上没有任何地方可以让人逃离这些苦难。如果你在自己周遭避开它们，也总会把它们接到自己心里，并在那里与它们相遇。社会有暴虐并不稀奇，若不是这样，倒叫人惊讶了。

如果仔细调查，我们就会发现反抗社会的激烈斗争，实际上不是专门针对社会中出现的暴虐，至少不是仅仅如此，乃是针对社会赖以存在的基础。这些暴虐提供了斗争的机会，但这不是最深层的原因。即使可以通过个人主动或国家立法来消除这些暴虐，也不会带来满足与和平的回归。

就社会的现有基础而言，普选权、政府养老金、保险法、社会立法、模范工厂，以及其他任何人们可以引用的事物，都无法消除目前对社会本身的抵制。冲突所针对的最深层的抱怨就是不平等，无处不在的不平等。如人们所说，政治革命使人民在国家面前平等。如果政治革命并非要保持为一种不完全的努力，那么它必须要在社会革命的层面达致完成，这将使人们在社会上平等。不平等必须被制止，地位的不平等和财产所有权的不平等都要被终止。不再有主人和仆人，妻子和女佣，雇主和雇员，政府和臣民，因为权威就假定了专制，顺服就是奴役，臣服就是捆绑，服务就是卑躬屈膝。迄今为止存在的每一种有机的、道德的关系，为了将来之故，都必须转变为一种契约关系：所有的服务都必须成为一种功能性职位。同样，财产的不平等可能不会持续下去，每个人都有平等的权利，必须得到他应得的。将来，人们不再通过赞助人、出身或继承致富，而是必须严格按照权利分配财富：每一份工资都符合应得的赏罚，或者可能按需要分配。第二个观点尚未得到解决。

毫无疑问，要实现如此一种社会的理型，唯一的方式就是逐步拆除现有社会，连根拔起，然后按照为新社会所设想的规范予以重建。当今社会在各个方面都表现出了最大的不平等和最丰富的多样性，其不平等和多样性远超其反对者通常的想象。因为他们实际上只把社会划分为两个阶级：卑劣的富人和肮脏的穷人，权势者和无权者，施虐者和被虐者，暴君和奴隶。但是真正的社会，有生命和呼吸的社会，全然不同样，其多样性远胜如此，甚至没有人能描述它的完整图景。腰缠万贯者只占极少数，而这些人的成员身份沿着一个连续统一体下降，并不是跳跃式下降，而是在不同程度和不同阶段以渐进的坡度下降。在社会中，不仅有贵族阶层，还有学者阶层、商人阶层、制造业阶层、中产阶层、零售业阶层、技术工阶层和劳动阶层。在这些阶层中，又有无尽的变动：有大型、中等和小型的商人和零售商，还有为数不少的小企业主，他们所承担的重担远超许多雇员和工人。社会的苦难不是在于根据所从事的职业和事业划分阶层，而在于阶层被强行颠倒。与所有现实相反，人从这些社会关系中抽离，分为两个阶层，除了事业，只有外在财产作为衡量标准。

此外，社会表现出如此丰富的多样性，不应归咎于偶然或任意性，乃源自社会自身的本性。因为就灵魂和身体而言，与生俱来的天赋和才能就是不平等的。作为社会基础的家庭，其成员在性别、年龄和关系上是不平等的。人们投入力量的劳动形式是不平等的。因此，在这些因素的作用下逐渐形成的社会是不平等的。一个真正的社会，一个由各种关系和运作组成的复杂有机体，只能是多形式社会。正如身子是一个，却有许多肢体，肢体虽多，仍是一个身子，按照使徒保罗的话说，基督的教会也是如此。根据这种有机生命的规律，社会已经被组织起来了。因此，反对社会的阶层多样性和财产多样性的人，就会反对社会的有机组成，并且必定会用人为的、契约的关系取代所有有机的、道德的关系。由于社会的组织拥有它的起点和它在家庭中的稳定性，反对社会的斗争最终就会导致反对家庭的斗争，反对夫妻之间的区别和关系，反对父母和子女之间的区别和关系，反对自主者和顺从者之间的区别和关系。

事实上，社会不仅是家庭的集合，而且超越了这个集合。尽管如此，在分配给家庭成员的各项天赋和力量、关系和活动中，蕴含着社会复杂秩序的原则。正如科学延展了根植于人类意识中的概念，正如技术强化了人体器官，社会也扩大发展了家庭生活。家庭的健康即使不是社会物质福利的标尺，也肯定是其属灵与道德福乐的标尺。

一切劳动的道德属性与社会内部的必要差异

因为按本性而言，男人的性情、需要、倾向、呼召都不同于女人。这是根植于创造的差异，任何理论或法律都无法抹杀。妻子在家庭中找到了自己的劳动领域，而男人则向外寻找他的人力竞技场。但是在这方面，尤为重要的是，他借着道德纽带的途径与家庭相联。因为假若他与家庭分开，独自生活，那么他就有可能忽视生活的道德严肃性，在自私的享乐中寻找自我存在的目的。然而，作为一家之主的男人进入社会工作，对妻儿的爱拘束着他，他克服了自私，为他人而生活和工作，他肩负的道德责任带他脱离许多危险。他从家庭中获得工作的道德动力，并将劳动果实带回家庭。在家和在外都可以让人保持平衡。男人身上的道德纽带建立在家庭和社会之间，他的工作将家庭的自然纽带与公民社会的义务纽带捆绑在一起。

劳动藉此即刻且同时拥有了道德特征。工作本身不是诅咒而是祝福，不是羞耻而是荣誉，不是强迫而是呼召和特权。但是，如果工作脱离了它的道德原则和道德目的，就会很快变为一个沉重的负担，或是一种放纵的手段。现在在地球上，工作总是伴随着困难，人总要满头大汗地工作，不单是用身体劳动的体力劳动者，主要用头脑工作的手艺人、销售员、教师和思想家也是如此。许多工作都是何等单调乏味啊！多少异议和困难必须日复一日地克服，需要多少耐心和自我克制，需要多大的精神力量和努力才能继续担起重负，才能不因沮丧而无所事事。最重要的是，我们需要一种多么欢欣的精神，才能像我们应当行的那般，喜乐感恩地前进，在工作中创造快乐和喜悦啊！今天有多少人抱怨，因为他们去工作，且只把工作当作赚钱的手段，或者只是为了可以在下班后的傍晚和深夜，在周日和假期，纵情享受生活！

这实际上是倒退至古希腊时代。当时工作被视为一种耻辱，是奴隶的任务。基督教对我们的教导却不同。基督自己用祂的生命和受苦，使工作成为圣洁。祂让我们明白，工作是一个道德呼召，一个上帝对我们的呼召，必须为了祂的缘故去完成。工作的目的既不在于工作本身，也不在于快乐或财富。"那些想要发财的人，就陷在迷惑，落在网罗和许多无知有害的私欲里，叫人陷在败坏和灭亡中。"（提前六9）保罗的这些话在今天仍然适用。事实上，它们就像是为了我们的社会处境而写。任何人如果把工作从上帝赋予它的道德环境中抽离出来，就贬低了工作，剥夺了工作的荣耀。工作，所有的工作，包括最小、最简单的工作，只有当我们把它视为神圣的呼召，作为分配给我们在地上的任务时，才会再次成为喜乐源泉。而工作的道德呼召并不是在我们头顶上空盘旋，也不是抽象的理论，而是根植于生活本身，根植于家庭。通过家庭，上帝激励我们去工作，激发我们，鼓励我们，给我们能力去工作。藉着这样的劳动，祂装备我们，使我们得以存活，不是为了满足我们的私欲，乃是为了在上帝面前供应我们的家庭，使我们得荣耀，也是为了向穷人伸出基督徒的怜悯之手。

在我们这个时代，工作正在经历各种重要的变化，因而这种工作的道德属性必须要予以强调。现在，技术被提升到科学的等级，并且逐渐把人变成了自然和一切自然力的主宰。他的每一项发明都是一种解放，蒸汽和电缩短了距离，使人们越来越不受地点、时间、风和天气的影响。但是，随着人类从自然的力量中解放出来，人们对社会的依赖非但没有减少，反之还大大增加了。在父权制时期，每个家庭可以说是它自己的社会，因为家庭本身靠自己的人力来满足自己的所有需要，所以它不需要别人的劳动产品，因而享有很大程度的独立性。但随着时间的推移，这种情况已经完全改变了。劳动分工与劳动分配到了无止尽的程度，产生了数不胜数的独立行业：服装商和鞋匠、木匠和石匠、烘焙和屠宰、交易与出售、教学与学习、科学与艺术实践，都有各自的职业，所有这些工作都有自己的子专业，并产生了一批专长和专家。

技术有助于这种劳动分工，并且一方面逐渐拉大了雇主与雇工之间的距离，另一方面逐渐拉大了生产者与消费者之间的距离。由于生产工具（工具和机器）成本，许多企业内部的产品生产正在更频繁地移交给其他公司；这些公司由一名主管经营，雇佣数百名工人，工人们所有的生产工具都被剥夺，只保留了他们的人力资源。同样，旅行和贸易的扩大使生产者能从世界各地进口原材料，并在最偏远的国家和最多样化的国家寻找劳动力产品的市场。在世界各地，无数人一直在努力生产我们喜欢的食物和饮料，我们穿的衣服，我们住的房子，所有大大小小的东西，来供应我们多方面的需求。人民和国家在社会和经济上比以往任何时候都更加相互依赖。一次有策略有组织的罢工，可以瞬间将整个世界一流的城市抢劫一空，并切断所有进出该城市的交通。当今社会就是这样变成了一个由最多元、最复杂关系组成的复合体。这些关系越来越多地失去了个人的、有机的、道德的特征，转向了机械的、商业的、契约的网络。

当然，我们必须在这方面谨防有害的夸大之词。社会主义领导者关于社会发展的悲观预言，没有一个成为现实。伴随工业革命而来的不是企业数量的减少，而是增加。商业的整合并没有妨碍农业，也没有如社会主义所预言的，在工业中获得发展势头。虽然在某些商业旁枝中，例如采矿业，大公司不断扩张，但在其他领域，一般规模的公司和小公司不仅生存下来，甚至还扩大了。手工劳动再次兴起，工作数量在增加。没有资本和土地的合并；尽管有少数的富豪，但同时高收入变少了，平均收入在增加；资本和繁荣普遍扩大，有产者在增加，比之前更多的人在享受着不断增加的商品生产。劳动者并没有比以前更不幸福，而是生活方式、生活水平和发展方面都在进步。在许多国家，妇女和儿童的劳动受到法律限制，认为工人将会变得越来越悲惨的理论，与事实大相径庭，许多最初接受这种理论的人后来放弃了这种理论。马克思主义让步于修正主义，革命让步于进化。

过去半个世纪的历史已经清楚揭示，没有什么比把所有事情一并而论、混为一谈更危险了。没有一个单一的规律支配整个社会的发展，没有一种简单的理论能适合所有现实的事实，并非所有事件都沿着一条直线前进。正如在前几个世纪一样，社会呈现出最丰富的多样性，由于科学、技术、农业、贸易和交通的进步，多样性本身已经得到了很大程度的加增。富人和穷人、企业家和雇员、统治者和受压迫者，两个阶级相互对立，然而事实并非如此。相反，生活是无限变化的。在每一个企业中，都有大小、强弱，它们之间并不存在间隙，只有程度的差异。所有这些企业并不遵循同一套规章制度，但它们的运营取决于国家和人民，取决于企业家的精神和能力，以便朝向这个或那个方向发展。现代社会在原则上与以前的社会并无不同，也不会与未来的社会有根本差异。期望迟早会出现一个社会，其中一切苦难都将消失，人人都会平等，这是一种幻想。男人和女人、父母和子女、政府和公民、雇主和雇员、富人和穷人、康健之人和病人，他们之间的差异将永远存在。世界上没有任何力量能够改变这些自然法则。

弊端与改进之道

尽管如此，我们却不是说现在的社会在各个方面都没有展现出自己的独特形态，没有普遍地朝着社会化的方向发展。例如，国家正在逐步扩大保护物质利益方面的活动，并承担了公路、水路、邮电服务、航运和火车服务等维修工作。当地市政府维持着煤气、水、电力、城市交通和电话服务。各行各业的合并日益增多，股份有限公司、合作社、工会的重要性也不断增强。在过去的几个世纪里，每个城市和公司都有自己的权利，而现在几乎所有人都被卷入了这场伟大的世界贸易运动。我们正在目睹一项对平等的普遍追求，一种对消除一切基于出身或财产而非个人价值之差别的渴望，一种对独立和自由的强烈推动。在教会和国家中，在家庭和社会中，在使命和事业中，每个人都希望看到自己的权利得到界定，希望投出自己的选票，希望维护自己的利益。

在这种追求中，我们可以接受许多事物作为我们生活的时代所需要的，也可以欣赏许多事物是完全合理的。以基督教的名义，我们不能在很大程度上否定这点，因为这个宗教比任何其他宗教或伦理都更强调人格的价值。人类的灵魂比整个世界更有价值。但是，只有当这种追求处于宗教道德原则的指导之下，并受上帝律法的指引时，才会得到我们的赞同和支持，才会起到有益的作用。单纯追求独立的人最终会尊荣权力意志、强者权利；又因这种无政府状态是不被容忍的，他有一天会被更强者控制，或遭受社会的强行拘禁。即使作为丈夫和妻子、父母和孩子、政府和公民、雇主和工人，除非道德权威凌驾于他们之上，界定双方的权利与义务，并捍卫各自的利益，个人和群体才可以和平生活。

事实就是如此。个体的人是不自由的，他不能为所欲为。他不仅受到所处环境的限制，而且自己感到受良知的约束，并对自己的思想、欲望和行为负责。同样，社会也不是主权性的、全能的，而是受限于上帝为它所设立之谕令。因为社会本身以道德原则为基础。的确，信奉唯物主义或社会主义的人，认为社会连同一切社会关系和商品，都应该是经济和物质环境的产物。但这种说法直接与现实相矛盾。虽然社会对其成员产生影响，但社会始终是由人组成的，而人不仅有身体和胃，还有心灵和灵魂，理智和良知。无论什么利益促使人们建立与他人的联系，这些人总是在道德上负有责任，不能为所欲为。事实上，有时这种联系是为了保护属灵和道德利益而形成，例如科学、艺术、慈善、怜悯等。

即使它涉及纯粹的物质利益，比如采矿、培土、生产各种物质产品等，这些仍然总是涉及彼此有着特定关系的人；他们尊重彼此为人，他们服从为他们所有思想和行为而设的相同的律。首先，社会是一个**道德**关系的复合体。如果把这些道德关系作为法律规定纳入法规，那就无关紧要了。有时候，将一项权利编入法典，证明这种道德关系在人们的良知中已经摇摇欲坠了。然而，自最初的起源起，它们就停留在人的属灵和道德的本性中；它们最坚实稳固的根基就在于此。不根植于良知的法律是无力的，一个民族的经济基于这个民族的道德。

如果情况确乎如此，那我们将再次看到家庭对于社会的道德福祉所具有的非凡意义。因为在进入这个世界的那一刻起，我们在家庭中就了解了我们在社会中将要缔结的所有关系——自由与联系、独立与依赖、权威与顺服、平等与差异。我们在家庭中了解这些关系，并不是通过抽象的学术方式，也不是通过理论指导，而是在生活自身中并透过生活，以实践的方式得以了解。所有的道德关系都深嵌交织在家庭中，在血缘的纽带中，在人类存在的起源之中。我们在家庭中懂得了生活的秘密；这个秘密就是：构成了人类生活丰富内容的，不是自私，而是舍己与自我牺牲、奉献和爱。

我们把这些道德关系从家庭带到社会中。一个已经学会尊敬父亲的人，后来就尊重那蒙上帝喜悦治理他之人的权柄。一个真正爱自己母亲的人，不会玷污其他女人的荣誉。一个把家里的仆人看作室友的人，不会成为雇员的暴君。家庭是爱的苗圃，用这种爱为社会接种了疫苗。

如果社会要进行任何改革，我们需要这种爱。爱是基督教社会的基础和粘合剂，而非自私、贪婪、对霸权的渴望。基督教不是社会的建筑师，却是社会的灵魂。破坏家庭的人就是在挖走社会得以被建立为道德机构的道德基础。然而，如果一个人用爱而非自私，来高举家庭、装备领导力，这样的人所做的工作就会蒙上帝喜悦。因为上帝就是爱，爱就是祂国度的律法。

10. 家庭的未来

家庭中的变化

如果社会的道德健康取决于家庭生活的健康,那么捍卫和恢复家庭的努力是否有任何成功的机会,就成了一个有趣的问题。有不少人认为,为家庭而抗争是无望的,索性提前放弃了抗争,因为他们认为,当今社会所经历的进化,将不可避免地导致前一时期家庭生活的解体和毁灭。事实上,许多现象表明,古老的父权制家庭正经历严重危机和重大变革。

在早期,就是家庭意识强烈得多的时候,家庭构成了一个独立、封闭的实体。丈夫和妻子、父母和孩子、男性奴隶和女性奴隶、房子和土地,有时甚至祖父母和孙子孙女,共同构成了家和家庭。家主之位由父亲担任,掌管所有人和事。这并不是说妻子和孩子就是他的财产,就像他的奴隶和牲畜,他的房子或花园一样。尽管如此,他是这个大家庭的首领、主人、拥有者和维护者。最早还没有国家或教会的时候,他在自己家里是国王和祭司、立法者和审判者。这个家庭群体是如此强大，以至于当这个男人死后，孩子们之间不会发生分离和财产分割；相反，他所有权力和家庭财产都不加分割地给长子，这个头生的儿子因而享有比其他所有孩子更大的特权。通过国家或教会、政府和法律体系，家庭的这些权利逐渐受到限制。但是在许多国家，这种古老的情况仍以此种形式继续，家庭财产、房屋和土地的继承权，只转让给长子，弟弟妹妹只能满足于小额分配，而且必须自己养活自己。

社会的发展对家庭的侵蚀极大。因为过去每个家庭几乎都能满足自己的所有需求，包括自己的食物、饮料、衣服、住所和家具；这样，人们最多每年去城里或去市场买一点家用品和工具。然而在如今，烘焙和烹饪、编织和缝纫、木工和泥瓦匠的工作都已经成了独立的产业。在偏远地区，古老的模式仍在继续，但在现代文化生活已经渗透其中的城市和乡村，家庭实际上已经完全失去了自身的经济独立，而开始依赖周围社会来满足自己的一切需要。此外，在城市里，父母的家、自己的住所，这些概念正慢慢丧失其重要性。个人继承已经是明日黄花，成千上万的家庭已经完全失去了拥有财产和产权的经历。他们长期住在租来的房子里，而且经常搬家；他们的子女往往必须在很小的时候就离开家，接受各种工作培训，最后自谋生路。他们的财产通常只是几件个人财物，经常处理更换，几乎没有什么情感价值。家庭逐渐失去了自然基础和情感合一。有人说过，乡村是家庭的天然领域，而城市是家庭的天敌，这话不无道理。

然而这一切还不是最糟糕的。现代生活整体上是一种破碎和简化家庭的力量。工作让丈夫忙得焦头烂额，有时妻子也是如此，连同孩子们一起。这使得他们晚上很晚才能回家，并且疲惫不堪，第二天一早又要离开家，没有时间也没有欲望去享受欢乐，去培养家庭意识，教养孩子。就连星期日也成了千家万户的工作日，或者外出日，他们还是一样地筋疲力尽。必须生活在乡村和城市的家庭，他们的住所往往非常糟糕，完全没有任何温馨感和吸引力，主要就是作为一个过夜的地方。各种俱乐部和团体活动，或是为了放松和娱乐，或是为了参与各种政治和社会利益，已经扩展得十分广泛，以一种非常令人头疼的方式加剧了人们远离家庭。许多夫妻结束了一天的工作后，只回家吃个饭，就立刻出门赴约见面，或是参加聚会、俱乐部或社交活动，直到很晚、甚至深夜。这种对人来说就像呼吸一般自然的社交观念引出了这样的疑问：每个家庭都有自己的厨房和炉具，自己准备食物，自己吃饭，是不是对时间和金钱无谓的浪费。如果有一个中央炉灶和一个公共厨房来满足大量住户的需要，就可以减少工作量和开支。

在现实中，节日宴更多是在家外面的酒店和餐馆里举行。在柏林，人们已经在建造类似兵营的住宅，多户人家住在一个屋檐下，共用一个中央炉子和一个公共厨房。这种家庭的社会化反过来又被所谓的"持家者的苦恼"推动。许多年轻女性和丈夫一起入住新家，满心期待，但当她遭遇现实，发现料理家务十分辛苦时，就很快失去了所有幻想。关于女性和持家者的抱怨并不是在现代才首次出现，而是与世界一样古老。但是她们的声音在今日被听见了，而且愈加响亮。因为一方面，女性接受的训练更多着眼于其他方面，而不是为了持家。另一方面，持家者正在寻求一种不同的社会地位，希望更加确定自己服务的专业地位。

然而，正威胁着家庭的最严重的危险，就来自有关婚姻家庭生活的新兴理论。今天，许多人认为这两种共同生活的方式都已经过时了。在他们看来，预期中的新社会带来了一种新宗教、新伦理。根据这种新伦理，对于男女结合而言，除了开放的恋爱、无约束的盲目激情，再无其他法律。一个男人和一个女人任意地托付自己，毋需考虑教会或国家，上帝或祂的诫命。他们走到一起和离开对方，都严格按照他们内心的欲望牵引。这种托付完全不再包含生儿育女，把孩子们培养成上帝国的子民，甚至成为国家的好公民。生育完全在他们的能力范围之内，而他们根据自己的安康来决定这件事。如果适合他们，他们就生育；如果他们的判断不同，那么他们就干脆拒绝生育，或者任意限制孩子的数量，他们还选择扼杀子宫里的生命。自然本性无法改变，女性身上担负着母亲这个身份的重担，并有责任在产后一段时间内照顾孩子。但是，一旦孩子断奶，所有孩子就都要在国家的支持下生活；国家一定很高兴，白白得到了这么多力量，而孩子们只需在一所学校里按照整齐划一的模式长大即可。

因为必须要实现的理想就是平等。女性必须尽可能地从母亲的负担和家庭的奴役中解脱出来。她应该享有与男子同样的权利和义务，行使同样的公民特权。国家是一个真正的家，所有公民都是这个家庭的成员，享有平等的权利。这些理论正逐渐走出学院，走进生活实践本身。就像最近有人说的那样，既然陈旧的婚姻已经无法维系，那就无需再做什么，进化论正悄无声息地为开放式婚姻和开放式爱情铺路。在现实中，这种解放正渐行渐远。几乎所有文明国家，特别是法国和美国，新生儿数量都在降低；离婚率正在以惊人的速度增长，并通过立法和司法行动，使离婚变得更加容易；性行为正在甩掉一个又一个限制。

保护家庭免受此类变化

然而，无论这一切是多么令人沮丧，无论对抗时代潮流要付出多大努力，基督徒都决不允许自己的行为被时代精神左右，而必须专注于上帝的诫命要求。即使他们不跟风，就像历史常常责成他们要行的，他们也必须用言语和行为表明，上帝藉婚姻和家庭的礼物，赐给人类和社会、教会和国家何等不可估量的祝福。但是，若他们知道为家庭的荣誉和福祉而斗争是一种崇高的斗争，带着胜利的希望，他们可能也会受到鼓舞。上帝允许家庭在人类和所有民族中延续，这并非无缘无故。曾经建立的每一个家庭、出生的每一个孩子，都证明祂对人类的目标尚未实现，祂的宽容尚未终结，祂的恩典还未用尽。故此，生命从来不会像逻辑对理论的要求那般连贯一致。人生并不总是直线败坏，而是常常会出现停顿甚至逆转。潮落随着潮起，行动刺激反应，放荡又滋生对权力与权威的需要。

因此，把历史当作一个进化过程，万物都在不由自主、无能为力地运动，这种看法是完全错误的。在许多方面，人可能依赖他的环境，也可能取决于他思想和行为中的本性、出身、教养等。然而，他不只是一个社会产物，还有独特、独立的人格；从他的地位出发，行使他的意志来影响他所处的环境。人的意志，尤其当它受到理性和良知、上帝的话语和命令所引导时，并不是无能为力的，而是代表世上一种不可逾越的力量。它约束自然，抑制激情，改革社会。人不能创造任何事物，社会的基础由上帝自己一劳永逸地奠定。但在这些基础上，人们可以进一步建设和复原需要复原的事物。因此，我们永远不会对人类、家庭和社会的改革感到绝望。即便现代人会怀疑它的可能性，基督徒也不会屈服于这种沮丧，因为真正的敬虔握有今生和来生的应许。

所以，与当代社会的消极面相对立的就是一个积极面。有趣的是，许多人已经注意到了家庭所面临的危险，而且正从各方面采取有力措施来保护家庭生活，使其幸免于难。在所有国家和各种思想流派中，众多男女已经挺身而出，并且联合成立多个组织，为要通过教育和孩子保育的改革，为儿童的未来做好准备，保护儿童和青少年免受诱惑，约束已婚男人远离罪恶的道路，保护女性的荣誉，反对各种形式的奴隶贸易，限制名声不好的家庭，寻找失丧的、拯救堕落的，为未婚母亲和孤儿提供支持和帮助。无论这些多么令人兴奋，此处并非描述或总结在这领域已经开始和正在进行的所有事情的地方。维希恩（Wichern）[22]的主张在许多人心中引发共鸣：我们需要一场改革，或更好的表达是，借着新的和更新的信心和爱的行动的方式，复兴我们所有的内在情感。基督教会应当明白，她的恩赐和呼召不仅包括信心，还包括爱。

这种保护与拯救之爱的工作，并不像有些人所想的那样，被近年来的社会和政治活动甩在背后，甚至变得多余。外在的改善尽管可能是可取的，但与内在的更新完全不同。对于后者而言，所有社

---

[22] 英注：J. H. Wichern (1808–1881) 是一位德国神学家和监狱改革家。

会和政治的改革都没有预备好。国家不是爱的领域，而是正义的领域；不宣扬福音，而是执行法律。因此，国家永远不能接替或取代家庭的职责，国家不是为公民提供衣食住所，提供工作和工资，提供生计和养老金的父母。国家和社会一样都预设了家庭，家庭和社会都先于国家存在，各自为营，各有其律。若是期望国家满足所有这些利益，包括本该由家庭、社会和教会负责的利益，就是在破坏这些生活领域的独立性；就是在呼吁一种补救措施；而从长远来看，这个补救将会比疾病本身更危险。

然而，尽管国家必须尊重这些生活领域的自由和独特性，国家本身却有特殊而崇高的使命。作为上帝的官长，政府必须确保家庭和社会，或承认并保护每个公民和每个领域的权利，并在发生冲突时确保正义得到维护。因此，国家必须创造这一切普遍条件，使所有公民都能完成他们的特殊任务，并在上帝赋予他们的领域内，按照上帝给他们的命令，对自己的天命（destiny）作出回应。这就产生了政府必须履行的、与家庭有关的独特义务。国家既不能创造家庭，也不能维持家庭，国家不需要通过法律傲慢地构造家庭，更不能压迫和反对家庭。

国家的职责是发现家庭因着其本性和上帝所立之谕令而要服从的内在律（internal law），也要承认、保护和维持这个内在律。这样，国家通过有关婚姻和离婚、财产和继承、工作时间和星期日休息、妇女和儿童的劳动、公序良俗和许多其他事项的立法，有力地促进家庭的幸福和繁荣。国家的理型（ideal）不是事事亲力亲为，而是为每个公民和社会各个生活领域提供机会，让每个人在自己的领域内完成自己的呼召。

今天，政府意识到，至少在一定程度上意识到，保护家庭的任务。即使是在激进派和社会主义的圈子里，就是人们不会如此期待的这些群体中，最近也出现了要求强化家庭的声音。多年来，马克思和他的学生一直主张，资本主义社会的发展会不断地压低工资，使更多妇女和儿童加入工作，这样家庭就会逐渐解体和毁灭。于是，人们期望沿着这条路线走得更远,只要妇女被纳入庞大的工业之中,成为劳动工具,她们就会获得伟大的解放。因为如果在这个巨大的工业社会中,她在经济意义上与男人平等,那么她就会在社会中赢得男人早已享有的同等权利。妇女将从以前的"家庭奴役"转到现在的"工资奴役",再到未来社会获得完全的独立,不仅独立于男人和家务,而且独立于她的孩子。因为孩子在出生不久后,就会被移交给代表国家的公共机构抚养。在日常义务工作完成之后,她们会像男人一样,有机会投入她们最享受的活动中。

然而,社会的进化并没有实现社会主义的这种期望。工资不降反升;妇女和儿童的劳动不增反减;甚至在社会主义者的圈子里,妇女也保留了她的本性,母亲也保留了她对孩子的爱。这样,马克思的学生中就出现了分歧:目标究竟是把女人从所谓的男人、家务和孩子的奴役中彻底解放出来,还是应该专注于让女性在未来更多地回归家庭。后一种观点甚至得到强有力的辩护。男性社会主义者也果断明确地宣称,女人的首要职责是为她的家庭而活,所谓的妇女解放与女人的本性完全冲突,而且在未来的社会中,即使商品生产将会成为公共事务,家庭和家庭生活也必须继续存在。

家庭生活的延续

所以,进化必然会带来或包括家庭的解体这种说法,与事实告诉我们的完全不同。家庭的确受到了严重威胁和各种反对,但我们有责任审查这些危险,以强有力的方式抵抗破坏家庭基础的一切敌对势力也是我们的使命。不可否认,目前家庭生活正在经历许多显著的变化。正如在更广泛的社会中,特权和等级、出身和贵族越来越失去其意义,让位于个体的个人价值;在家庭生活中也是如此,每个家庭成员都比以前更早、更积极地实现个人独立和自由。古代的族长制家庭正逐渐发展成一个已经脱离了自然与地理位置、土壤与土地以及整个封建制度的现代家庭。人们可能会在许多方面对此感到遗憾，但是这个思潮是不可阻挡的，因为这种发展正朝着个人自由的方向前进。

丈夫的权威越来越具有合理性和道德性。妇女已经由新社会组织将她们从以往从事的各种工作中解放出来，因此就更加需要更广阔的视野与活动范围。现在的孩子们必须比以前更早地自立，活出自己的生活方式。持家者想要把他们的工作转变成专业职位。如今，一切都更多地取决于一个人本身是什么，要成为什么和做什么，而不是取决于一个人天生所属的家庭或阶级。

可是，人们不能从这一切中推断家庭正在消失，家庭生活将被摧毁。形式可能会改变，但本质依然存在。不管新社会将带来什么变化，人性处处都是一样。男女如今不同，将来依然不同，就像以前一样，在生理和心理的构造上，在性情、能力和人生使命上，都有所不同。人们确实可以谈论家庭奴役和男性专制，也可以把女性描绘成只有在获得经济独立时才真正自由。但是 90% 的女性仍然会选择被家庭占据，而不是在这个或那个公司工作。说女性必须也有时间投身艺术和科学，这听起来不错。但无论如何，这种天命只对极少数女性开放。女性若想获得经济独立，就得进入所有那些目前男性所从事的职业。而这些职业很少像人们常说的那样美好，那些单调、麻烦、枯燥的活动，确实并不优于家庭中的女性工作。

最重要的一点是，女人最理想的处境莫过于家庭，在爱她的丈夫身边，被她照顾和养育的孩子们环绕。她的本性就是为此，她的定向就在那个方向；她在家庭中最好地完成她的使命，最好地实现她的天命。那么，向妻子建议，在将来的政治环境中，她必须把断奶后的孩子交给社会，再没有比这更愚蠢的要求、更反人性的强迫了。母爱是母亲生命中不可言说的奥秘和不竭的力量，她决不会允许自己就这样与孩子们分离。她不仅想要生下子女，而且想要抚养他们；她与子女一直紧密相连，直到她死亡的时刻。

夫妻之间的自然纽带和属灵纽带，就像父母与孩子之间的纽带，比人类社会的乌托邦理论更牢固。最近社会的发展加强而不是减弱了这纽带的力量。也许到处都有一些家庭，除了其他事情外，为了免去佣人的烦恼，在旅馆吃住。但是就这种情况的性质而言，这些都是例外，永远不可能成为常态。到处都有人开始组织住在类似兵营的地方，有一个公用厨房。但这个实验是否会成功，是否会得到很多人的赞同，仍然是个问题。正如婚姻和家庭需要有自己的房间或住所一样，私人住宅一般而言也不能缺少自己的厨房。但即使在少数城市，这样的公共厨房对于或大或小的家庭群体来说可能变得很普遍，也不会影响家庭生活的本质，仿佛可以与劳动社会化的各种形式相提并论，就像新社会的支持者所提议的。以前家里做的工作现如今几乎不再做了。妻子不必再忙于纺纱织布、洗刷熨烫、做衣服和烤面包，因为以前每个家庭都要靠这种方式来满足需要。今天，在大大小小的任何地方，每个家庭都有住宅社区服务提供的水和照明。

这一切都给家庭生活带来了更大的益处，而非伤害。虽然家庭与自然之间的联结越来越松散，但家庭成员之间越来越紧密。妻子要做的家务实际上没有那么多，但如今的家庭生活对便利和清洁的要求更高，对孩子们身体和精神上也要求更多的照顾，尤其是后者，占据了她更多的时间和精力。总而言之，工资和生活水平的提高，对妇女和儿童劳动的限制，有助于恢复家庭的活力。如果社会未来的发展可以采取这种方法，就是女人不需要补贴家庭收入，因为丈夫的收入已经足够，那么女人一般就不会再进入社会找工作了，而是带着深深的感恩和爱回到家庭。

最重要的是，我们注意到一个显著的现象——城市向乡村的大量撤退。多年来，农村人口不断减少，大量人口向城市迁移；人们在城市里既可以找到工作，又可以享受丰富的乐趣。但滋润的日子一去不复返了，剩下的是各种失望与不满。城市的贫困程度远超农村，失业现象不断重复上演，极其令人沮丧。现代文明对城市的要求导致生活成本越来越高，税收逐年上升。房子往往又小又不舒服，没有阳光和新鲜空气。城市里的欢乐气氛远不如小地方，大城市被称为欢乐的墓地，这不无道理。

面对这一切消极因素，积极因素开始消失。即使能得到享受，也常常是不纯粹的享受，在心里留下一个巨大的空洞。这样一来，一种对乡村生活的宁静与安宁的渴望逐渐觉醒。人们想要离开大城市的忙碌、喧嚣和不断的移动，以便重新找回自己，品尝那只有大自然和家庭圈子才能提供的平静愉悦。在城市里，人们总是坐在围墙之中，无法享受广阔空间，无法享受陆地海洋的新鲜空气，再次让人感到这是一种缺乏。通过城市公园和游乐场，人们试图在一定程度上提供这种亲近自然的需要。为了孩子们的假期，为了病患、弱者和老人，人们到乡村寻找休养生息的地方。工业企业家在城外建厂，员工在城外找房子，贵族家庭则全年或部分时间都在修建或出租他们的乡村住宅和别墅。

在这样的家里，人们又渴望一种独特的风格和独特的陈设。现代生活的单调和整齐划一如此令人厌烦，让人叹息，带着对艺术创新的深深渴望。人们已经受够了铺天盖地的装饰，又开始渴望真实。文化的过度饱和唤起了人们对自然的渴望。城市越来越成为一个"商业场所"，人们在这里忙于生意，只为了尽快逃到外面去呼吸新鲜空气，为了恢复精神，为了享受，为了平静与睡眠。个人主义全方位地抵制社会主义。马克思已经让位于尼采。[23]

与佣人有关的变化

此外，女孩们就业和培训的变化，以及在私人财产问题上发生的变化，并不意味着家庭的解体。家佣很有自知之明，他们会向女主人提出一长串要求。尽管很多时候这很可能是尴尬和不愉快的，

---

[23] 英注：巴文克的观点是，城市本是群体理型（communal ideal），却反而导致了欢乐的缺乏，真正的意义在乡村寻找；这意味着城市生活实际上促进了个人主义，加剧了意义、和平与安宁的普遍缺乏，也就是虚无主义，正是尼采透过自己的著作使之流行的观点。

但抽象概括而言，没有人否认这一切要求的合理性和公平性。在这一点上，我们也必须防止以偏概全，家庭主妇总是良莠不齐，佣人亦然。一个家庭的工作比另一个家庭的工作更令人愉快、更令人满意，一个佣人与另一个佣人在适宜性和服务性方面也大不相同。社会主义没有注意到社会生活中的这些差别，因为它只承认两个阶级：一方是女主人，她们总是富有而暴虐；另一方是家佣，他们总是贫穷而可怜的奴隶。通过这种不真实的对比，社会主义造成了许多恶果，煽动女主人和家佣愈加彼此对立，诱使一些人采取截然相反的立场，为女主人开脱，把一切责任推给家佣。

但这也是片面的，我们必须坦率地承认，在许多情况下，家佣有权申诉，并且可以合法地要求更高的工资、更多的自由时间、更好的居住条件和更友好的待遇。主妇们必须考虑到这一点，并且必须满足合法的要求，最好不是首先通过强迫，而是基于自愿，凭着自己基督徒的呼召来实现。如果工作逐渐有了契约关系的特征，那么他们就需要调整，以适应环境，并熟悉新情况。伴随着原有关系的消失，主妇和家仆之间许多温馨可爱的特点也随之消失。但是，父权制家庭已经消失了，新的安排有利于家庭的亲密关系，也有利于提升那些提供服务的人。

即使家佣更加远离，以至于就像办公室或商店里的年轻女士一样，她们可以在一天中的特定时间来家里工作，那么结果也很简单，家庭将构成一个更小、更亲密的圈子。那种认为家庭中除了父母和孩子还有许多其他人的旧观念将完全消失，但是婚姻和亲属关系的联结将更加紧密，精神上的团结感也将因此加强。另一方面，有了这种新安排，家佣肯定会获得更多的独立、自由和个人发展。但家佣希望将其工作转变为"雇佣关系"，这无疑将赋予雇主提出比以前更高要求的权利，而且这种工作对家佣来说，实质上仍具有工作属性。

我们不能忘记，现在的家庭往往是家佣的学校，他们自己在那里接受家庭生活方面的培训。她们刚开始工作时往往没有任何能力，需要主妇们以极大的耐心和智慧传授她们许多家务和烹饪的小秘诀。但是，如果从家佣的角度来看，工作越来越具有雇佣性质，那么不管他们是否愿意，他们都会主动提高实现这种就业所附带的期望值。这也许会出现协商，要求做这份工作的人从教授家务和烹饪技能的学校获得文凭。为什么家佣仍然免于就业世界的规则呢？也就是说，为什么他们不需要考核呢？

然而，无论如何发展，家佣每天按规定的时长履行合同，领固定工资而工作，这并不会伤害家庭生活，而且这种雇佣关系本身始终表现出工作属性。这是家佣们在提倡各种改革时必须牢记的。安排妥善，他们就不必每天早晨在某个规定时间之前开始工作，而且如此一来，他们还可以在下午或晚上的同一个固定时间完成工作。这样，他们得到的自由时间就比以前越发多了。在工作期间，他们一直在服务。无法想象任何改革可以改变这种工作关系，任何持不同观点的人都是生活在幻想世界里，纵然可能是出于好意。在雇佣期间，主仆、女主和女仆之间的关系，基本上与《圣经》描述的一样。就像工厂里的经理、办公室里的商人、商店里的推销员等一样，家里的妻子仍主管她的家佣。

在这一切生活领域中，就关系的性质而言，权威自然发生了变化，但就关系的本质而言，权威仍存于这一切领域中。在家庭内部，管理家务的权威属于女主人，而不是仆人。那不仅是她的权威，也是她的责任。监督包括厨房在内的所有家务，坚决制止所有形式的争吵、不诚实和偷窃，并将生活诸般细节打理得井井有条，这是女人的使命。如果女佣结婚了，那么这些都会成为她此后生活的丰盛祝福。因此，家佣一般会呼吁提高自己的地位，但他们必须公开、诚实地承认，女主人管理自己的家务是她不可剥夺的权利。家庭的幸福，包括仆人家庭的幸福，都取决于此。

如果家佣界所寻求的改革能使妇女再次彻底坚定这是她的权利，更是她的**义务**，那么家庭生活也将从中获得极大益处。当下，即将结婚的女性通常完全不具备家务能力，由于她的无能，她被家佣牵着鼻子走。为了避免不愉快的冲突，她把厨房里的一切事，偶尔也把全部家务，交给她雇来的佣人。所有的纽带都被撕碎了，主妇和仆人分道扬镳，双方以及所有家庭生活都受到了伤害。权威从两个方面被削弱了。一方面，女主人缺乏必要的知识，无法保持权威；另一方面，家仆也不尊重权威，因为它缺乏理解。因此，在不多的几次行使权威时，权威都表现出一种任性的特点。无论是在家庭中，还是在社会中，权威都不是暴政。女主人若想在家政方面保持权威，首先自己要了解家政。女主人的权威必须与知识、智慧和指导相匹配。她必须是一个良好且古老意义上的女主人。那么，她的管理将成为丈夫和儿女无价的祝福，对全家和家仆都是如此。

培训女孩方面的变化

出于这个原因，如今非常重视对妻子的培训，这样做是对的。在过去，对妻子的培训在很大程度上被忽视了，或者说完全被忽略了。但现在，这在每个国家都被放在首位。在社会各个领域的现象都可以在女性的舞台上看到：对自由和独立的努力争取已经被唤醒。常常被推到后台去的女性已经有了自我意识，并要求在社会上有一席之地，即便不是取代男人，也理当与男人有同等权利。在家庭以外的职业和企业中工作的女性，人数几乎在逐年增加，各地都是这样。一经法律许可，来自社会下层的女性就申请去工厂工作，她们宁愿选择这种工作，也不愿意选择报酬较低的家庭工作。来自小中产阶级的女性在教学、护理、邮政工作、电报服务、公共列车运输、办公室、办公桌和商店这些范围内谋职。许多来自较富裕阶级的女性，会预备从事科学或艺术方面的职业。呼声越来越高，要求所有职业、企业和职位，以及为之提供培训服务的所有学校，都要像为男性开放一样，广泛而方便地为女性开放。这种情况已经发展到一个地步，不少人声称冲突将永不会结束，除非女性在家庭和社会、教会和国家中，就社会、政治和经济而言都与男性处于同一水平。

女性主义者中却有不小的差异。有些人不会因为任何暗示而退缩,并会提出她们的要求,就是让我们今天所知的婚姻和家庭在未来消失。另一些人则比较温和,走的不是革命路线,而是改良之路,希望女性的自由和平等可以在婚姻和家庭的界限内实现。在找工作的女性中,有数量庞大的一群人承认,女人确实在婚姻和家庭中,在养育孩子和管理家务中,找到了自己的天职。但由于在当前社会中,她们不能指望那样的未来,所以她们选择确定性而非不确定性,试图在生活中走自己的路。后两种女性主义群体理应得到我们的同情和支持。

真正女性主义的中坚分子寥寥无几,她们对男女政治平等和经济平等的热情,在已婚妇女中得到的支持非常弱小。如果法律赋予女性选举权,结果将是大多数女性会弃票,虽然事实上已有成千上万的人这样做了。准备从事科学和艺术行业的女性相对较少,她们不太可能把男性排挤出去,或者给他们带来任何破坏性的竞争。但女性问题的最大难处,在于中产阶级的许多年轻女士,她们想结婚却不能达成,因此要在社会上寻找活动的舞台。对这些年轻女士而言,不堪忍受的艰难之事包括:不允许她们宣布自己的心愿;感到自己在父母家中不被需要;从整个周遭环境反复接收一种印象,认为自己也很容易被忽略,然后不得不被动地等待,看是否有人会向她施以援手,从而为她在家中开辟一个工作领域。她想摆脱这种羞辱性的、伤害性的依赖,希望在一种或另一种形式的就业中保持独立和自尊,这是可以理解的,也是合理的。

然而,如果有人想满足这种可解释且合理的渴望,那么在对年轻女士进行培训以及进行工作领域的培训时,人们最好还是继续考虑女人的天性和性情。这种天性包含的原则是:妻子是丈夫合适的帮助者,是子女的母亲。因此,如果未婚女性能找一份尽可能与家庭密切相关的工作,就能最好地实现她的职业,并完成她的呼召。人们确实可以寻求在政治、社会和经济上男女平等的幸福。但如果伤害了女性的天性,混淆了男女平等与身份认同,那么社会就会比现在更加分裂。解决女性问题的办法不应该是让女性尽量远离家庭，而应该是让女性尽可能有意识地回归家庭。

人们可能不会忘记，虽然许多年轻女士的结婚机会已经变得非常不确定，但在我们国家，大约95%二十岁以上的女性都结婚了，而且迄今为止，大多数婚姻都有孩子的祝福。因此，无论是在理论上还是在实践上，女性的呼召仍然依赖家庭。然而，当培训女性的学习和工作岗位与男性都相同时，人们既没有考虑到女性的天性，也没有考虑到她的实际需求。在这个意义上，人们在以下事件上是在助长社会的解体：这些女性面对的是意想不到的结婚机会；她试图兼顾工作和家务，而这在大多数情况下是根本不可能的；她为了就业而放弃婚姻，这在大多数情况下都与她的心意相悖；像通常发生的那样，她毫无遗憾地放弃了工作，放弃了独立和自由，并带着极大的喜悦与她所选择的丈夫联合。可是在最后一种情况下，她所受的教育不仅浪费了大量时间、金钱和工作能力，而且几乎没有为家庭主妇和母亲的艰巨任务做好任何准备。这些考虑带出的结论是：年轻女士们肯定希望得到比以前更好的培训，但这培训要尽可能考虑到她们的天性和职业，并与之相关。

在小学，她们与男孩在同一所学校里接受同样的教育，这是完全合理的，因为小学为所有公民的发展奠定了群体性基础，并在青春期前的几年提供教导。但在青春期这段时间，可以采取分离。长期被全面推荐的男女同校教育，并没有达到预期效果，对双方都有伤害。考虑到女孩们的身体和情感构造，为了她们的天职，女孩需要与男孩不同的教育。她们必须以符合她们天性要求的方式做好准备，就是在家政、为母、照顾和养育孩子这些方面做好准备。无论人们想把怎样的普遍塑造应用在她们身上（这在一定程度上是恰当的），女性的天职永远不会从人们的视野中消失。以后决定投身于某一职业的少数女性，可能会追求自己的道路，但这一小部分人不能为大多数人的培训设定标准。

即使大多数人中仍有一些人希望为教育、邮政服务、电报服务等方面的工作做准备，但为了他们的益处，也不能忽视家庭生活方面的培训。因为最终这种培训也会有利于那些准备在社会上从事其他工作的人，这不单由于他们当中的许多人事实上已婚，还因着当他们住在公寓里或与家人在一起时，能为自己和他人提供重要的服务，并能在各个方面、以不同方式发挥作用。

在这方面极为可取的是，不仅要在学校指导一些教养原则、烹饪艺术等，从理论上讲授家政知识，而且要在实际生活中获得这种知识，例如，在提供儿童保育服务的机构、孤儿院、儿童之家等地方帮忙。我们还远未看到这些愿望实现，组织女子学校的方式还存在很大的争论。然而，愿意考虑在培训中必须遵循的普遍方向的那些人，对于女人作为妻子和母亲的天职方面的培训，是不会有任何疑问的，因为它始于女性的天性，根植于实践性和生活的需要。

目前，此类家政培训对女性是需要的，因为由于各种情况，家庭本身无法在家庭内部提供这样的培训，要么完全不能提供，要么提供不足，要么只能部分提供。并且，由于家佣日益短缺，造成了对"女仆"的巨大需求。这种女仆来自贵族阶层，她们被迫自力更生，被另一个家庭收留，在那里帮忙家务。沿着这条路线，某种工作领域将来可能会再次对未婚女性关闭；这将使她们沿着另一条路重返家庭，而家庭肯定比其他许多工作更值得优先考虑。但无论这一切将来如何发展，女性问题的解决方案总体而言主要不在于脱离家庭，而在于回归家庭。

财产权和私人财产的变化

最后，财产和私人财产观念的发展，并非不可避免地、以不可抗拒的逻辑，导致家庭生活解体。在这方面，它们的确引起了显著变化，但绝没有达到其目的。父权制家庭拥有共有的房屋和土地，其财产主要包括自然物品、奴隶、土地、牲畜、生活资料等。后来，奴隶也属于他们所居住的庄园，奴隶的所有权随庄园的所有权的变化而转变。然而在今天，以前只是作为交换媒介、数量非常有限的金钱，已经盖过了其他一切财产。货币从一种交换媒介，变成了工作的成果和目的。今天，人们一想到资本就会想到钱。

这引发了所有社会身份和资产的逆转，以及社会地位和评估的整个范围内的逆转。许多家庭几乎不再拥有个人财产，土地、房子或院子这些可以称之为财产的东西，他们都没有。他们的资本只是一些衣服和家具，以及按周、月或年付给他们的工资，否则就是股票和股份。在这种私有财产的变化中，可以看到其消极的一面。金钱正当地被形容为无品格的东西。金钱本身没有道德品质，也没有附着任何道德目的。它可以在任何地方使用，可以用来行善，也可以用来作恶，可以用来推进上帝的国度，也可以用来支持黑暗的国度。每个人都可以毫无区别地使用它，不管是好人还是坏人，它与内在价值或个人道德品质毫不相关。不仅如此，金钱还会伪造价值，让一个本应被所有人漠视的人，得到人人都尊敬的即时社会地位，使他在地位和身份、荣誉和声望上突然上升。以下这句谚语包含了太多的真理：有钱能使鬼推磨。金钱能证明万物皆正当。

然而，金钱并非本质上就是罪恶的。就像智慧一样，对于很多人来说，金钱也只是昙花一现。在《传道书》的时代就已然如此。如今，这种情况在更广泛、更深刻的意义上出现了。因为金钱在很大程度上促使人们摆脱过去对社会的依赖，金钱使父母的努力不仅惠及长子，还可以在子女之间平均分配。奴隶可以从他们居住的土地上得解放；工人可以独立于他们的雇主，随时调动，受雇于另一个老板。贸易可以扩展到全球。总而言之，人类可以更独立于自然。

此外，资本可以分散到远多于过去几个世纪的人和家庭中，这一事实我们要归功于金钱。诚然，社会主义认为，资本会越来越集中在少数人手中，但事实与这一预言不符。恰恰相反，随着社会资本的增加，它也分散在越来越多的所有者手中，并不是只留在几个巨头手中，而是不断地流向更低、更大的圈子；贵族公民的数量不减反增。即使在劳动者中，工资也在攀升，生活水平在提高。与以往相比，社会各阶层的福利、便利和生活享受都有了显著提高。

最后，通过金钱，所有人积极为社会谋福利的机会和可能性倍增。当然，滥用金钱的机会也增加了。拜金主义、贪婪和妄求是我们当今时代的重症。一个人可以把金钱当作他的神明，并通过金钱把他的胃当作他的上帝。但是，同样一笔钱，也使人有能力通过或多或少的捐赠来支持重要的事业，并进一步促进文化工作。大大小小的捐助共同发挥作用，为了提高社会道德水平，促进教会和学校的繁荣，行各种怜恤之事，促进上帝的国度。如今，这已不是少数富人的特权，而是几乎每个人现在都可以根据自己的能力、按自己的方式来参与。

在这方面，捐赠品的质比量更重要。对自然人而言，金钱只具有数量上的价值，而上帝的计算方式不同。祂并不区分金钱和其所有者的道德品质。祂任命我们为管家，要求我们为自己作为管家的所有能力交账。在他看来，寡妇的小钱比富人赠送的礼物更有价值，因为它体现了自我牺牲，祂自己也为此祝福。因此，对于基督徒来说，根本没有轻视金钱或批判资本的权利。罪恶在于人，而不在于金钱。金钱是上帝的美好礼物，为有益的工作提供机会。

然而，近几个世纪以来私有财产所经历的整个发展表明，并不是要废除私有财产，而是要建立和扩大私有财产。事实上，私有财产的基础不是人类的反复无常，而是人的本性。当然，政府在这方面有自己的使命，在财产的取得、管理和使用方面，政府需要制定规章，以减少和限制相关犯罪。总的来说，政府的使命不是废除私有财产，而是保护私有财产。因为私有财产不是国家赋予的权利，而是属于人自身不可剥夺的权利。每个人都有权遵照上帝的诫命、按照祂为此设立的律法，来获得资产。这是他的权利，同时也是他的义务。因为人和动物有别。动物随意抓获，来满足自己的需要。夜间，林中的百兽都离开树林，少壮狮子吼叫，要抓食，向上帝寻求食物。日头一出，兽便躲避，卧在洞里（诗一百零四20-22）。

但在那时候，人就出去工作，直到晚上。他的工作不是黑暗和掠夺的工作，而是光明和诚实的工作。他不偷盗、不抢夺，而是为了食物和生存而工作。靠他自己双手的劳动来生活，靠他诚实劳动所生产的，来满足自己多方面的需要，并获得道德上的权利，这是他的荣耀和特权。即使是社会主义也承认这种个人财产权，因为社会主义希望在未来的社会中区分生产资料和消费资料，并按每个人的绩效支付工资。

然而在这件事上，社会主义的错误在于忽视了社会的丰富多样性，而坚持一种抽象的理论，认为所有劳动都有一种群体性标准；根据这种标准，形式各异的劳动都能得到社会公正的回报。没有任何个人和国家能做到这一点。伴随着物品分配，就像情感和体力的恩赐一样，虽然也有腐败的侵入，但有一个神圣条例需要被尊重，而且人人都必须顺从且承认，这条例任何人都不得变更或改进。在这个体系中，事情不是按功绩进行，或者不是完全按功绩，也不是首要按功绩来进行，而是根据恩典进行。整个社会都生活在这种恩典中，任何人想要禁止这种恩典，用功劳全方面取而代之，都只是在邀请最不公义的统治。

但是，无论有多少私有财产必须得到承认和保护，都应当宣告上帝的律法，反对滥用私有财产的可怕罪行；律法也将财产与道德法则联系起来。在这方面，政府的任务是适度而有限的。最重要的是，每个人、每个家庭都必须在他们的良知中认识到，他们追求私有财产乃受到上帝诫命的约束。这命令要求我们汗流浃背地劳作，因为人若不做工，就不可吃饭（帖后三10）。但它也要求我们在获得、管理和享用所有的财产时，都要合乎对上帝和邻舍的爱。道德律的第六条诫命在爱中找到了它的原则、界限和目的。对社会的每次研究，对社会所处之关系的每次研究，以及对社会所获得、拥有和享受之物品的研究，都会回到社会所倚赖的道德基础。在这些道德基础中，婚姻和家庭构成了坚固、不可动摇的基石。

家庭不会解体,而是继续存在,直至上帝对婚姻家庭之目的的实现

我们所讨论的所有现象都证明,家庭尽管遭到蔑视和反对,但远未显为死亡。家庭的形式可能会改变,但它的本质持续不变。这是上帝的制度,在人犯罪之后,非由人的意志,而是靠上帝的力量来维持。只要人类的神圣目的尚未实现,家庭就会继续被保留。

基督徒从《圣经》出发,对这个目的并不陌生。为基督徒所描绘的未来,完全不同于为那些不信任何启示的人所描绘的未来。因为除了启示,人类的起源、本质、目的和天命对我们来说是完全未知的。因为若没有这些知识,我们就无法活着,也无法死去;不能思考,也不能劳动,基督教的信心被武断的猜测所取代,基督教的盼望被徒劳的期望所代替。人们于是梦想一种未来的状态,它将通过进化自动出现,每个人在其中都将幸福美满地生活。但是,这种情况就像一个饥饿的人梦见自己在吃东西,但当他醒来时,他的灵魂是空的;又像一个口渴的人在梦里喝水,醒了还是干渴,他的灵魂干渴。

基督徒知道其他更好的事。他们并不怀着乡愁回顾过去,因为即使在过去,闪闪发光的东西也不都是金的。他们不把自己的心交托给现在,因为他们的眼睛看到当下不可分割的苦难。他们也不幻想一个完美社会,因为在这个时代(dispensation)中,罪恶将继续掌权,并将不断地腐蚀一切美善。但他们确信,尽管存在种种冲突,上帝对人类的目的仍将实现。毕竟,人和世界是为了教会而存在,教会是为了基督的旨意而存在,而基督属于上帝。在上帝之城中,受造物达到了它的终极目标。进到那座城里,人类在时间长河中通过可怕的斗争得来的所有财宝,都聚集在那里;万国万邦的所有荣耀,都聚集在那里。在基督与祂教会的属灵联合中,婚姻也将到达它的终点。

婚姻的建立,是为了君王的荣耀在众多臣民中彰显。这个目标一旦达成，婚姻本身就会消失。影子将为实体让路，预表将为现实让路。人类的历史以一场婚礼开始，也以一场婚礼结束，就是基督和祂教会的婚礼，天上的主与祂地上新娘的婚礼。

索 引

奥古斯丁 2-3, 107, 192, 239
阿姆斯特丹自由大学 6, 11, 29, 45, 102, 192
比尔德戴克 38-41, 55, 58, 68, 69
慈爱 89, 96, 118-119, 147-148, 150, 200, 211, 290
慈善 76, 155, 163, 239, 253, 283, 300
慈运理 18, 191
达尔文 109, 218
道德律 216, 231, 251, 256-257, 267, 320
多样性 23, 64, 66, 81, 151-156, 179, 192, 195, 204, 211-212, 215, 250, 267-270, 280, 283, 294-295, 299, 320
多元 215, 298
堕落 40, 89-91, 94, 97, 118, 121-122, 149, 170-171, 193-194, 206-209, 212, 220, 235, 237, 242, 252, 259, 286, 288, 306
恩典复原自然 193, 194
恩赐 31, 33, 35, 40, 46-48, 53, 70, 81, 91, 98, 119, 123-124, 144, 153, 175, 178, 203-204, 236, 240, 252, 283, 287, 290, 293, 306, 320
法国大革命 1, 18, 46, 62, 103, 106, 191, 195-196, 242
父权制 214-215, 219, 221-223, 286, 297, 302, 312, 317
复活 82, 96-97, 124, 138, 140, 157, 159-161, 176, 229-230, 232, 267
公民社会 190, 237, 296

公义 40, 49, 89, 94, 96, 98-99, 120-121, 138, 144, 147-148, 150, 161, 182-184, 217, 252, 263, 320
合一 3, 23, 54, 60, 68, 72, 79, 151-157, 176, 179, 184, 192, 201-204, 212, 233-234, 241, 249, 262, 267-270, 287, 303
护理 67, 113, 152, 155, 211, 218, 223, 253, 278, 289, 314
基督公教 3, 17, 49, 63, 80, 94, 106, 108, 142, 155, 194, 240-241, 248, 254
加尔文 1-5, 14, 18, 29-30, 38, 44, 104, 113, 130, 191, 195, 242, 246, 258, 273
教养 126-131, 136-137, 166, 203, 210, 225, 265, 273-280, 284, 303, 306, 317
进化论 213, 215-216, 217-218, 223, 305
敬虔 16, 25-26, 38, 42, 50, 55, 57, 76, 82, 109, 121, 135-136, 142, 158, 161, 163, 177, 193, 239, 306
离婚 216, 220, 223, 225, 231, 235, 237, 244, 256, 262-263, 305, 307
理型 195-196, 244, 255, 294, 307, 311
良知 33, 35, 38, 43, 48-50, 53, 59-60, 62, 69, 82, 128, 132-133, 144, 166, 170, 173, 176, 207-208, 223, 230-231, 239-240, 249, 254, 256, 260, 266, 281, 289, 300, 306, 320

马丁路德 1, 46, 52, 94
美德 35, 41, 48, 51, 53, 61-62, 89, 95, 97, 100, 119, 121, 123, 142, 153, 164-165, 177, 183, 210, 242, 245, 259, 272, 281
盟约 122-123, 178, 208, 221, 226, 234
女权 214, 223
普遍恩典 3, 123, 287
三位一体 13, 23, 31, 53, 124, 192-193
舍己 96, 169, 177-178, 229, 234, 253-254, 260-261, 301
生育 194, 210, 229, 244, 253, 266-267, 271, 304
圣道 143, 159, 173
圣灵 33, 45-46, 54, 56, 61, 80, 83, 95, 96, 98, 101, 113, 115, 119-120, 122, 124-125, 132-134, 137, 139, 142, 149-151, 153-154, 157, 161, 172-174, 180, 192, 227-229, 234, 236, 240, 267
施莱尔马赫 33-34
十字架 65, 94, 96, 98, 100, 121, 143, 150, 157-159, 161, 169-171, 174, 180, 185, 194, 207-208, 228-229, 253-254, 258-259
世界观 3, 36, 89, 130, 192-194
斯霍尔滕 17, 20, 191, 193
文化 1-4, 7, 20, 29-30, 41, 45, 67, 73, 78, 86, 101, 158, 183, 189-190, 192, 194-196, 212, 215, 217, 239, 248, 274, 277, 284-286, 288-289, 303, 311, 319
洗礼 81-82, 114, 124-125, 143, 240
戏剧 53, 58, 60, 71-73, 102
信徒皆祭司 78, 237
修辞学 18, 45-46, 49, 61

选举权 196, 245, 315
一夫一妻 204, 215, 218, 220, 225, 252, 263, 266
有机 11, 23, 54, 82, 122, 138, 155, 192-193, 196, 223, 244, 253, 274, 282, 284, 286, 294-295, 298, 308
语言学 55, 109, 241
再造 37, 48, 60, 119, 122, 153-154, 158, 161, 163-164, 195, 292
宗教改革 1, 86, 97, 129, 176, 239-240, 242

www.ingramcontent.com/pod-product-compliance
Lightning Source LLC
Chambersburg PA
CBHW021139080526
44588CB00008B/124